Magnetizing Your Heart's Desire

引き寄せの古典的名著

マグネタイジング

シャロン・A・ウォーレン 著
白川 貴子 訳

VOICE

MAGNETIZING YOUR HEART'S DESIRE
by
Sharon A. Warren, M.A.

This translation published by arrangement with
Columbine Communications & Publications, Walnut Creek, California, USA,
www.columbinecommunications.com
through Tuttle-Mori Agency, Inc., Tokyo

マグネタイジング　目次

向づける＋意図する＝引き寄せて思いがかなう／うっとりとイメージし、思いはかなうことを信じていよう／波動が生み出しているもの／「試みの法則」と「引き寄せの法則」／真剣に向きあえば、神意が働き出す／ビジョンを持つ／イマジネーションを祝福する／抵抗するものはなくならない／貝と真珠／多様性は人生のスパイスです。トルティーヤをひとかけらしか食べないか、丸ごとすべてを味わうか、どちらにするかは自分次第／神聖な力による引き寄せ／新たなスタート

第4章　創造するとは、引き寄せること　89

除外するとは受け入れること／波動を映し出す鏡／鏡よ鏡／ボタンを押せ？それとも伏せろ？／均衡状態を維持するか変圧器になるか、パワーの基点は自分自身／いい気分か不愉快な気分か、明るい気分か暗い気分か。ポジティブな感情とネガティブな感情／交流回路と直流回路／光源はあなた自身／心の望みの17秒間！望んでいるものに向けてどんな波動を放射していますか？／火を消さない／エネルギーを誘導し、意識を集中させれば、心の願いはいますぐ引き寄せられてくる／引き寄せの法則はこの場に満ち満ちている！／私たちは創造をかたちにする創造者／意図的に創造するための第1のステップ／意図的に創造するための第2のステップ／意図的に創造するための第3のステップ／意図的に創造するための第4のステップ／感情には二通りの気分しかない――いい気分か嫌な気分か、そのどちらかだ／輝く線維組織――エネルギーの高潮／思考はエネルギーのひとつのパターン、宇宙にあるものすべてがエネルギー

まえがき

ひとはみな、与えられた才能をもってこの地上に生まれてくる。
魂へと繋がる道は、ハートで歩む道である。

ゲーリー・ズーカフ『魂との対話——宇宙のしくみ、人生のしくみ』より

気の休まらない面白い時代を生きんことを。

中国のことわざ

本書が誕生することになったのは、1997年のバリ島へのツアーがそのきっかけでした。仲間のトムとパムのケニオン夫妻、そして夫のドゥエインと一緒に精神世界を体験する目的で団体旅行を企画し、総勢28名のグループでバリを訪れたのです。聖地、芸術と建造物の専攻で修士号を取っている私は、それ以前にも長年にわたり夫と一緒に世界各地を訪れていました。夫婦だけのことも団体に加わることもありましたが、参加者は指定された町に集合し、そこから全員で外国に旅行するのがいつものスタイルでした。ところがその旅行では、グループ全体がかつて一度も経験したこ

とのないような「災難」に見舞われたのでした。

たとえば、飛行機がエンジントラブルに見舞われたという人がいれば、フライトが遅延したり欠航になったりした人もありました。8月というのに天候不良でシカゴの空港が閉鎖されてしまい、一晩待機するはめになった4名は、ロサンゼルス発バリ行の便に乗れなくなってしまい、別の2名はチェックインの段階で搭乗券が旅行日程表と一致していなかったためにアラスカ発のロサンゼルス行の便に乗り損ない、その結果ロサンゼルスからバリ島に飛ぶ飛行機にも乗れなくなりました。国際便でバリに着くと預けた荷物が行方不明になった人もいましたし、アラスカから一日早くバリ島に到着したものの、日程表も宿泊先も持っていなかったせいで「迷子」になってしまった人もありました。一行がバリに着いた時点で、自分のフォルダーに帰りの航空券が入っていないことに気づいた人もいたのです。「まったくもう!」という状況が起こるのは、避けられないものです。私たちは流れに身を任せましたが、それはそれは大揺れの出だしになったのでした。冒頭に挙げた中国のことわざは、悪態としても知られています。私たちの旅も、出国ゲートをくぐった瞬間からじつに「面白い」展開を見せてくれたのでした。

その「災難」や「波乱」がいま手にしておられるこの本を誕生させるきっかけを与えてくれようとは、そのときの私は夢にも思っていませんでしたが、そこには対比や明暗を浮き彫りにして、コントラストがはっきりと示されていたのです。最初は「困った問題」としか思えなかったことがらが、自分の理解や洞察を深めてくれる「チャンス」に変わるという状況が「お膳立て」されていたわけです。あらゆることについて言えるのは、それを「動揺」させられるものとみなすか、自分を成長させてくれる宇宙の「お膳立て」を反映しているとみるか、自分次第でどちらかを選ぶことができるということなのです。

バリ島のデンパサールを訪れ、市内を巡りながらすぐに目についたことのひとつは、神聖な影像に格子模様の布が巻かれていたことでした。その意味を運転手に聞いてみると、光と闇の力を象徴する模様だと教えられました。それは、私が「コントラスト」に気づく最初の小さな手がかりでした。

私たちの一行には、「わがまま体質」と呼べそうな裕福な一組のカップルも参加していました。二人は旅の間中、何でも何かと比べて不平不満や批判を口にしていました。気に入らないことばかりで、聞いてくれる人がいればだれかれなしにそれを公言していたのですが、そうしたことのすべてが、私が認識をシフトする後押しとなる「コントラスト」を提供してくれていたこと、それが私の成長にとって大事な役を果たしていたのは、あとになってわかったのです。

わがまま体質のカップルは、「パラダイス」の魅力にほとんど気づくことができずにいました。仲間たちが感嘆の声をあげて体験を楽しんでいる間に、「こうあるべきだ」と主張するのに忙しかったからでした。すべてが、つまりどの人も、どの出来事も、光と闇の「コントラスト」を表すのに欠かせない天の巧みな配剤だったと気づかされたのは、あとで振り返ってからでした。そこで教えられたことによって、この本が誕生したのです。コントラストは「反対のもの」を映し出す鏡として、別の角度による視点を教えてくれます。そこから明快な別の選択、それまでになかった考え方が生まれてくるのです。

下の図のイラストの白黒模様は、チェスのような人生のゲーム盤を象徴しているとも言えます。人生には対立する両極がつきものです。心の願いの波動でエネルギーを流し、人生のゲーム盤で駒を動かすプレーヤーは、自分自身です。私たちは自覚的な創造者として、人生ゲームでどう動くかの判断を下すことができます。気分がいいとはどんな状態を指しているのか、望んでいるものに焦点を合わせるとはどういうことかが、だんだんわかるようにもなってきます。どんな気分がしているか、それが引き寄せの基点になります。

私たち夫婦はインディアナ州に23年暮らしたの

バリ島の彫像や家の飾りに使われる布の柄（1997年）

で、元インディアナの住人としてインディアナポリス500マイルレース、インディ500のサーキットで振られる白と黒の旗の象徴性にも長年親しんできました。旗は「コントラスト」を表し、減速を意味していました。ですから自分の気持ちに対しても、注意を払うようにしてください。いいものはよい気分、よくないものは不快な気分がします。自分がどんな波動を振動させているかを、宇宙に知らされているのです。引き寄せの法則が作動するサインは、力が得られる、気分のいい状態ですから、そうなる方を選択してください。ポジティブで純粋な、心からの感情であるかどうかによって、心の願いを引き寄せる力とスピードが決まります。私たちの思考や感情は日常生活のあらゆる面でいい方にも悪い方にも、波動を放射し、振動し、脈動しているのです。

フランシス・メシエという女性によるギリシャ旅行の短い手記には、オリーブの木を通して海が望めるデルフォイの丘には、頂上に円形の遺構があり、その中心に次の5つの言葉が刻まれていると書かれています。

美——真理——愛——正義——選択

そのほかの4つの言葉と一緒に「選択」が挙げられているのは珍しいことですが、ほかの4つの要素がどれほど備わるかを決定づけるのは「選択」です。

本書では、**コントラスト**の意義を取り上げます。心から望んでいることを楽々と引き寄せて現実にするにはどうすればいいかを、わかりやすく解説する内容です。コントラストがいかに大事な役を担っているかがわかれば、これまでとは違う観点を得て、高次の視点に立つ判断を下し、すばらしい結果を手にすることができるでしょう。

引き寄せの法則は、選択の力と焦点の明快性によって作動する。

第１章

引き寄せの法則を作動させる

自信をもって、夢に向かって進みなさい。自分の思う通りの人生を生きなさい。

ヘンリー・ディヴィッド・ソロー

面白おかしい創造の体験談

思いがすぐに実現した、本当にあった面白い一例をご紹介しましょう。友人のジャーメイン・ケーブから聞いた話です。夫のデュエインもそうですが、彼女のご主人のスティーブは疑い深い性格でした。彼女の話はこんな内容でした。

私が「天にお願いしましょう」といつも口にするのをからかっていた夫とその友人たちが、がらりと態度を変えることになった一件があったの。少なくともいまのところは、私が天に何かを頼んだり、願いがかなって感謝したりするたびに、あきれた顔で腕を組んだりしなくなったわ。その「創造」が行われたのは私が外国に行っていた間のことだから、私がみんなのためにお願いしたり心配したりしなくても、すべてが完璧にできているということを天が見せてくれたのね。

夫は親しい友人のジョンとミッシェルの三人で、オールで漕ぐボートを借りてマス釣りに出かけたんだけれど、ミッシェルに大物がかかって、彼女は興奮してリールを巻き上げたの。ところがボートのそばまで魚を引き寄せておきながら、魚をすくう網を持っていなかったものだから、つかんだマスが跳ねて逃げてしまったんですって。みんなで悔しがり、この次は必ずと言ってまたルアーを投げた。

少しするとジョンに引きがきて、「かかったぞ！」と言いながらリールを巻き上げた。でもまた同じことになってしまった。ボートの縁まで魚を引きつけたのに、タモがなくてすくえなかったせいで、また逃がしてしまったのよ。ジョンは「まただ！　見てろ！　ボートを降りたら店に駆け込んで、まっ先にタモを買ってやる！　こんなことがあってたまるか、これじゃ一匹も釣れやしない」と毒づいたわけ。

その瞬間に望みを表明すれば、魔法のように現実になる

その5分後に、ジョンはまた声をあげた。「やあ、何かがかかったみたいだ――待てよ、丸太かなにかに糸をひっかけちまったらしい。引きがないから魚じゃない」そう言いながらリールを巻き上げていると、抵抗が弱まり、謎の何かが引き寄せられてきた。何だったと思う？　なんと魚をすくう網の「タモ」だったの、信じられる？　いったいいつからそこにあったのかはわからないけれど、新品同様のちゃんとしたタモ。三人は笑い出し、ビールで乾杯しながら「天に感謝します！」と口々に言い合ったんですって。純粋な強い願望だったおかげで、心からの願いがただちに現実にかたちになったのよ！　三人ともやっと、「天の仕組み」があるらしいということがだんだんわかり始めてきたのは、確かだと思うわ。

引き寄せの法則の働きを教えてもらえる、なんてすてきな楽しい話でしょう。それに三人とも、望みがかなえられたことで忘れずに感謝をしたのでした。

波動を調和させる

ジャーメインのタモの逸話は、自分の波動が思いの波動と一致すれば魔法が起きるということを、ありありと示してくれています。魔法が起きるのは、自分の「根源」（ソース）と「快適なあり方」（ウェル・ビーイング）に対する抵抗がない状態にあるからです。まるで「魔法」のように見えるとしても、それはエネルギーを適切に使った結果でしかありません。「快適なあり方」の流れに乗ることは、意識的に波動を整えることでもあるのです。

目を覚ましているあいだ、言い換えれば意識があるときの私たちは、波動を発し続けています。宇宙はその波動を基準点とみなし、**引き寄せの法則**にしたがって現実をマッチさせます。ところが、意図しているにもかかわらず、結果に結びつかないことも少なくありません。その理由は、意図を表現する言葉が型にはまったものになっているからです。エイブラハム（補遺参照）は、よくこんな例を紹介しています。「赤い新車が欲しい」と心から願っていることを言いながら、それに続けて「でも私には手が届かない」とか、「けれどもやっぱり高すぎる」と言っている。それでは、願っていることの正反対を表明して、そうしたいと思っていることを打ち消してしまうのです。波動に整合性が保たれていると言えますか？　願いに「矛盾」があれば、そこには抵抗が生じています（たとえば買えない、というような）。すると「欠乏」の波動を発してしまいます。宇宙はそれがあなたのシグナルであるととらえ、引き寄せの法則を作動させて、それにマッチしたものを提供してくるというわけです。

中国には、こんなことわざがあります。

「目指す方向に進み続ければ、結局はそこにたどり着くだろう」

また、それを簡潔に言い表すよく似た別の表現もあります。

「馬に乗っているのなら、馬が進みたがる方向に向かう方が楽だ」

実際、これ以外の方法で馬に乗るところを想像するだけで、私は笑いがこみあげてしまいます。その通り、と言うしかありません。それなのに、そうすると決めてはっきり断言していながら自分でそれに水をさすようなことを言ったり、思い込みがあるせいで「でも手が出ない」とか「高すぎる」などと、矛盾することをつけ加えたりすることは珍しくありません。それではまるで、後ろ向きに馬に乗っているようなものでしょう。

エネルギーをすべて、同じ方向に向かわせる

心から望んでいるものがわかり、そのエネルギーと喜びを味わえば、これだ、イエス、イエス、イエスと言っているワクワクする興奮を感じます。意気込みと幸せな気持ちが、望みの波動にマッチしていることのしるしです。必要性や欠乏感にもとづく望みを抱き、「自分には手が出ない」などと矛盾だらけの言葉を口にしているのであれば、次第にその不自然さに気づき、「宇宙がどんなかたちでこれをかなえてくれるのか、私にはわからなくても、宇宙がそうしてくれることは疑っていない」と言えるようになるでしょう。エネルギーが望ましい方向に向かって流れ始め、心の願いを引き寄せているのがわかるようになります。

信念とは、そう考え続けている思考のひとつでしかありません

エイブラハム

言葉と気持ちを一致させ、**意図的に創造している状態**と惰性で創造している状態とを意識的に区別するところから始めてください。波動がマッチする感覚がつかめてくると、神聖な爽快さをおぼえ、その自覚はいっそう個人的成長をうながす力になります。自分の波動が生み出す結果にも気づけるようになってくるでしょう。矛盾した発言や考え方は、意図するものを打ち消してしまうので注意しましょう。ネガティブな感情や思考は、本当の願望とは「正反対」のものを引き寄せてしま

います。エネルギーがどこへ向かっているかを観察し、自分がどれほどたびたび矛盾したことをしているかがわかれば、驚かされることでしょう。自分の言動、とりわけ感情を矛盾のないものにするためには、そうする意志と明晰さ、そして練習が求められます。

引き寄せの法則を作動させる——表明して創造する

私は「コントラスト」（対照によって示される違い）があるのはありがたいことだと感謝しています。チャンスは、多様性の中から新しい選択をすることで生まれてくるものだからです。選択に続けて、意図的に創造するための新しい決断を下すことになります。「自分で創造する」意図的な姿勢は、じつに力強いあり方です。コントラストのおかげで新たな明晰さが得られることがわかってくるでしょう。コントラストは、不愉快なものでも、困難や対立を表すものでもありません。神聖な「創造者」として選択をするための気づきと認識を深めてくれているだけなのです。

波動の一致

エイブラハムはこう言っています。「自分に起きていることは自分の波動にマッチしたものであり、自分の波動は、自分に起きることにつねにマッチしています。どちらも同じ波動で振動しているのです」と。たとえば、映画『ネットワーク』のピーター・フィンチのセリフ、「私は怒っている。もう耐えられない！」と同じ言葉を叫ぶ状況に追い込まれたことはありませんか？

「ノー」がわかれば、向かうべき「イエス」の方向を見極める明晰さが得られます。その時点では安全ネットなしで空中ブランコに揺られているように思えるとしても、そこで下す決断には力強さがあります。そのときはエネルギーが「しっくりこない」ように感じられるかもしれませんが、自分は「そうしない」と決めることができたのです。その決断が、明確な自覚をもって意識的にエネルギーを整えるきっかけになります。心からの望みにエネルギーが同調するまで、数週間、数ヶ月間がかかるかもしれません。エネルギーが一致したときは、全身の細胞が「イエス」と叫んでいることが、頭と心の両方でわかります。それはまるで並んでいるドミノに手を触れたとたんに、すべてがパタパタと落ち着くべきところに落ち着いたような感覚です。そうなればエネルギー的にも、波動を意識的に合致させた状態を反映する証拠が現れてくるのです。

要するに、すべてはコントラストをどのように体験するかの選択の問題なのです。反発して「騒ぎ立てる人」になっていたり、毎日を「苦しいもの」と考えたりしていれば、重大なストレスを抱え込んで心の望みを引き寄せる流れを妨げてしまいます。それはまるで「ホース」を踏んで「快適なあり方」の流れをせき止めてしまうようなものです。私は以前、庭のホースのたとえを使って受講生たちにこのことを説明していました。水撒きをしているときにホースを踏みつけていれば、水の流れはせき止められます。水は蛇口や差込口の「根源」でせき止められるのではありません。自分でホースを踏んでいるせいでそうなるということです。私たちは多くの場合、流れを遮断していることに気づかずにいます。自分が「選択」する力のある「創造者」であることが理解できてはじめて、人生で体験していることはコントラストと多様性を織り交ぜた、神聖かつ巧みな「お膳立て」にほかならないことがわかるのです。ストレスを感じたときは、創造的に変容させれば、自己成長のありがたいきっかけになります。


あなたは創造者（Creator）ですか？

「快適なあり方」の心地よい流れに乗っていますか？

それとも
反発して騒ぎ立てる人（Reactor）ですか？

反発する人を指すReactorは、創造者を意味するCreatorのつづりを並べ替えた語であることに注目してください。騒ぎ立てる人は「抵抗」を生み、抵抗は、型にはまった反応や「お定まり」の思考や感情に結びつきます。


人生は成長し、進歩するための**お膳立て**（Set-up）なのだと考えることも、ストレスや面倒や抵抗が渦巻く**苦しいもの**（Upset）と考えることもできます。（この場合も字を並べ替えただけの違いであることに注目してください）

作家のリチャード・バックは著書の『イリュージョン』の中で、「どんな性格の障害であっても、障害は君たちに何かを与える。君たちはそこから何かを得る必要があるからこそ、障害を捜しているのだ」と書いています。私たちの魂は、内面に備わる可能性やより大局的な真実性に気づくことができるように、おそらく高次の視点ではコントラストを宇宙の「お膳立て」とみなしているのでしょう。私はそう考えています。問題ごとは私たちが新鮮な願望を抱き、新しい決断を下せるように進化させてくれる原動力にほかなりません。困った状況に追い込まれるたびに、「ああ神様、私はまた成長しなくてはいけないんですか」と言っている友人がいますが、まさにそういうことなのです。

問題ごとは成長の原動力

あなたの選択肢は、難局をやり過ごす（go through）か、難局を乗り越えて成長する（grow through）かの、どちらかひとつです。「苦しいもの」と考えてやり過ごしていれば、人生の教訓を得るまで、それともそこにあるメッセージを受け取るまで、別のかたちで同じような局面を繰り返し体験することになるかもしれません。「お膳立て」を通して「成長」する場合は、自分で現実を創り出している自覚をもつ「創造者」として、人生のゲームをらせん状に上昇していきます。自己憐憫、怒りや恨みを抱えているとすれば、自分で自分のホースを踏んでいるのです。

あなたはコントラストの大洋で、意図的創造者として「流れに乗って」いますか。それとも、騒ぎ立てる人になって「流れに逆らい」、抵抗して歯向かっていますか。

コントラストが生じたときは、何を心から望んでいるのかを自分に問いかけてみましょう。選択

をし直し、新しい決断を下すことで、意図的な創造者になることができます。喜びにしたがい、「快適なあり方」の奔流に乗って、いちばんいい結果を手にしてください。

エイブラハムは、抵抗については次の内容が当てはまると言い、3つの項目を挙げています。

♥「快適なあり方」を遠ざけるものは、ただひとつ、抵抗する姿勢です。

♥抵抗があるところには、必ずネガティブな感情がそのサインとして存在しています。

♥抵抗とは、なんであれ、何かを押し返していることを意味します。

抵抗は、コントラストにしたがって自分の望んでないものを見極める際に生じます。その状態にとどまっている必要はありません。それは単に、コントラストの多様性の中から「新たな決断を下す」ためのチャンス、シグナルであるに過ぎません。

受け入れるとは、望んでいることを見分けるためにコントラストを利用すること

自分の観察ができるようになってくると、「マッチ」と「ミスマッチ」の区別がつくようになります。波動がマッチしている場合にはものごとがぴったり収まる感覚を通じて、それがわかります。それはあっと思うような「わかったぞ！」という感覚、そう、これだ、まさしくこれだという感覚です。物質的に望みを現実にすることができる自分を大切にし、全力でそれに向かってください！おそるおそるつま先を出してわずかばかりの結果を得ることもできれば、やる気満々で両足で飛び込み、心の願いを引き寄せることもできるのです。安定した波動を保つようにしてください。思いやエネルギーがどんな気分を生んでいるかに注意を向ければ、自分が受け入れているのか反発しているのか、創造者になっているか騒ぎ立てる人になっているかが把握できるようになります。

想像力を強めよう

エイブラハムは、エスター・ヒックスのキャンディ作りの話も紹介しています。コンロでキャンディを作るときに、レシピには何分間火にかければいいかは書かれていません。柔らかい塊になれば冷水に一滴落として硬さをみるのですが、十分に固まっていなければ、水に溶けてしまいます。ちょうどいい具合になっているかどうかを、そうして確かめるわけです。ポジティブな気持ちや思いについても、お菓子を作るようにしてかき混ぜ続け、出来上がるまで流れに沿って進んでください。エイブラハムは、これが願いを物質的に実現する方法であると言っています。自分の波動の仕上がり具合を確かめてください。失敗を怖れず、両手を広げて飛び込んで、「私は自分の波動に一致したものを受け取っている。なるほど――いま受け取っているものはあらゆる面で嬉しいとは言えないみたい。なるほど。観察するより、もうちょっと具体的に思い描くことに努めた方がいいんだわ」ということに、気づいてください。観察しているよりもイマジネーションを強くする必要があるのかもしれません。どんなときにも、自分のいまの望みに、言葉、思いと感情の波動を一致させましょう。ちょうどいい具合になったところで望む結果が得られるように、火にかけ続けておきましょう。

きみ自身の存在があまりうるさくがなり立てるから、きみの言っていることが聞こえない。

ラルフ・ワルド・エマーソン

1970年代の半ばに、私は夫と一緒にアルファ・アウェアネスが主催する5日間のトレーニング・セミナーに参加しました。アルファ・アウェアネスの創設者、ミント・ヴェルレが指導する自己成長のためのありがたいセミナーでした。そこで最初にしたことのひとつは、ネガティブなことを思い浮かべるたびに、すぐにそれを打ち消すというものでした。「大嫌い」「もううんざり」「あの人にはいらいらする」「そんなことをしたら墓穴をほってしまう」「話がうますぎる」そういうことを思ったときには、ただちに「キャンセル、キャンセル」と言い、いま言ったばかりの言葉を消し去って無効化し、病気になったり肩が凝ったりするのを防ぐのです（それとも腹立たしいだれかのせいで痔になったり、むかついて腎臓を悪くしたりすることを）。また、「死ぬほど会いたい」と言ったりする人もいますが、そんなときは「好きでたまらない」とか「会えたら最高に幸せ」などと言い換えてはどうかと勧めています。ぜひ、と言いたいときに英語のanxious（心配）を使っている人をよく耳にします。興奮や喜びの波動でいられるところを、わざわざ「不安」に置き換える必要があるでしょうか。笑い転げる、と言いたいところをslay（殺す）と言ってみたり、最高！　と言う代わりにkilling me（死にそう）と言ったりする人はいませんか？　意識的であれ無意識的であれ、自分で何を引き寄せ、何を創造しているかに注意を払ってください。

参加したそのセミナーは口にする言葉を重視し、思考についてはそれほど重く考えられていないようでした。ですが実際には、思考や言葉や信念など、何であれ、つねに放射し続けている波動を左右するものは、どんな「気持ち」でいるかなのです。口にした言葉を打ち消しても、矛盾したエネルギーや抵抗を抱えていればその波動は打ち消せないことを、私たち夫婦は理解したのでした。

自分には魂または非物質的な側面があることは、たいていの人が気づいていることでしょう。ハイアーセルフ（高次の自分）や内なる存在に繋がるためには、身体の波動が内なる存在の波動に一致しているか、それに酷似している必要があります。それを確かめる方法とは？　感謝し、愛を抱き、楽しみ、褒め、笑っている状態は、ハイアーセルフの波動と調和した状態です。気分が乗り、喜びにあふれた状態です。非難したり批判したり、怒ったり、なにかと引き比べたり心配したり欠乏ばかりを考えたり、権力や支配にこだわったり、隠蔽したりする状態は、本来のあり方とはずいぶん違います。愛が足りないと感じるとき、ネガティブな感情を抱いてしまうときは、望んでいる創造のエネルギーを呼び起こし、快適なあり方の奔流を思い出して、「根源」との連携を取り戻しましょう。

運命を呼び寄せているのは、自分の波動

思いや感情や言動を通じ、自分が放射している内側で振動する波動に意識を向けるようにしてく

ださい。私たちが最終的に目指しているのは、自分をこよなく愛している内なる優しい存在と触れ合うことなのです。満たされた幸せな気分でいるときは、心の願いと調和し、本当の自分と矛盾せずに協調していることがわかります。自分の運命を呼び寄せているのは、ときには「魅力」や「カリスマ性」とも呼ばれるようなあなたの磁力、あなたの波動です。「快適なあり方」の流れは自分の内面に結びついていることがわかれば、願望の波動が望み通りの結果を引き寄せてくるようになるでしょう。それが心から願っていることにワクワクしてエネルギーを流す、意図的創造者になるということです。

望まないものを押し返していても、現状の向上は望めません。「根源」のピュアでポジティブなエネルギーと意図的に繋がり、その波動で振動することによって、創造し、引き寄せてくるものの波動との共鳴が強化されるのです。

エイブラハム

以前の講義ファイルを整理していたら、創造者になるか騒ぎ立てる人になるかを実生活を通してわかりやすく表す実例が見つかりました。『サイエンス・オブ・マインド・マガジン』に1987年に掲載された、フランシス・ハモンドという人が書いた「ゴキブリを罵(ののし)るべからず」という記事ですが、騒ぎ立てるのをやめることでどれほど状況が変化したかを紹介する内容でした。

ゴキブリを罵るべからず

フランシスは生活に便利な環境の、手頃な価格のすばらしいマンションに引っ越しました。ところがウォーターフロントに建つその建物には、日に日に目立ってきた問題がひとつだけありました。ゴキブリが出るのです。管理人に退治してもらいたいと頼むと、水辺に住むのであれば、ゴキブリが出るのは避けられないことだと教えられました。管理者側の対応は、毎月駆除のスプレーを吹きつけるだけでした。駆除スプレーのひどい臭いは家を出て避難せざるを得ないほどのものでしたが、ゴキブリにとってはビタミン剤のようなものだったらしく、数が倍近くに増え、ますます元気になってしまいました。フランシスは管理会社に腹を立て、自分でトラップを仕掛けてみたりもしましたが、なんの効果もありません。いろいろな粉を撒く方法を試しても、結果は同じでした。近所の人たちも被害を訴えていました。ゴキブリはどこでも這いずり回り、スクラップブックやクッキングブックから、リビングの棚にあるハードカバーの本まで食べてしまい、歯ブラシに乗っていたことさえありました。寝ているときですら、顔にのぼってきたゴキブリのせいで飛び起きたことがあるくらいでした。フランシスは日に日に怒りを募らせてゆき、ついにある日、昼食のツナサラダの上に乗っているのを目にしたときに、怒りを爆発させたのでした。やりきれなさでカウンターに拳をたたきつけ、思わず叫んでいました。「神さま、なんとかして！　もうこんなことには耐えられない！」

ランチを捨て、リビングの窓際に座りながら青い水、緑の木々や澄み渡った空を見つめているうちに、感動の言葉が口をついて出ました。「神さま、この美しい世界を私のものにしてくださって感謝します」。気持ちが落ち着くと、以前目にしたこんな言葉が浮かんできました。

「暗闇を罵らずに、キャンドルを灯しなさい」

問題ばかりを考えずに、解決策があることをありがたく思い、解決すると信じなさい、という意味の言葉だったのです。またゴキブリが目につくと再び怒りに火がつき、退治しましたが、いまさっき気づかされた違うアプローチを思い出し、(歯を食いしばりながら)「神さま、ゴキブリがいなくなった家に感謝します」と口に出して言いました。それからはゴキブリを見たり汚したあとが目についたりするたびに、同じ言葉を繰り返すうちに、すぐにかっとなるいつもの反応がしだいに落ち着いてきました。それから何週間かたつと、ゴキブリを見かけても神さまの視点からすれば、もういないのだと思えるまでになりました。ゴキブリを毛嫌いしていたので、そんな気持ちになれるまでは何週間もかかりましたが、肯定的な断言をし始めてから3ヶ月後のある日のこと。図書館にいたときに、ふと雑誌のバックナンバーにも目を通してみようという気になり、目次をめくってみると、自分と同じような状況でゴキブリに悩まされている人に向けられた、効果の高い退治法が記事になっていたのでした。

その翌日の新聞には、雑誌に紹介されていた商品が1ドル割引になるクーポン券がついていました。フランシスはすぐにその製品を購入し、ゴキブリがいなくなってありがとうと、いつもの感謝の言葉も口にしました。購入したトラップを仕掛けるのは簡単な仕事ではなかったものの、胸のうちで感謝の言葉を唱え続けました。するとそれから4日後には、ゴキブリのいない家がまさに現実のものとなったのです。

この話のフランシスにとっての決定的な発見は、ゴキブリ退治の製品そのものではありませんでした。ゴキブリ用のトラップは、もう何年も前から市販されていたもので、彼女がゴキブリを罵っていた頃にも手に入れることはできたはずでした。その間も救いの道はずっとそこに用意されていたにもかかわらず、憤慨していらだってばかりいたせいで、それを引き寄せることができずにいたのです。フランシスの重大な発見は、現状を変えるためにはその前に自分の思考と波動を変えなくてはならないことに気づいたことでした。

コントラストを象徴するこの逸話は、まさに引き寄せの法則を表す格好の一例です。フランシスは騒ぎ立てることで望んでいないものを押し返せば押し返すほど、ゴキブリが増えるいっぽうになるという現実を招いていました。ゴキブリを恨めば恨むほど、ネガティブな感情を繰り返し送り続けていたので、「惰性」でいっそうゴキブリが出る状況を創造していたのです。望まないものがさらに増える結果を生み、ゴキブリを引き寄せ、共鳴してあらゆるところに這いずりまわらせてしまったのでした！　たいていの人はそれがどれほど不愉快なことか、よくわかるに違いありません。

フランシスは「コントラスト」の体験が限界にきたところで、宇宙の無限の力の助けを求め、「神さま、なんとかして！」と呼びかけました。そのおかげで、**別種の新しい波動**を呼びこむことができました。助けを求めた結果、ただちに彼女に向かって解決策が流れ始めたのです。フランシスは感謝を唱えることで比喩的な意味でキャンドルを灯すことも忘れませんでした。そのおかげで心にいっそう光が注ぎこまれ、自分の置かれた状況に対しより高次の選択ができるようになったことで、ゴキブリを罵り続ける考えを変えることになりました。以前とは異なる明晰な視点を得、望んでいることに向けるためのエネルギーを呼び寄せたのです！　意識の上でゴキブリから自由になった彼女は、それまでにはなかった「快適なあり方」の波動を発するようになりました。その結果、宇宙全体が彼女に協力し、最適の場所、最適のタイミングを整え、最適の印刷物と最適の製品を提示してくれたのでした。フランシスはそれだけでなく、購入を助けてもらう割引券まで引き寄せてきました！　フランシスの周囲には解決策、助けてくれる人びとや手段が豊かに存在しており、ただ結果を引き寄せるだけでよかったのです。コントラストを通して望んでいないものが浮かび上がれば、望んでいるものを知ることができます。新たな決断を下してそれに向きあえば、そのときから真新しい場所に立ち、すでにかなえられている結果を引き寄せる意図的な創造が始まっているのです。

意図的な創造者であることを意識する波動で振動するのは、ぞくぞくする爽快な、充実した、

生き方を変えるものであることがわかります。引き寄せの法則を作動させるとは、そういうことなのです！

第2章

引き寄せて願いをかなえる技術

ウェブスター辞典によれば、マグネットは次のように解説されています。

マグネット（Magnet）――鉄やスチールを吸い寄せる性質をもつ、天然もしくは人工的に作られた鉄やスチール。引きつける人やもの。

マグネティック（Magnetic）――磁性を持った、磁気を帯びた。人を惹きつける、魅力のある。

引き寄せの取り組みは、楽しんで気楽にそうすることから始めて、無理なくすんなり引きつけてくるようにしてください。葛藤があれば、「葛藤」を引き寄せてしまい、心の願いを引きつけるどころか押し戻してしまうからです。

先ずは、「根源」、神の力、超意識、ハイアーセルフや内なる存在、霊、愛、宇宙、大いなる存在、なんと呼ぶのであれ、あなたが考えるエネルギーと磁気が引きつけ合っていると想像しましょう。磁極同士が引き合い、両者がひとつになって統合するのを感じてください。呼吸を意識し、望みがかない、それを受け取っていると想像しながら、ワクワクして息を吸い、「願いはもうかなった」という波動で世界に向かって息を吐いてください。夢はもうかなっている喜びを心の底から味わうようにし、自然に息をしましょう。

たとえばもっとお金が欲しいと思っているとすれば、先ずは「お金は豊かにある」と感じることによって、そのエネルギーが流れ込んでくるという原則があることを承知しておきましょう。自分には望んでいるものを受け取る価値があるのだという考えを受け入れてください。グリーンのエネルギー（つまりお金）を引き寄せる波動を発していることに感謝し、すでにお金はそこにあることに感謝するのです。言い換えれば、その時点で現実がどうであろうと、つねに「感謝の姿勢」を保っているということです。「どうやって」については心配せずに、心はもう望んでいるものを引き寄せていて、自分は創造の波動に同調していることを疑わずにいましょう。

若い頃の私は、マタイの福音書にある「持っている人はさらに与えられて豊かになる。持っていない人は持っているものまでも取り上げられる」という一節は、なんて不公平な話かと思い、理解ができずにいました。ずいぶん辛辣な内容だと思っていたのですが、やがてイエスは意識の問題を語っていたのだとわかるようになりました。これは「豊かであると思っている人はさらに与えられ、いっそう豊かになる。そうでない人、狭く限られた意識の人は、持っているものまで取り上げられる」という意味だったのです。

いまのあなたは何を表現し、何を体験していますか？　豊かさを意識していますか、豊かに栄える満ち足りた毎日ですか？　それとも欠乏を意識していませんか？　断言したり罵ったり、一日中不満や文句を言い続けていませんか？　そうだとすれば、あなたの問題は解決しないどころか、いつもそれを言っているせいでもっと大きくなっていきます。非難、言いわけ、正当化などは、あなたの生活を制限されたつまらないものにしてしまうでしょう。

あなたが考えていることはどんどん大きくなっていく

聖書には「新しいぶどう酒は、新しい革袋に入れるものだ」という箇所もありますが、これもまた、意識について語っている内容です――「高められた」新しいぶどう酒を狭苦しい小さな容器に入れれば、受け入れ、受け取りながら新しいレベルの存在に拡張することができません。だから新しい革袋に入れる必要があるということです。私たちはどの瞬間をとっても、自分の意識に見合った波動で振動しています。イエスは目には目を、歯には歯を、の人ではなく、愛の波動を伝える新しい意識、新しいぶどう酒だったのです。私の現代的なユーモアセンスでとらえれば、ここに挙げたたとえ話をみる限りでは、旧約聖書の時代には目や歯を無くした人たちがおおぜいいたに違いないと思えてしまいます。

感謝の気持ちを忘れずに

お金の問題に悩まされている人の多くは、感謝する態度でいるというよりは、請求書のお金を「支払う」ことを最も抵抗の少ない道とみなしています。大喜びで支払いをする人がいるでしょうか？**引き寄せの法則を作動させる**ためには、こうしてください。義務的に小切手を切る、または振り込みをする態度を、感謝してそうする態度に改めるのです。支払うお金があることに感謝し、小切手や現金を祝福して、お金を何倍にも増やしましょう。忘れないでください、考えていることはどんどん大きくなるのです。

私は昔から、小切手の左上の隅にG.M.と書き込んでいました。〈God's Money〉つまり神さまのお金という意味です。引き寄せの法則を直感的に理解していたからです。豊かさを循環させ、喜びにあふれてその流れを自分に引き寄せ、自分を通して流していけば、どんどん大きくなることがわかっていたのです！　小切手台帳にカーボン紙の写し紙が使われるようになる以前の大昔の話ですから、小切手に金額を書き忘れていた場合には、代わりにG.O.K.と書いておくことにしていました。夫が「G.M.の意味はわかるが、G.O.K.というのはいったいなにを意味しているんだ？」と聞くので、「〈God Only Knows〉神のみぞ知るっていう意味よ」と教えてあげたのです。意識を拡張するためには、ユーモアのセンスも求められるというわけです。

この次に電話代、光熱費や家賃、ローンを支払うときは、公益事業会社や銀行にお金をとられると思ったり、請求書は支払う義務があると考えたりする代わりに、椅子にかけてその手続きを楽しむことをお勧めします。自分を通して流れている豊かさをありがたく思う、感謝の気持ちを持ってください。そうすれば、お金の欠乏感からでなく、豊かさの波動で振動することができます。

差し出すことは感謝の姿勢を表し、増殖させる力があります！
それに対して支払うというのは、取られる、減ってしまうという考え方です。

だれもが核心においては意識を振動させ、放射している存在であるからこそ、「持っている人はさらに与えられて豊かになる」のです。お金を「支払った」人は、少ししか持っていないものが減ってしまった上に、それ以上に取り上げられるでしょう。義務感で請求書の支払いをしていれば、いくらあっても足らないと思うでしょう。お金の豊かな流れをありがたく思い、感謝の気持ちを持っていれば、お金は大きく増えてあなたのもとに戻ってくるのです。

どちらの現実を選択しますか?

「自分にはとても買えない」とか、「高すぎてちょっと」と言う人がいますが、もちろんその予言はその通りの結果をもたらすことになってしまいます。自分が体験したいと思っている世界を反映する思考や波動しか持ってはならないことを、忘れずにいてください。あなたが準備万端整えていれば、宇宙も準備万端整えて待機し、あなたが選択を下して心の願いに全力を傾けるときを待っているのです。豊かさは自分で創りだすものでなく、「引き寄せて受け入れる」ものであることも、よく覚えておきましょう。

熱烈に望んでいること、腕を広げて受け取りたいと思っていることは何ですか? 毎日5分から10分ほど時間を割き、心の望みを見極め、想像し、思い描き、ワクワクする興奮を感じながら、なぜそれを体験したいのかを明確にしてください。あなたの意図的な創造に心から共感し、喜んで応援してくれる人たちとそれについて話してください。なぜそれを望んでいるかを、宇宙に向かって表明しましょう！　そう決めたことを楽しみ、オーラを引き寄せの波動でキラキラと輝かせてください。「ディス・イズ・マイライフ（これが私の生きがい）」という映画や本の一章を書くつもりで、胸を躍らせてイキイキと詩をつづったり台本を書いたりし、波動の基調を整えてください。実現しつつある自分のすばらしい創造に波動を共鳴させましょう。受け取る見返りは、期待の深さに応じたものになります。愉快な態度も神聖な態度なのですから、楽しんで取り組むことです！　新しい目で夢に向かい、宇宙からそれが届けられたときの驚きを楽しんでください。感謝し、信じて、自分はいまもこれからもずっと、望みをかなえる価値のある存在であることを疑わずにいましょう。

願いをかなえる魔人ジーニー

魔法のランプから魔人ジーニーが出てきて、「3つの願いをかなえてあげよう。どんなことでも言ってみなさい」と言ってくれたとしたら、どうしますか？　少し考えてから、このページの余白か本の後ろのメモのページに、願いごとを書き出してください。いまこの瞬間に引き寄せたいと思っていることは、何ですか？

できましたか？　あなたは宇宙に向けて、願いごとを表明したのです。これでその3つの願いは実現に向けて動き出したのです！　それにしようと決めたことがらを思い浮かべながらエネルギーが流れる感覚に、ウキウキした気分になりませんでしたか？　最後にそんな気分を味わったのは、いつだったでしょう。心の願いから生まれてくる喜びは、「快適なあり方」の流れに結びついています。願いごとはあとで微調整してもかまいません。あなたは地図を作る人であり、将来を見通す人でもあります。意図的創造者で、受け取る人です。何を待っていたのですか？　コンパスを操るのは自分であって、エネルギーを呼び寄せ、流れを作るのも自分であることを忘れないでください。コンパスの針を価値あるすばらしい方向に合わせましょう。そうすればますます光が注ぎこまれ、偶然のようにして新しい道が開け、嬉しい情報が次々に転送されてくるようになり、望みが実現するでしょう。意識やエネルギーは特定の周波数で振動しています。望みがかなえられた状態の気分を味わい、その波動に共鳴していれば、心から願っていることが明確になった結果として、いっそう高次の波動にステップアップしていくのです。

悟りの楽しいガイドライン

スワミ・ビヨンダナンダと呼ばれているスティーブ・ベヘアーマン（Steve Bhaerman）は執筆やコメディー制作の活動をしているすてきな作家ですが、私が特に好きなのは、『悟りの楽しいガイドライン』（*Guidelines for Enlightenment*）という本です。その中に「現在地球上で最もパワフルなツールは、テレビジョンならぬテル＝ア＝ビジョン（ビジョンを語ること）である。私が自分のビジョンをあなたに語り、あなたは自分のビジョンを私に語る。その結果、そのプログラムが気に入らなければ、ただチャンネルを変えればいいのだ」という一節があります。そこに私が一言つけ加えるなら、私たちはだれもが、手にリモコンも持っているといえます。そのリモコンとは、選択をし、自分のビジョンを決めることを意味しているのです！

もうひとつ、私が気に入っているガイドラインは「ファンダメンタリストになりなさい。つまり、ファン（楽しみ）をメンタルなリストの前に置きなさい。人生は決して打ち切られることのない連続ホームコメディであることに気づきなさい。番組用にあらかじめ笑い声が録音されている。われわれが物質世界に送り出されてきたのは、もっとネタを増やすためなのだから、少なくとも1日に2回は心から笑い、楽しい気分になりなさい」というものです。最後に笑い転げたのはいつですか？ ビジョンを楽しんでください。いつでも上機嫌でいましょう！　魔法がかなえられるときを期待して、待ち受ける姿勢でいてください。

私は自分の3つの願いを考えてみて、そのひとつは「望みをかなえられる魔人ジーニーになる」ことだというのがわかりました。私たちはだれもが本当に自分自身の意図的創造者なのですから、魔人ジーニーであるに違いありません。願いがかなえられることに対してイエスと言えば、宇宙は総力をあげてあなたに加勢し、手を差し伸べてくれるのです。

思い、振動しながら、私は「在る」。私は創造し、引き寄せ、拡張して、いまもこれからも、自分の発する波動に応じた現実を実現する。

意図的創造者としてどんなふうに引き寄せの法則を作動させているかは、受け取るものを受け入れる姿勢やお金の使い方に象徴されています。明快な心構えで喜びと新鮮な気持ちを持っていれば、高次元で振動しているエネルギーを引き寄せる波動で意識を新しくしながら、信じられないような夢の実現に向かっていきます。お金はあなたの幸せを表す副産物です。好きでたまらないことをしていれば、「グリーン・エネルギー（お金）」のかたちで豊かさが流れてくるのです。イキイキと創造性を発揮して、お金にかかわる現実を意欲的にグレードアップしてください。私たちは朝から晩までシグナルを発信し、欠乏か豊かさのどちらかを引き寄せているのですから。「とても手が届かない」と言っていれば、宇宙にそれを宣言し、欠乏を拡大させるだけになってしまいます。自分の言葉を自己達成し、じゅうぶんでないという現実を実際に体験することになるでしょう。

ディーパック・チョプラの『この瞬間どこからでも、あなたの望む富はやってくる』という本には、それをよく表す逸話が紹介されています。著者が世界平和をテーマにプロジェクトを論じ合うグループに参加していたときのこと、だれかが「お金はどこから出るんでしょうか」と指導者に質問をすると、指導者は「その時点でお金があるところから出てくるでしょう」と答えたそうです。この場には豊かさが横溢しているので、意図的創造者としてすべての面で豊かさを招き入れ、進んで受け取れば、それが現実のものになるのです。宇宙には豊かさが満ち満ちています！　豊かさはあふれんばかりにここにあるのです！

必ず報われる投資

いまは故人となりましたが、ネヴィルという作家が書いた本は、わが家の全員が大ファンでした。

ネヴィルの物語には「願望がかなえられた」という創造的な知恵と見識が満載されています。たとえばある本には、深い眠りから目覚めた妻に頭上から声が響き、「思考、お金や時間を浪費するのはやめろ。人生ではあらゆることが投資なのだ」と言われたと書かれています。「浪費」とは「効果がないことに無駄に使うこと。無駄づかい」であると、辞書には解説されています。投資は、利益を得る目的で金銭や力をつぎ込むことです。私もよくインディアナ州パデュー大学の学生たちに、「資源の上にあぐらをかいていないで、自分に投資しなさい！」とはっぱをかけていたものでした。私たちが投資の対象に選択したものはなんであれ、日常生活に引き寄せられて将来へと繋がりますから、この本の妻が見た夢に、私はとても共感させられるのです。

ネヴィルは望みがかなえられた状態を想像することで、思考を操り、「最終過程」に投資することの意義を知っていたパイオニアのひとりでした。賢明な人は、夢や願望がかなえられた状態を前もって味わい、そう思い、そう振る舞うことによって（たとえ理性はそれを否定しても）、結果が引き寄せられてくることを知っています。すでに願いがかなったと想像することで自信をもって現実を創造している人は、自分に投資している人です。それは必ず報われる投資になります。まだ見えない現実を本当にそうなっていると考えることに、忠実になりましょう。実際にそうなのですから。

引き寄せたいものに照準を合わせて思考を調整することができるようになれば、それがやすやすと引きつけられてくることがわかりましたか？　考えていることは、思いの力で活性化し、内なる

存在から外側の世界へと出てきます。思いや感情が強ければ強いほど、引き寄せの行程もいっそう加速されるのです。

自分に備わる磁力

磁力は、自分の手を使って確かめてみる方法もあります。15秒以上、両手をすばやく打ち合わせるか、こすり合わせるかし、手のひらを向かい合わせる格好にして、目の高さにもってきてください。そしてゆっくりと、アコーディオンを演奏するように手のひら同士を近づけたり遠ざけたりしてみましょう。手のひらや両手のあいだに、何か感じられませんか？　エネルギーで遊んでみるとたいていの人は、引きつけ合ったり反発し合ったりする磁力を感じます。車のバッテリーにもプラスとマイナスの端子があるように、人間にも電気が流れています。私たちの身体はバッテリーのように、細胞の水分を通して電気を流しているのです。このことを踏まえてエネルギーの流れを楽しみながら、毎日の出来事にもたらす影響を理解してください。

感謝していますか、それともあなどっていますか

感謝は、自分に与えられているものを認識し、ありがたく思う気持ちであると言い換えることができます。それに対し、あなどっていると、与えられているものの価値に気づかずに、欠乏感を増幅させるだけになります。不平不満を並べたて、他人と比べてばかりいる人もいます。アリゾナ州

のスッコツデールには、「泣き言禁止」と書かれた看板を掲げているレストランがありますが、泣き言は流れをせき止めてしまうので、じつに的を射たアドバイスといえます。内面で「充足している」と感じられない限り、いつまで経っても足りないと思うことになるでしょう。SF映画の『ウォーターワールド』には、主演しているケビン・コスナーの「水を流しても流れない糞みたいだ」というセリフが出てきます。下品な言い方になりますが、ものごとや他の人たちをあなどる態度で「排泄物」のことばかり口にしていれば、恨みが膨れるばかりになり、同じシグナルを発信し続けることになります。自分でホースを踏みつけ、流れをせき止めてしまうのです。「自分の乳房を踏んでしまう乳牛」のようなものだと表現している人もありました。あまり洒落たたとえではありませんが、核心をついています。

ありがとう。一生を通じて口にする祈りがこれだけでも、それでじゅうぶんだ。

マイスター・エックハルト

感謝はありがたいと思う気持ち、与えることについても受け取るものについても、そのおかげで日々を迎えていることに心からありがたさを感じることです。感謝する姿勢はつねに引き寄せの法則を後押しし、よどみない流れを作って創造をもたらします。

ウキウキと、それとも強引に？

コントラストにもとづき選択を行い、意図的創造者になることについて、漠然とした「圧力」を感じている人は、大きく深呼吸してください。この概念を理解して生かすことができるよう、そしてこの本で引き続きご紹介する創造の「レシピ」に刺激を受け、喜んでそれができるように、大きな力に助けを求めてください。肩の力を抜いて、楽しみながら取り組みましょう！　意欲が感じられなかったり、フラストレーションを感じたりしていれば、もっと拡大するに違いない抵抗を抱えていることを意味します。詩人のヘンリー・ワーズワース・ロングフェローの、「干潮の後には潮が満ちる」という言葉もあります。触発され、意欲が湧いてくれれば、意図的な創造の波動になり、結果が引き寄せられてきます。

マルハナバチは「科学的」に考えれば、力学上飛べるはずがないことをご存知でしたか？　航空力学にもとづく実験によれば、マルハナバチは太い胴体の割に羽が極端に小さいので、理論からすると飛べるはずがないのです。それにもかかわらず、マルハナバチは自分が飛べないとは思っていないため、現に飛んでいるのです！

何年か前にスピリチュアルなグループのワークショップに参加したとき、締めくくりに参加者がおのおのその週末の感想を述べることになりました。女性のひとりは、こういうセミナーに参加したのは初めてだったと言い、「負担」は大きかったがとても啓発を受けたと言っていました。自分が「初心者」であることがよくわかったので、学ばなくてはならないことが山のようにあるとその人が感想を言うと、教師は笑って「あなたは後に続く人たちの先頭にいるんですよ」と励ましたのでした。その通りに違いありません。進歩の過程ではつねにだれかが先を進み、もっと高いところへ行けるように助けてくれています。そして自分も、一緒に創造し、成長できるように、後ろに続く人たちに愛情深く手を差し伸べているのです。

中国の文学者、林語堂（リン・ユータン）による次のすばらしい一文は、コントラストが意味しているのは豊かな多様性であることをよく表しています。

この地球に生きるのはつまらない単調な世過ぎ（生活）だと言えるような人はいないはずだ。昼夜潮汐の循環がある。朝が明け、日が暮れる。暑い一日の夕べの涼。多忙な朝の先ぶれに、静かに澄んだ暁がある。これほど良きものはない。

雲が厚い日もあれば霧にかすむ日がある。空が澄んで晴朗の日もある。春には驟雨、夏は雷雨、秋は爽涼たる風が吹き、冬になれば雪が落ちる。

壮大なスギの巨木、火を噴く火山、驚くべき洞穴、峻険な頂、波打つ丘陵、静かな湖水、蛇行する河川、緑陰の堤。各自の嗜好を満たすメニューは実際、限りない。分別のある唯一の態度は、進んで饗宴にあずかり、人生の単調さを嘆かないことだ。

ともに饗宴を楽しもう。
眼前に展開している多様性を大切にし、心の願いをかなえよう。
心を開いてこの瞬間に向き合い、望み通りに夢をかなえ、奇跡を届けてもらおう。
そうであらんことを。
未来永劫いつまでも。

第3章

あらゆる思考はエネルギー

すべての思考はエネルギーである。
エネルギーは思考の波動に左右される。
あなたの創造の力は、意識を向ける方向に流れる。

シャロン・ウォーレン

われわれには、無数の喜びや無数の苦しみを創りだす思考という道具が備わっている。

ジェームズ・アレン

意識について考えるためには、私たちがよく知る電気にたとえるのがわかりやすいでしょう。私たちはごくわずかなあいだであれ、停電にでも見舞われて電気が使えなくなるまでは、電気があることを当たり前と思っているものです。引き寄せの法則が中立であるのと同じように、電気も中立性を保っています。プラグを差し込んでも差し込まなくてもいっこうにかまいませんし、どんなプラグを差し込んでもとやかく言ったりはしません。接続したテレビやビデオデッキが動かなくても、それを家庭に送られている電気のせいにする人はいないでしょう。電気は没個性的で、電気製品や装置に流れ込むだけのものです。機械が動かないとしても、問題は電源ではなく、テレビやラジオやビデオデッキにあると考えるのが妥当と言えます。

70年代の半ばに変わった夢を見たのですが、目を覚まして覚えていたのが「変換器」というキーワードでした。その言葉が頭の中でちかちか光り輝いていたのです。私には知識がなかったので夫に訊いてみると、電気信号を伝送したり、電気信号の形態を別の形態に変換したりする装置だと教えられました。ということは、変換器という言葉は「無意識状態の内なる自分」の波動エネルギーが「物理的な自分」に伝送されることを表していたのかもしれないと思ったりしたものです。その後、電流の流れには電気を通す伝導体と、電気抵抗を示す物質がかかわっていることがわかりました。電力をフルに活用したいのであれば、伝導体を使う必要があり、電力の流れを抑制したければ、半導体を使わなくてはいけないのです。エネルギーが自由に流れる状態とは、ほとんど抵抗のない状態です。何かに対して騒ぎ立てていれば、抵抗を抱えているということなのです。

怖れが芽生えれば力は萎える

怒り、憎しみ、恨み、病い、苦しみなどに満ちている人は、「膠着状態」におちいっています。子ども時代に私が通っていた教会では、神と怖れについて教えられましたが、両者は同じ文脈で表現することなど考えられないほど、まるで波動が異なっています。怖れを生むのは欠乏感です。それ以上でもそれ以下でもありません。私たちは引き寄せの法則を作動させる電磁的波動の「導管」、もしくは道具なのです。抵抗するのをやめれば、心の願いに流れを向かわせる創造者の力を発揮することができます。私たちはまた、自由意志にしたがってその純粋なエネルギーを歪めたり、避けたり、汚したりする機会と選択肢も同じように与えられています。天国と地獄、貧しさと豊かさ、創造者か騒ぎ立てる人か。これらはすべて、意識の状態を表現しているにすぎません。悪魔を意味する「デビル」(devil)という言葉は、「生きた」(lived)という語のスペルを入れ替えただけであることをご存知でしたか？　「悪」を意味するevilも、「生きる」という意味のliveを逆にした言葉です。好ましくないと思う状況は、エネルギーを変える必要がある状況であるというだけのことです。エネルギーそのものは中立です。私たちはだれもが神性や創造性に「接続」されているのですから、光を輝かせるかどうか、どれほど明るく輝き、どんな波動の放射を選択するのかは、自分次第なのです。「快適なあり方」の流れ、「根源」にはだれしもアクセスすることができます。

いまこの瞬間に備わる力が最大の力

あなたに備わる力は、あなたの指示を待ち受けています。蒔かない種は生えません。頼まなければ、受け取れません。何を蒔き、何を刈り取っていますか？　何を頼み、何を受け取っているでしょう。エネルギーを伝導する誘電体の波動を振動させていますか？　それとも反発することばかりを体験していませんか？　被害者、騒ぎ立てる人、責め立てる人になっていませんか？　宇宙が反射鏡となって生活の場面を通して抵抗を映し出しているようなら、「意図的創造者」に立ち戻って力を軌道修正してください。そうすれば、最初からそこにあったエネルギーがどっとなだれ込んできます。自分が何であるか、いかなる潜在的な力が備わっているかがわかってくると、パワーとは増やすものではないことに気づきます。内に蓄えられたエネルギーが解放されるときを待っていただけであることがわかるのです。あなたはたったいまも、すでに完結した完全な存在です。ところが、まだそのことには気づけずにいるかもしれません。だからこそ、成長の行程を楽しむことができるのです。騒ぎ立てようと創造に取り組もうと、どちらを選んでも宇宙はあなたを支援してくれます。

あらゆる思考はエネルギーであり、エネルギーは思考のありようにしたがっていることを理解することが大切なのは、そのためにほかなりません。

自分の力にふさわしい夢がかなうように祈るのでなく、夢にふさわしい力が発揮できるように祈りなさい。

フィリップ・ブルックス

心にしたがうとは何を指しているのかがわかるようになってくると、意識的に明晰な選択をすることができます。自分自身をどう扱っているかに応じて、ほかの人びとのあなたに対する接し方が変わることがわかるでしょう。気持ちのいい人たちを引き寄せているか、いらいらさせられる人びとに囲まれているかを見れば、自分の思考が意識的または無意識に引きつけているものの傾向を見て取ることができます。ここでお話ししているのは、ポジティブ・シンキングをするかどうかの問題ではありません。引き寄せの法則がわかり、すべての思考が広がっていくことが理解できれば、そのときから生き方が一変することでしょう。「本当の自分に近づいていくことにワクワクする」と私はよく言っていたものでした。人生を前向きにとらえられる、すばらしく豊かな体験になるからです。いまこの瞬間の力を超える力はありません。私はエネルギーが心の願いに向かって流れるように、毎日認識を深めていくことに努めています。ここアリゾナでの車のナンバープレートさえ、「CREATOR（創造者）」にしているくらいです。私たちの本質は、そうであるに違いないのですから。

天国か地獄か？　創り出す体験は自分次第

地獄にかかわる解説の中で、私がいちばん共感させられたのは、ベストセラーになったニール・ドナルド・ウォルシュの『神との対話（第一巻）』に書かれた次の一文でした。神さまとの対話で「地獄とは何ですか？」と質問すると、神さまはこう答えられるのです。「自分の下した決定や選択、自分で創造したものを最悪の結果として体験することだ。誤った考え方からもたらされる苦痛だ。しかし〈誤った考え方〉というのは不適切な表現でもある。なぜなら、間違っていることはそもそも存在しないからだ。地獄は喜びの対極であり、満足感がないことを指している。自分がどんな存在であるかを承知していながら、それが感じられない状態、自分になりきれていない状態だ。それが地獄というものだが、永遠の火に焼かれるというように空想されている場所があるわけではない。私がそのような場所を作って何の役に立つだろう。地獄の体験を創り出すのは、自分自身なのだ」

波動を自覚的に振動させる

私たちには、自分で整えた波動の中で生きるというすばらしい選択肢と責務があります（責務は英語では〈responsibility〉すなわち「応じる」〈respond〉「能力」〈ability〉になるので、ここでは「対応する力」を指しています）。そして毎日、自分が「後ろ向き」に生きていないか、意図的に波動を整え、調和して創造しているかどうかを、現実に反映されるかたちで見せられています。コントラストばかりの苦しい日々を送っているなら、宇宙が注意しなさいとそっと知らせてくれていることのしるしです。自分が何を引き寄せているかに気づくように、肩をつついてくれているのです。責任を転嫁するのは簡単で便利な方法ですが、言い逃ればかりしていると、創造したものに対する責任から目をそむけ続けることになってしまいます。「神のご意思」と言ってすませる人もいるかもしれません。自分の奥深くに分け入り、精神的な成長にとってどんな位置づけでとらえられるかを探り、認識のしかたを変えれば、ストレスは神聖なものになります、「ストレス」や「膠着状態」を軽く考えている場合には、

どんどん大きくなっていく

ことを知っておいてください。あなたが考えることや意識を向けることは、その波動を拡大させていきます。

宇宙がそっと注意してくるしるしに気づかずにいれば、次には乱暴に背中をどつかれることになるかもしれません。まるで目の前で目覚まし時計が鳴りひびくように、とうてい見過ごすことのできない警鐘を鳴らされることになるでしょう。最初にそっとつつかれていたときを無視したばかりに、本格的な危機にさらされるはめになってしまうことが少なくありません。この場にはつねに繋がることのできる流れが存在しています。流れに乗るかどうか、どんな流れに乗るかを決めるのは、あなたに与えられている特権であり、責務でもあるのです。

引き寄せの作用の全体像

インドには、６人の盲人と象の寓話があります。目が見えないので６人はそれぞれに象を触ってみて、どんな動物なのかを探ります。

最初の盲人は尻尾をつかみ、「まるでほうきのようだ」と言います。

脚に触った盲人は「柱のようだ」と言います。

鼻を触った盲人は「シュウシュウ言っている蛇のようだ」と言います。

耳に触れた盲人は「うちわのようだ」と言います。

牙に触った盲人は「槍のようだ」と言います。

胴に触った6人目の盲人は、「レンガの壁のようだ」と言うのです。

どの人も言っていることは正しいのですが、ものごとのとらえ方が自分の体験を通じて認識できたことに限られているので、それぞれが違う感想を述べています。象の全体像を思い描くことができた人は、ひとりもいません。『スクープ・悪意の不在』という映画では、新聞記者役をしていたサリー・フィールドが「それは的確だが、真実はそうじゃない」と言っていましたが、そのセリフが強く印象に残ったのを覚えています。盲人たちは自分が触った箇所は理解できたものの、全体像がつかめた人はいなかったのです。私たちがここにいるのも、自分の全体像を知り、自らを愛おしみ、見落としているところに光をあてて融合し、自分の広大さや壮麗さに対する認識を深めるため、言い換えれば本来の自分に近づくためなのです。私はそう思っています。

光をあふれさせる

こんなジョークがあります。アーカンソー州オザーク山地のある奥深い農村で、教会の牧師がシャンデリアを購入してはどうかと教会員たちに提案しました。そこで投票が行われたところ、提案は否決されてしまいました。

「あなたたちはなぜ、シャンデリアを買うことに反対するんですか」牧師が訊くと、

「そうさね、第一に、わしらにはシャンデリアという字が書けない。だから注文のしようがないじゃありませんか」とひとりが答えます。

別の男も言いました。
「第二に、そのシャンデリアってものを買い込んでも、演奏できる人がいない。第三には、わしらに必要なのは光だからですよ」

私たちが求めているのは、内にある光です。光であり、命であり、愛なのです。これらのエネルギーに通じ、それを育むことができれば、心の願いに調和する波動を放射してぐんぐん結果が引き寄せられてくるでしょう。

私は夢をかなえるためのワークショップやクラスを長年指導してきましたが、そこでつねに取り上げてきたのが、カール・ユングが心理学で「影（シャドー）」と呼んだ要素です。「影」とは、私の言葉で言い換えれば、「遮断された光」です。ユングはこう指摘しています。「光には必ず影があり、精神の全体性にも不完全な部分がある。人生に必要とされるのは完全性でなく、全体性である」と。

光は働きかける

クライオンのチャネラーで著述家のリー・キャロルは、『クライオン・クオータリー』に「光は働きかけるが、闇は受け身だ」と書き、こんな例をあげてそのことを説明しています。「２つの部屋があるとしよう。一方は真っ白な部屋で、こうこうと明かりがついている。その隣のもうひとつの部屋は真っ黒に塗られ、光はどこにも灯っていない。白い部屋に立っていて、隣の黒い部屋に通じるドアが開いたらどうなるだろう。黒い部屋の闇は、こっちへ流れこんではこないだろう。白い部屋には、暗闇は侵入してこない。だが黒い部屋にいたとすれば、ドアが開けば白い部屋の光がどっと差し込んでくる。そして、闇に包まれた部屋ではなくなる。光が完全に優勢を占め、闇はもはや完全な闇ではなくなるのだ」

記事はさらに、このように続きます。「これが、自己発見の啓示を受ける仕組みである。光は真理を象徴しているので、能動的に働きかける。闇のダークサイドは、光がない状態だ。影（シャドー）というのは、実のところ、愛のない理知なのだ。身に備わる光が増えれば、闇は圧倒されてしまう。光が外にあふれ出れば、ほかの人たちの目にもそれが見える」

意図は波動

ここで大切な点は、「コントラスト」を体験するたびに――ときには劇的な強い体験になることもあるでしょう――何を望んでいるかを見極めることができるということです。それが、望んでいるものに意識の焦点を合わせ、もっと「光」を取り込むための最初の一歩になります。創造しようと決めたことに対するあなたのいまの波動は、近いと言うにはまだまだほど遠いかもしれません。それでも意図的な創造者になろうと決め、選択を重ねていれば、その波動が身についてくるでしょう。

ダービーレースをめぐる、アイルランドが舞台のこんな小咄(こばなし)があります。生まれて初めて馬券を買うことにしたある男が、パドックで馬を下見することにしました。そこではアイルランド人の神父が馬を見てまわりながら、一頭の馬だけほかとは違う仕草をしていることに気づきました。そこでその馬に注目していると、案の定レースで一着になりました。そういうことなら神父の態度を観察した方が良さそうだと男は考え、見ていると、神父は今度もある馬になにやら手を動かしています。次のレースでも、一着をとったのはその馬でした。しめたぞ、これで三度目のレースはいただきだと思い、男は神父が見ていた馬にあり金をそっくりつぎ込みました。レースが始まり、いっせいに馬が走り出しましたが、その馬はなんとコース半ばでひっくり返ると、死んでしまいました。思いがけない展開に見舞われた男はすっかり不愉快になり、つぎ込んだ金をどうしてくれると言って、憤然と神父にくってかかりました。すると神父はこう言ったのです。「それがあなたたちの困ったところなんですよ。祝福と最後の祈りの区別がつかんのですからな」

心の望みを明確にし、何に「賭ける」のかをはっきりさせて、自分が発信しているものが何を引き寄せているのかをしっかりと自覚していてください。あなたが意図していることが、あなたの波動です。心の願いを見定め、集中して意図的創造に向かうコツは、ごくシンプルなのです。ただ、長いあいだ怖れやネガティブな思考の回り道に迷い込む経験を積んできたせいで、なかなか簡単にはいかないかもしれません。創造のエネルギーを流せるようになるためには、練習を重ねて経験を積む必要があります。新たなスタートを切ろうとしているのですから、自分を難しい状況に追い込んで後戻りしないようにしましょう。波動が発信する新しいそのシグナルこそが、意図する創造を宇宙に受け止めてもらう新しい基準点になるのです。問題に照準を合わせていれば、問題がますます拡大します。そしてコントラストが増え、「望んでいなかった創造」を招く結果になってしまいます。**意図は波動を振動させています。毎日まっさらな白紙に書き込まれていく意図の力は、新しいエネルギーを生み出しているのです。**

偉大さの境界線

野球が大ファンの夫は、社員を叱咤激励するために、どこかで読んだこんな話をよくしていました。プロ野球では、ほとんどの打者が平均打率0・25以上をあげている。4回に1回ヒットを打つということだが、これはまずまずの活躍と言ってもよい。それに加えて野手としても能力が高ければ、メジャーリーグで成功を手にすることができるだろう。打率が3割だったら、つまり10回のうち3本ヒットを打っていれば、スター選手になれる。リーグの選手は数百人いるが、その中でシーズンの終わりに打率3割を維持できる人は10人ちょっとしかいないものだ。彼らはすばらしいバッターとして賞賛される。契約を取り、褒め称えられ、コマーシャルに出演して、ファンに騒がれるだろう。

偉大なバッターと平凡なバッターの違いはどこにあるのか。打率2割5分のバッターなら20打数5安打、打率3割打者は、20打数6安打だ。野球の世界では、20打席で1本よけいにヒットが打てるかどうかが、偉大さを分ける差になる。それを知って意外に思わないだろうか。偉大であるかそうでないかが、これほどわずかな差でしかないことが。未来像を思い描き、そこに向かう道筋を信頼して、ほんの少しだけ自分が考えている力を引き上げることはだれでもできるということを、よく表している話だろう。

野球で平凡な選手と偉大な選手を分けるものがほんのわずかな差でしかないというこのたとえは、現実生活で意図的創造者になることについても当てはまります。ワクワクしながら夢がかないつつあることを思い描いていれば、その内容が現実化してきます。それは自覚的に波動を振動させ、潜在的な本来の自分に近づいている状態です。ホームベースに帰ってくる生き方をするようになると、波動が意図の波動に一致してきます。そうなればウキウキした波動で、キャリア、家族との関係、恋愛、豊かさや心の願いなど、生活のあらゆる面ですばらしい自分が現実化されてくるでしょう。考えているレベルよりももうほんの少しだけ、思い浮かべる内容を深めることはだれにでもできることです。そうすることに努めれば、自分の偉大さの外縁を押し広げ、「快適なあり方」のすばらしい感覚が味わえるでしょう。

明るく！

友人のジョイアス・レスペランスから聞かせてもらった愉快な楽しい話をご紹介しましょう。

現場主任が作業員たちの仕事を監督しつつ巡回していると、ひとりの男が作業場のまん中で天井のロープにぶら下がり、「おれはシャンデリアだ、おれはシャンデリアだ」と言っていました。

主任はみんなの視線を集めながら厳重に男に注意し、仕事に戻るように命じました。ところが次にその作業場に行ってみると、禁じたにもかかわらず、男はまたロープにぶらさがっています。命令に逆らう男に激怒し、主任はその場で男をクビにしました。すると驚いたことに、ほかの作業員たちもいっせいに自分の道具を片づけ、出て行こうとします。

主任がそのひとりを呼び止め、なぜおまえたちまで出て行くのかとわけを尋ねると、こんな答えが返ってきました。「おれたちは明るくない仕事場じゃ働けないからですよ。そうじゃありませんか？」

明るくなってください！　最後に声をあげて笑ったのはいつでしたか？　お腹を抱えて笑い転げたときは？　くすくす笑ったり、喜びの波動で振動している人たちと楽しい時間を共有したりすることは、「喜び」の万能薬です。ユーモアを楽しむ感覚を大切にして、毎日を明るくしてください。

波動の同調

「自己主張の法則」（Law of Assertion）は、押し返したり抵抗したりしているときに作動する法則ですが、それはコントラストを増強させる結果を招きます。心の願いに同調した波動で振動しているところには、矛盾は存在していません。ポジティブで純粋なエネルギーは、抵抗とは無縁です。その状態にあれば、波動が心の願いに同調し、自分で選択することが引き寄せの基点になっているので、宇宙は自動的にそれを届けてくるのです。

たいていの人は、主張を表明する文章を最後まで矛盾せずに言い切ることができずにいます。エイブラハムは「もっとお金が欲しい。あくせくするのはもう疲れた」とこぼす例をあげていますが、宇宙は異なる波動には対応することができないので、この場合は何も起きないままで終わってしまいます。波動をきれいにして、心の願いの波動に同調させなくてはいけないのです。外的な状況はそう見えないとしても、そうなるに違いないことを「疑わず」に「胸に温めて」いることはできます。自ら創造して夢がかなえられるという想像を、素直に受け入れてください。それを思い描くことに集中し、波動が同調するような主張の言葉と組み合わせることが、引き寄せるためのコツになります。快適なあり方を手にするためには、思考が純粋で明晰であることが欠かせません。自分で振動させている波動がすべてを招き寄せてくるのです。

波動のシグナルを送る

エイブラハムはこうも言っています。「あなた方はあらゆる瞬間に波動を送り出しています。全宇宙はその波動をあなたの引き寄せの基点とみなし、それに同調しています。自分が何を望んでいるのかがはっきりすれば、次の仕事は望みに同調するように波動を整えることです。望みに同調する波動になっているかどうかは、自分の感覚に教えてもらえます。われわれから伝えたい大切なことは、いかなるもの、いかなる人にも、あなたの望みを否定することはできないということです。矛盾した波動を抱えて望みを退けることができるのは、〈自分〉しかありません」

フランク・シナトラが歌うよく知られた「マイウェイ」は、毎朝目を覚ましてベッドの中でほんの数分、「わが道をいく」ことを思い浮かべ、波動を整えるためにぴったりの壮大な曲です。目を覚ましたら一日の流れを「整理」して、こうなって欲しいと思う通りに想像をめぐらせてください。すいすい流れる高速道路で車を走らせている、周囲の車は思いやりのある運転をし、車線変更をするときにも快く譲ってくれる、信号はいつも緑で安全に運転ができる、というように。私は家族の安全と幸せも思い描いています。自分が意図することに意識を集中させ、こんな一日にしたいという思いを肯定して、エネルギーを純粋に前向きな方向に流し、その流れに乗るのです。一日を通じて何度もそうするようにしましょう。それが意図的に波動を整えるということです！

エネルギーの漏洩

山頂で神さまに呼びかけた探求者の魅力的な話を紹介していたのは、著述家のダン・ミルマンだったように記憶しています。こんな内容でした。

「大いなる神よ、あなたの光を満たしてください」

するとと内なる声が響いてきた。

「私はつねに光を満たしている。おまえがその光を漏洩させているのだ」

そこあるものを「見た目」で判断し、それが「本当である」と考える態度は、望みの波動に同調することとは逆に、波動を漏洩させていることになります。エネルギーを「漏洩」させると、「快適なあり方」の流れも散逸させてしまいます。望みがかなった状態を想像し、味わうことによって純粋なエネルギーが流れているときが、創造の波動に調和した意図的な創造者になっているときなのです。選択に備わるパワーを自覚しましょう。外観にとらわれ、それを「自分の外的な現実」（つまり望んでいない現実）と考える罠にはまって回り道に迷い込まないでください。エネルギーに矛盾が生じ、思いが現実のものになる流れが抵抗のせいで打ち消されてしまいます。

自分の回路を監視する

自分で選択し、決めたことに対してはワクワクする気持ちでいてください。波動が同調し始める幸福を味わうためには、調和の波動を放射する嬉しい気分でいることが重要です。調和を意味するハーモニー（harmony）という語は、全体がほどよくつりあい、まとまっていること、和音、和声と定義されていますが、刺激する、駆り立てる、流れる、分泌するという意味が原義のホルモン（hormone）という言葉も、そこから派生しているという解説を以前に読んだことがあります。エイブラハムが次のように言っている内容は、このことと波動が一致しています。「あなた方の身体の細胞は、すべてが創造的な生命力と繋がっていて、おのおのが独立して感応しています。喜びを感じているときは、完全に回路が開き、神の力または生命力を完全に受け入れている状態です。罪悪感、怒りや非難があれば、生命力が流れる回路が妨げられてしまいます。この回路を監視し、つねに開いた状態を維持しているかどうかで、人生で体験することが左右されるのです。何をすべきかは、あなた方の細胞が承知しています。細胞はエネルギーを召喚しているのです」

エネルギーを方向づける＋意図する＝引き寄せて思いがかなう

超経験的な観点に理解がある人びとのほとんどは、現実の体験とは自分で創り出すものであることを承知しています。ものごとが順調に現実化しているときは特にそれがわかりますが、その反対になかなか実現しない場合にも、その原因は自分にあるのです。実現しないのは、そこに何らかの抵抗があるからです。それはたいてい無意識の抵抗ですが、だれかが邪魔しているということではありません。大切なのは、無意識にそうしてしまう場合が多いことを知っておくことです。自分が「望んでいない創造」をしていることに気づくようになってくると、もっと意識的な態度を取るようになるでしょう。たとえば、何かに対してたいへんだと考えていれば、それが事実であることに同意していることになるので、実際に奮闘する状況を体験するでしょう。「本当にたいへんだ」とか、「人生は厳しい」としょっちゅうぼやいている人に心当たりはありませんか？　そんな言葉を耳にしたときは、「そうかもしれないけれど、私はその反対を考えるようにしているの」と言っています。そういう思考を放っていれば、何が拡大されていくと思いますか？　意識を集中させることは拡大するということが理解できたときが、意図的な創造に向かうためにはどうすべきかがわかる転換点になるでしょう。

お金持ちも貧乏な人も、その精神には違いはありません。だれもが同じように使える意識や思考の用い方、あるいはとらえ方が異なっているにすぎません。

先に引用した作家のネヴィルは、鉄のかけらを磁石にする話も書いています。「磁化」された状態の鉄は、「磁気を除いた」状態の鉄と構成要素である物質は同じです。原子の向きが変わるというだけです。特定の軌道をまわるひとつの電子は1単位の磁気を生んでいますが、磁化された状態をもとに戻しても、電子は回転しなくなったり消滅したりはしません。粒子の相互作用が変わるにすぎないのです。電子の向きがばらばらに乱れると、磁気がなくなります。一定数の粒子が同じ方向に「揃えば」、その物質が磁力を帯びることになるのです。

思考や波動も方向づける必要があることがおわかりいただけたでしょうか。エネルギーをひとつの方向に向けて集中させれば、願いがかなったイメージの波動に同調する波動が生まれます。それが引き寄せの法則を作動させている状態になります。富や健康、非凡な才能は、降って湧いてくるものではありません。それを意図し、純粋な感情にしたがって「磁力を方向づける」ことによって、現実のものになるのです。

怖れや欠乏感、葛藤にとらわれると、波動から「磁気が消え」、「粒子の向きを変えて」しまいます。そうなると、最高の選択に波動を同調させるどころか、「望んでいない創造」をすることになります。思考や言葉、感情、行動を統一し、それを体現すれば、選択と創造の喜びを味わいながら引き寄せの流れに乗っていくことができます。流れに乗る人（flow-er）という表現は、花（flower）に通じていることにお気づきですか？　この2つの言葉は波動的にも共鳴し合っています。私たちがここにいるのは、成長し、花を咲かせて繁栄するためにほかならないのですから。

うっとりとイメージし、思いはかなうことを信じていよう

レストランで注文をするときに、「チーズバーガーはいりません」とか、「野菜スープはけっこう

です」とか、「オムレツは持って来ないでください」と言いますか？　もちろんそんなことは言わないでしょう。ステーキやフライドポテトやサラダなどを注文し、厨房のコックが間違いなくその通りの料理を作ってくれると信じて、安心して待っているでしょう。5分おきに顔を出して、注文した通りの料理を用意しているかどうか確かめたりはしないに違いありません。頼んだものが間違いなく出てくることを、疑っていないはずです。壮大な夢を抱いている場合にも、これと同じことが当てはまります。あなたの夢は、引き寄せの法則が現実にするための準備を進めているのです。

空腹でたまらないときは、注文が出てくるときを楽しみに、つばをためながら期待して待っていませんか？　料理の味まで、前もって味わっていることでしょう。イメージの力で意図的に創造をするときにも、それと同じように味覚、嗅覚、視覚を働かせ、ワクワクする気持ちを味わってください！　願望がかなえられたあなたは、自分にどんな言葉を語りかけていますか？　周りの人たちはあなたに何を言っているでしょう？　願いがかなったときはどんな波動を振動させているかを、思い描いてください。

波動が生み出しているもの

あなたの波動は何を生み出していますか？　最高にすばらしいものでしょうか。それはもっといいもの、もっと純粋なもの、明確で豊かで興味をそそられるものになりそうですか？　心の底から望んでいることに共鳴する内容ですか？　「快適なあり方」の流れに乗り、意識を集中させていますか？　「根源」との滋味ある繋がりに十分に感謝していますか？　自分の思いを信頼し、大切にして、完全に調和していますか？　自分は無敵だと感じられますか？　意気揚々としていますか？　エネルギーの核心的な波動に共振していますか？　心の望みが短期間で楽々と実現するように、エネルギーを整えていますか？　胸がときめき、ウキウキして、繋がりを感じ、集中し、高揚し、エネルギーが高まり、幸せを感じていますか？

「試みの法則」と「引き寄せの法則」

抵抗を感じているとすれば、自分を観察してそのことに気づき、別の選択をする心の余裕はありますか？　「引き寄せの法則」の代わりに「試みの法則」を実践していないかどうか、注意しましょう。「試みる」という言葉は、あなたの語彙から消し去ってください。やるかやらないか、そのつもりでいるかそうでないかの、どちらかひとつしかないのです。「やってみる」ものではありません！　いまだけでも、「そうなっている」ことには注目せずに、最高の選択に意識を向けることはできますか？　「やってみる」を除いた目標は何ですか？

そうするしかないのなら、やればできるということだ。

G・A・ボルゲーゼ

英語の「頑張った」（tried）と「疲れた」（tired）は、つづりを変えただけの語であるのはとても興味深いことです。「やってみる」「〜でさえあれば」「不可能」という表現は、忘れてください。

［詩人］セオドア・レトキーのこんな言葉もあります。

不可能を専門とする人びとがもっと増えることが、われわれには必要だ。

心の中で「不可能」(impossible)という言葉を「私はできる」(I'm possible)に置き換えてください。より大きな領域へと広がった意識は、二度ともとの大きさに戻らないと言った人がありますが、じつに賢明な言葉です。あなたが思考し、口にし、放射している波動は、変化をもたらすのです！ 意図的な創造者であるためには、進路を定め、新たな発見に向かう必要があります。制限のない、豊かな可能性に富んだ広大な新世界に入るのです。

われわれは奇跡の境界に生きている。

ヘンリー・ミラー

何年も前、私は心の健康のクラスで受講生たちを引率し、スターウォーズの『帝国の逆襲』を観にいきました。ビデオ化される前に6回ほど観ていた映画でしたが、ルーク・スカイウォーカーがフォースを使って宇宙船を霧の中から持ちあげる訓練を受けているときに、ヨーダと交わすやり取りのシーンが私のお気に入りでした。途中を省略して、ルークのセリフに飛びましょう。「試してみます」とルークが言うと、ヨーダは私の大好きな答えを返すのです。「違う、試すな。やるかやらないかじゃ。試すなどない」と。ルークが宇宙船が大きすぎるから無理だと言うと、また早回しで先に飛びますが、ヨーダは教えます。「大きさは関係ない。私を見なさい。私の強さを大きさで判断するかね？」ヨーダはそのシーンでこのほかにもきわめて大切な言葉を口にしています。「不可能を求めてるんだ！」と言うルークに、ヨーダは実際に宇宙船を持ち上げてみせ、「信じられません」とルークが感嘆すると、「だから失敗するのじゃ」と言い放つのです。

真剣に向きあえば、神意が働き出す

クラスには目が見えない受講生もひとりいたのですが、彼もこの映画から目の見える人たちと変わらない有益な示唆を受けていました。映画を観てからはそれまでの「被害者」の姿勢から、より良い現実を創造する態度に変わったのです。意図的創造者は「試しません」「試しにやってみる」と言うのは、自分に備わる創造の力やエネルギーを流す力を否定することです。自分が酵母のようにパン種を膨らませ、自覚的な創造によって新たな次元へと拡大していけることがわかることほど、幸せなことはありません。そうするかしないか、道はどちらかひとつです。大好きなことをするためのエネルギーはいつでも備わっています。また、自分がわかれば、その反対に何を「しない」のか、言い訳も弁解もせずに明快に決めることができます。マルセル・プルーストは、真の発見の旅とは、新しい景色を探すことではない。新しい目で見ることなのだと言っています。［登山家］W・H・マレーの、「真剣に向きあえば神意が加勢してくれるようだ」という言葉もあります。

次に挙げるのは、1980年に私の良き師のブラー・ジョイ博士から聞いた、先住民の人びとがマゼランの船団をどのように認識していたかをめぐる本当にあった話です。南米大陸に沿って航海し、その南端に上陸もしたマゼランの名前は、おそらくよくご存知でしょう。マゼランは三隻の巨大な帆船を岸から少し離れた海上に停泊させたのでしたが、先住民はそんな船があることなど想像することもできず、それほど大きな船に匹敵するものは見たことがなかったので、マゼランと乗員たちが岸に上がるときに使ったボートは見えたものの、帆船は目に入らなかったというのです。ボートは自分たちが知っているカヌーによく似た形をしていましたが、大きな帆船はまったく見えなかったのでした。海に目を凝らしてもまっすぐな水平線しか視界に入らず、みんなで「見えない」と言うばかりでした。

そのうちにシャーマンとおぼしき人びとが出てくると、「これこれこういう長さ、こういう高さの大きな船があると思い描きながら、水平線を見なさい」と助言します。そこで彼らは言われたように何度もまた目を凝らし、ついにひとりが「赤い旗がついているんじゃないか?」と声を上げました。シャーマンは「そのとおりだ!」と言いました。彼らはそれまでの枠組み、参照の基準にはなかったものの概念や可能性を探ったのでした。いったん赤い旗が見えてからは、残りの人びとも次々にほかの部分が見えるようになりました。この驚くような逸話は、マゼランが航海日誌にみずから書いたものと伝えられています。視点が変わることによってしだいにすべてが明確になり、可能性の地平が開けることをよく表しているエピソードです。

ビジョンを持つ

形而上学の教師ラザリスは、このマゼランの逸話をのちにオーディオテープにして共用できるようにしました。オーディオ版のこの話は、希望をなくし、人生が行き詰まって自分の世界が崩壊するように感じられ、味気ない水平線しか見えないと思うときに、目に見えず感じることもできないとしても、すばらしいものは存在していること、祝福に値する人生があることを教えるのが主眼になっていました。望んでいるもののビジョンを描き、そこに向けてエネルギーを流しながら、ものごとが展開している過程を信頼していれば、やがて視点が切り替わり、それまでとは違う見方をするようになります。望みに意識を合わせるとは進行の一過程であり、一夜にして何かが変わるわけではないことを承知していましょう。自覚的な創造の練習を積めば積むほど、望んでいることに向けるエネルギーの波動が自分のものになってきます。それを少しずつ微調整しながら、引き寄せの法則がどんなふうに応えているかを確認してください。毎日、白紙に戻って新しい気持ちでスタートを切りましょう。これまでを超えた純粋でポジティブなエネルギーを流しているうちに、ものごとが違って見えてくるでしょう。新しい知見が得られたからではありません。本来の自分に近づいているのです。内面で知っていることを改めて知り、より明快にものごとを見、存在するということです。思いを向ける対象が引き寄せられて拡張することがわかり、そこには繋がりがあることがわかったときは、この上ない爽快さを味わいます。「快適なあり方」の状態を思い出し、流れに繋がるかそうしないかの選択肢は、いつでもここにあるのです。私たちには引き寄せる人として自覚的な創造者になるか、その反対に抵抗して騒ぎ立てる人になるかを選ぶことのできる、自由意志があります。後者を選べば、似たものは似たものを引き寄せますから、いっそうそれが拡大するでしょう。

イマジネーションを祝福する

イマジネーションとは、イメージを思い描き、そこにパワーを注入することです

イマジネーションとは、イメージを思い描き、そこにパワーを注入することです。イメージを描いてそこに創造的な意識を集中させれば、イメージに対する波動に調和がもたらされます。するとあなたはそのイメージと同じ波動になっている（つり合っている）ので、宇宙がそれにマッチするものごとを送り届けてくれます。ほんの短時間しか望んでいるもののイメージに同調せず、大部分においてはそんなものは存在していないと思っていれば、宇宙は優勢を占めている方のイメージがもたらしてくるものをマッチさせるでしょう。

イマジネーションとは何を意味しているのか考えたことはありますか？　エイブラハムはその大略をテープで次のように説明しています。

ソフィー・バーナムは著書の *The Ecstatic Journey* に、瞑想をしながら質問をしていると、ある

日返ってきた答えが「祈りなさい」だったと書いています。そこで少し考えてから、「なぜ祈るのですか？　私が望んでいるものはよくご存知なのに、意味がないじゃないですか」と訊き返すと、即座にテレパシーで3つの答えが届いたそうです。「何を望んでいるかがわかり、必要なものを与えることができるからだ。そして、祈っているときには、身を委ねているからだ——たとえ15分間祈っているうちの15秒でしかないとしても。しかしそうして身を委ねているときは、窓が開いている。われわれはそこを通って心の望みを送り届けることができるのだ」3つ目の答えはソフィの想像を超えた内容で、「もうひとつは、祈ればわれわれの働きが活性化されるからだ」だったのでした。

抵抗するものはなくならない

自分の問題ばかり話題にしている同僚が気に食わないと言い、人生がつらく、労働時間が長過ぎるとこぼし、パートナー、仕事仲間や家族を非難する。そういうことばかりしていれば、それが引き寄せの基点となってもっと拡大されてしまい、望んでいないものが大きくなります。ものごとや人を憎んだり、嫌悪したりすると、引き寄せの法則が憎しみや嫌悪の波動をさらに強くするのです。そんなときには方向転換をするための時間を割き、意図的創造者として最高の結果へ向かうよう選択をし直してください。

貝と真珠

真珠貝は砂のかけら（異物）を包み込んで真珠を作ります。私たちもそれと同じように、異物として混入してくる砂粒のような制約的な状況を、自分に引き寄せられてきたものとして受け止める機会をいつでも与えられています。エネルギーを集めて流れに乗る意図的創造者の力を発揮することによって、真珠のように美しい現実を創り出すことができます。自分で選択する波動を通し、自らを真珠の首飾りにすることができるのです。

引き寄せたいものに意識を集め、それが実現したイメージを思い浮かべてその感覚を味わうことで、その対象はあなたに引き寄せられてきます。私たちは望まないことを思い浮かべることが多いものですが、その場合は怖れているものがやってくることになってしまいます。思考のすべてはエネルギーであり、エネルギーは思考に左右されていることを忘れずにいてください。

多様性は人生のスパイスです。トルティーヤをひとかけらしか食べないか、丸ごとすべてを味わうか、どちらにするかは自分次第

エイブラハムはこう言います。「世の中にはいろいろなものがあります。そしてさまざまな出来事が起きています。これが正しい、というやり方はひとつではありません。色彩や花、野菜や指紋

がまちまちであるのと同じです。そのほかと比べてひとつだけ正しいというものはありません。創造力は多様性によって育まれます。ですから、〈わかった、それなら多様性があることは認めよう。しかし私はきゅうりだけは食べたくない〉と考えることになります。それでいいのです。ただしきゅうりがこの世からなくなることを願ったり、きゅうりを食べる人を非難したりしてはいけません。交差点に立って自分の嫌いなものをなくすために旗を振ったりしないことです。そうではなく、私はこれが好きだから、これを選ぶと言いなさい」

あなたは「イメージを通して現実を創りあげている」イマジニアです。生活のあらゆる面で、心の願いを形にしているのです！

シャロン・ウォーレン

心の願いや大好きなものを引き寄せ、それを自分のものにしていることを感じ、思い浮かべ、それについて考える時間を増やせば増やすほど、現実においてそれが拡張し、創造される働きをうながします。エネルギーをそれに注いでいるので、いっそう速やかに結果が引き寄せられてきます。欠乏や神聖な絆で結ばれるパートナーの不在などにエネルギーを集中させていると、心から望んでいるものを押し戻してしまいます。たとえネガティブな思考や抵抗する姿勢に迷い込んでしまっても、自分を責め立てないでください。いっそう燃料を注ぎ込むことになってしまいます。単にそのことに気づき、微笑して「教えてくれてありがとう」と言い、最高の選択にしたがう思考や感情に切り替えて、すばらしい結果が実現しているところを思い浮かべましょう。

たとえば「そんなには払えない」と思っていることに気づいたときには、「楽に支払える状態を選択する」や、「簡単に支払える」などに置き換え、願っているものがすでにそこにあることに感謝してください。豊かさや心の望みは、エネルギーを適切に集中させれば引き寄せられてくるというだけのことです。豊かな気持ちでいれば選択肢が広がり、イメージすることによって現実を操っているのは自分であること――イマジニアであることを、忘れないでください。意図と思考の力、感情や波動を通して結果はすでに引き寄せられているのです。望む結果は着実にかたちになりつつあると想像してください。それができるようになるためには、練習を重ねる必要があります。思考が「あちこちへさまよっている」ことに気づけば、新たに集中し直し、まだものごとがよくわからない子どもたちに接するようにして忍耐強く臨みましょう。自分の思考や感情に責任をもって向き合う姿勢に戻り、喜びを感じることに意識を向ければいいだけです。宝くじに当選したとすれば、そのお金を何に使いますか？　エネルギーがふんだんに勢いよく流れれば、流れはいっそう活性化します。意図するものに向かってウキウキとエネルギーを流している状態は、率先して意図的創造を行っている状態です。心の望みを引きつけてくるあなた自身の波動のトーンになっているのです。

神聖な力による引き寄せ

ダン・チーズマンと知り合ったのは、インディアナ州に住んでいた頃でした。ダンはくじ引きで一等を取ったと想像しながら豊かさを引き寄せることにしたという記事を書いています。ある朝瞑想をしているときに、彼は「わかったぞ！」と思ったのです。自分から外へ出ていって何かをするというより、自分のもとにものごとを引き寄せてくることができると気がつき、そのためには「受け取る」姿勢を身につけなくてはいけないことを悟ったのでした。豊かさは単に創造するだけでなく、各人の期待の度合いに応じてもたらされるものを「受け入れる」ことでもあるとわかったのです。

ダンはそれから、一等当選の通知が来るのを待ち受けることにしました。そのうちにある日、スミノフ・ウォッカの製造会社から当選通知を受け取りました。ヒーリングの学校を運営している彼は自然療法の提唱者でもあったので、そんな彼が酒造メーカーの抽選で選ばれたというのは、宇宙のユーモアだったに違いありません。

記事には何箇所にも応募したわけでなく、当選したくじに対しても特別にアファメーション（肯定的な断言）をしていたわけじゃないと書かれていました。数の多さは当選の要素ではなかったのです。ダンは、そうするときの姿勢が当選に結びついたのではないかと言っています。彼は波動を通して結果を引き寄せたのでしょう。当選したのは意思を定め、心の望みに波動を一致させたからだったのです。

スミノフ・ウォッカは彼に直接賞金を手渡すことにしました。電話の声はダンにこう言いました。「こちらはディヴァイン（Divine、神聖を意味する）と申します。1万ドルの小切手をお渡しするために、当社で晩餐会を催したいと存じます」ディヴァインという名前を告げられて、ダンは驚きました。「宇宙の神聖な豊かさ、神聖な豊穣さを、心を開いて受け入れます」と自分に対して意図を表明していたからでした。実際のところ、電話の相手は正確にはDevineというつづりでした。小切手の発行者はヒューブレン社になっていましたが、その下には「スピリット・グループ」と書かれていました。そういうわけでダンはスピリット・グループのディヴァン氏から賞金を授与されたのです。自分は自然療法を教えていると話すと、ディヴァイン氏は、「スミノフは最高純度のスピリットとして名前が知られているんですよ」と答えたのでした。

このすてきなエピソードは、「あらゆる思考はエネルギーであり、エネルギーは思考にしたがう」ことをよく表しています。ダンはエネルギーを集中させて心の願いを引き寄せ、スピリットの方でも、遊び心を発揮したのです。

状況が人をつくるのではない。状況はその人のあり方を映し出しているのだ。

ジェームズ・アレン

境遇や状況を意味する英語のCircumstancesは、「周り」の意のcircumと「立つこと」のstanceを組み合わせた言葉です。状況とはすなわち、自分の核心的な考え方や波動を通して心の願いを引き寄せているときに、周囲に立っているもののありさまのことです。聖書の言葉にあるように、「あなたがたはその実によってそれらを見わけるのである」とも言い換えられます。この場合の「それら」とは私たちの思考や波動を指し、「実」というのは情勢や境遇を意味しています。また、「その人の思考パターンの性質が知りたければ、生活状況を見なさい」という、ユニティ教会の牧師の言葉もあります。自分の潜在意識がどんなふうに働いているかが知りたいと思う場合には、霊能者に頼る必要はありません。自分の家や車、仕事、健康状態、家族や友人、ペットなどとの関係がどうなっているかを見ればいいのです。飼い犬が唸り声をあげたり、ネコがシャーッと言ったり、周囲の人がガミガミ言ったりしていませんか？　そういう状況は、自分の内面における思考や信念を映し出す「写真」にほかなりません。

新たなスタート

現在は魅力ある女神なり。

ゲーテ

最近のことですが、自転車の走行距離計（オドメーター）が動かなくなってしまいました。何回もリセットしたにもかかわらず、何マイルも走ってもゼロを表示したままなのです。それでついに、気づかされました。抵抗がゼロかほとんどない状態にあれば、つねに「新しいスタート」をきっているのだと宇宙が茶目っ気たっぷりに教えてくれたのでしょう。ですから、ただ意識をそこに向けさえすれば、自分にはいつでも新しいスタートをきるチャンス、白紙の状態が与えられていることに気づかせてもらえ、感謝しています。

あなたが体験していることはどんなときにも、
自分の波動の総和です！
毎日が新しいスタート、白紙の状態、
新たな始まりなのです！
イメージを湧かせ、エネルギーの波を強くして、
新しいスタートをきりましょう！
心から。

第4章

創造するとは、引き寄せること

エイブラハムは『*The Leading Edge*』という冊子の記事で、創造と波動の関係について説明し、考えていること、口にしていることや目にしているものは、あなたの波動が発信するシグナルであると言っています。波動のシグナルは引き寄せの基準点になります。創造とは、手ぶらでそこに立ち、向こうを見やって望んでいるものを探し、どうすればそれをこっちへ持ってこられるだろうというようなものではありません。創造するとは、心でありありと思い浮かべることによって、いま自分が立っているこの場でそれを実現することです。それを行うのは引き寄せの法則の仕事です。波動が一致するものがあなたのもとに届けられるのです。願望を持たない状態で立っていれば、いつまで経っても何もやってきません。すでにそれがかなえられている波動を振動させるまでは、決してやってこないでしょう。

心の願いを引き寄せてくるエネルギーは、強い思いがともなえば、感情や波動の引きつける力が強くなります。「できない」とどこかで思っているようなら、「できる」と思う理由を説明する別の思考を創り出してください。結果を受け取っているところを想像し、揺るぎなく明快にそこに焦点を合わせれば、鮮明なイメージが得られることを確かめてください。繰り返しますが、すべての思考はエネルギーであり、エネルギーは思考にしたがいます。あなたは意図的に創造していますか？望まないものについて考えて、行き当たりばったりに「望んでいない創造」をしていませんか？心の望みに同調していますか？　食い違ってはいませんか？

除外することと受け入れること

エイブラハムは除外することと受け入れることについて、「除外」には、大部分の人が「そうだったのか」という新たな洞察を得ることを意味する一面があると説明しています。受け入れとは、自分の体験に取り込みたいと考えていることがらを指します。楽しい人びとや気心の合う人びと、天の引き合わせによるパートナー、大切にしたいすばらしいこと、満ち足りたキャリア、富やそれを味わうための時間、健康、意欲、幸福などがそれにあたるでしょう。つまり、いまこの場で望んでいることがらです！

除外のエネルギーは、望んでいないものを意味します。体験することから除外したいものは、たとえば病気、暴力、乱暴な運転をする車、お金の欠乏などがあるでしょう。いらないもの、それが除外です。きわめて大切な点ですから、よく聞いてください。除外というものは、じつは存在しません。除外を試みるたびに、実際には望んでいないもの、あるいは望んでいるものの反対を示すものを、自分の波動に取り込んでいるだけなのです。

エイブラハムは、すべてが包含することに結びついていると言っています。何かに対してイエスと言えば、望んでいるその何かを自分の体験に取り入れていることになります。何かに対してノーと言ったときにも、望んでいないその何かを同じようにして自分の体験に取り入れているのです。そういうわけですから、波動はすぐに濁って純粋な状態から離れてしまいます。何かに対してノーと言うたびに、望んでいることの波動に矛盾するものを取り込んでいることになります。それが、望みを速やかに引き寄せてくる純粋なシグナルの発信を妨げるのです。

エイブラハムはよく冗談めかしてクッキー・ショップでクッキーを買うときを引き合いに出し、こう説明します。「あれをひとつと、これをひとつ、それにこれもひとつください、と注文するのは、取り入れることを意味していることはよくわかるはずです。あれ（チョコレート・チップ）をひとつと、これ（オーミール・レーズン）をひとつ、それにこれ（マカデミア・ホワイトチョコ）もひとつ」と言えば、取り入れているのです。あれを見てください、あんな不愉快なクッキーがなぜここにあるんですか？　あんなものを注文する人がいるんですか？　などとは言わないでしょう。あのピーナッツバター・クッキーは引っ込めてください、問題は未然に防がなくては、何が起きるかわかりませんから。そのうちにあのとんでもないクッキーが棚を占領してしまわないように。いまのうちに片づけなければ、あちこちに増殖して欲しいクッキーの場所まで占領してしまう。だからいま阻止しておかなくては、などとは言いません。クッキーに対してそんなことを言うのはいかに馬鹿げているかがわかるからこそ、言わないのです。物質世界の環境についてもそれと同じです。気に食わないものが目につくと除外しなくてはならないと考えるのは、嫌いなクッキーに対してそうするのと同じように、馬鹿げたことです」

除外について、エイブラハムはこう説明します。「望ましくないものに注意を向けると、いつまでも決して除外されず、除外できないものになります。そうやってそれを取り込んでいるときは、純粋な波動で振動していないのです。純粋な波動、つまり望んでいるものに共振する波動を発信していないのであれば、波動は一致しません。あなたの波動は、引き寄せの法則にしたがい、願望にマッチしていなくてはならないのです。

問題点に注目すれば、抵抗の姿勢でそうするせいでそのつどその波動が強化され、居座りつづけることになります。エネルギーはあなたが意識を向ける方向に流れるのです。ですから、問題に焦点を合わせていれば解決の道は開けません。あなたの波動はラジオの電波と同じようなもので、宇宙はそれに同調するものを送り返してくるのだと、エイブラハムは言います。望まないものに注意を向けていれば宇宙はその望まないものに同調するものを提供してきます。するとあなたは、抵抗し、除外する状態を続けることになるでしょう（それもたいていは、意図的に波動を整えるようになるまで、無意識にそうしてしまいます）。

波動を映し出す鏡

詩人のエドウィン・マーカムは、叡智あふれるこんな詩を書いています。

町は消え去り、時代も過ぎ去った
だが語り伝えられてきた物語は今日も生きている
椰子の木陰で憩う預言者に、

ひとりの旅人が昼日中に一息入れて問いかけた
「どんな人びとが暮らしているんでしょう、平原に広がるこの立派な町には」

「友よ、そなたが暮らす町にはどんな人びとが住んでいるのかね」

「与太者、悪党に阿呆どもですよ」

賢者は答えた。

「ここでも同じ人びとに出会うだろう」

夕闇の中から別の異邦人が歩み寄り、足をとめて問いかけた。

「どんな人びとが暮らしているんでしょう、向こうにいくつも塔がそびえるこの華やかな町には」

「友よ、そなたが暮らす町にはどんな人びとが住んでいるのかね」

「善良で誠実な、分別のある人びとですよ」

賢者は答えた。

「ならばここでも同じ人びとに出会うだろう」


この話はさまざまに形を変えて語られてきましたが、私が最初に読んだのはアテナイの偉大な師が同じ文脈で語る内容の話でした。ここには、私たちが出会う人びとのすべてが自分を映し出す鏡であることがみごとに示されています。どこへ行っても、自分自身を映す人びとに出会い、自分を見せられるのです。私たちは自分の気持ちが映しだされていることに気がついていないことが多いものです。鏡は「感じのいい」像を映していますか？　それとも「みっともない」像ですか？　すんなり映りますか、努力する必要がありますか？　出会う人のすべてがあなた自身の鏡ですが、望まないもの、嫌っているもののレンズを通して映しだされていることもあるのです。

社会心理学者のマリリン・ファーガソンは、著書の『アクエリアン革命―80年代を変革する「透明の知性」』でこう述べています。「人生を道程ととらえるようになれば、勝ち負けや成功・不成功を白黒に分ける従来の区別が消えてなくなります。〈悪い結果〉さえも含め、そこから教えられ、探求を深める可能性がすべてに秘められているのです。人間は試行錯誤して探索しています。より広いパラダイムを用いれば「敵」は存在せず、たとえ不愉快であっても、反対の立場に立つ人びとに示される問題点が拡大鏡の役目を果たし、すべてが有益なのです」

鏡よ鏡

鏡に映るのはポジティブな像であれネガティブな像であれ、自分自身の投影です。そこには嫌なものが映ることもあります。たいていそれは、望んでいるもののエネルギーの流れに照らしてみれば、もっと高い観点から見直す必要があることがらです。人を攻撃したり非難したりするのは、エネルギーの無駄遣いでしかありません。「あいつがあんなことをやった」「彼女がこんなことをした」と非難モードに陥り、自分がいかに「正しく」、その状況がいかに理不尽であるかを裏づける「証拠」まで持ち出すのは、よくあることです。ですがそのようなエネルギーはだれの役にも立たないばかりか、同じ投影を見続けて非難の連鎖を招くだけです。

投影をよく表す一例として、友人のジョアン・スノーから電子メールで受け取った面白い話があります。それを読んだとき、私は声をあげて笑ってしまいました。思考が現実を創りあげることをじつにイキイキと教えられる内容なのです。私たちが引き寄せの法則を通じ、成長するための状況を引きつけて「コントラスト」を浮き彫りにすることをよく表しています。

ボタンを押せ?　それとも伏せろ?

ニューヨークのウェスト・ヘンプステッドにある美容院で髪をまとめてもらっていた女性が、人種的偏見に対する教訓の意味で、美容師にこんな話を打ち明けました。アトランティック・シティで過ごした最近の週末に、その女性はスロットマシンで大当たりを出し、バケツをコインでいっぱいにしました。それからホテルのダイニングルームでご主人と夕食をするためにスロットマシンを離れ、夕食の前にいったん部屋に戻ってコインでいっぱいのバケツを置いてくることにしました。そこで、ご主人にすぐに戻ってくるわねと言い、重たいバケツを持ってエレベーターに向かいました。

エレベーターのドアが開き、乗り込もうとしたときに、中に黒人の男性二人が乗っているのが目に入りました。そのひとりはがっしりした身体つきの驚くほどの大男だったので、どきりとさせられ、一瞬強盗かもしれないという考えが頭をよぎり、凍りついてしまったのですが、そんな偏見を持っちゃいけない、とすぐにそれを打ち消しました。二人とも非の打ち所がない身なりの紳士だったのです。自分の固定観念にすぎないことはわかっていましたが、とっさに怖ろしさですくみあがり、私はこの二人に恐喝されると考えてしまったのでした。

ドアの前で二人を見ながら、彼女は自分の不安、狼狽、恥ずかしさに気づかれませんようにと祈りましたが、ためらっている態度は明白だったので、見透かされていたに違いありません。顔を真っ赤にし、いつまでもそうしてその場に根を生やしているわけにもいかずに、思い切って足を踏み出してエレベーターに入りました。目を合わさないようにしつつ、ぎこちなく身体の向きを変え、閉まるドアに向かい合い、1秒たち、2秒たち――いつまで待ってもエレベーターは動きません。

パニックが押し寄せてきました。「どうしよう、エレベーターに閉じ込められた、これから恐喝されてしまう」心臓がばくばくし、毛穴から汗が吹き出してきました。そこへ男のひとりが声をあげました。「Hit the floor!」（床に伏せろ！）

言われたとおりにすべきだと直感に命じられた彼女は、コインが詰まったバケツを投げ出し、腕をあげてエレベーターのカーペットに身体を伏せました。コインが周囲に散らばる中で、お金を盗られるだけで無事にすみますようにと心で懇願していました。また何秒かが過ぎ、男のひとりが丁寧に言うのが聞こえました。「奥さん、どの階にいくのか教えていただけますか。私がエレベーターのボタンを押しますから」必死で笑いをこらえようとするように、その声は震えていました。顔を上げ、二人を見上げると、男性たちは手を差し伸べて抱え起こしてくれ、彼女は混乱したままで立ち上がりました。

ふつうの体格をした男性の方が、にこやかに説明してくれます。「私が Hit the floor! と言ったのは、相棒に僕たちの部屋の階を押してくれという意味だったんです。あなたに伏せろと言ったのではなかったんですよ、奥さん」言われて彼女は恥じ入りながら、自分で茶番を演じてしまったことを悟りました。恥ずかしくて声も出せず、二人に謝らなくてはと思いながら何も言うことができませんでした。模範的な紳士たちを強盗扱いしてしまったのですから、なんと言って謝罪することができたでしょう。三人はばら撒かれたコインを拾い集めてバケツの中に戻しました。彼女が降りる階に着くと、二人は部屋までお送りしましょうと言ってきかず、ドアの前まで送り届けてから、きちんと挨拶をして帰って行きました。部屋に入りながら、エレベーターに戻る二人の笑い声が聞こえていました。

彼女は気持ちを落ち着けて、ご主人と夕食をするためにまた下に降りました。翌朝には部屋にみずみずしい花束が届けられました、一ダースのバラの花。その一本一本に100ドルの新札がついており、添えられたカードには、「この数年であれほど笑わせてもらえたことに、感謝をこめて」と書かれていました。そして差出人の署名には、**エディー・マーフィーとボディーガードより**、とあったのでした。

『*A Course in Miracles*（奇跡のコース）』という本には、エネルギーは基本的に2種類に分けられると書かれています。攻撃、陰口、偏見などは「怖れ」から生まれています。愛があるところには、非難や罪悪感はとどまっていられません。私たちは愛か怖れのどちらかひとつを選ぶことができるのです。愛と怖れは共存できないため、鏡を見ればどちらが映っているのかがすぐにわかります。エイブラハムによれば、「自分の子どもを愛することと子どもについて思い悩むことは、同時にはできません。心配と愛を混同している人はおおぜいいます。心配することが愛することだと思っているのです。しかしこの2つのエネルギーは共存できません。矛盾するからです。私たちは一人ひとりが鏡に映る創造を生み出しています。違う映像が見たければ、まず自分が変わらなくてはいけません。たとえば、陰口をたたくことと、率直な助言を求めること、親友と腹を割って話し合うこととは違います。いっぽうのエネルギーは素直でオープンな態度を通じて理解し、学ぶことを志向するのに対し、もう一方は批判、非難、糾弾や自己正当化、他者を変えようと働きかけるエネルギーですから、波動を比べてみればその違いがわかります。後者のやり取りはたいてい、面倒を引き起こします。エネルギーの照準をそこに合わせていれば、状況はいっそうネガティブな方向に悪化していくでしょう」ということです。

均衡状態を維持するか変圧器になるか、パワーの基点は自分自身

変圧器がどんなふうに電気の力を変換しているかを、考えてみてください。送られてくる潜在的に純粋な電力は、建設的に用いることも破壊的に用いることもできます。町を明るくする電力は、配電のしかたによっては町を破壊する力も秘めています。家庭に供給される電気は、壁や床下の配線を通してつねに配送されているので、いつでも利用することが可能です。大多数の人は、電気の詳しい仕組みは知らないでしょう。それでも電気を使うためには、電気器具のプラグをコンセントに差し込んだり、電気のスイッチをオンにしたりする必要があることは承知しています。意図的に使おうとしない限り、電気は何もせずにそこにあるだけです。引き寄せの法則と同じように、見えないエネルギーが流れているわけです。電気は偏らずに中立を保ち、不変であるという法則をもっています。コンセントに差し込むプラグは何でもかまいません。コンセントの差込口に指を入れてみれば、すぐにビリビリと電気ショックを感じ、何を差し込んでも電力が流れてくることが一瞬にして理解できるでしょう。電気はニュートラルで偏りがないのです。

私たちの神聖な力にも、これと同じ原理が働いています。意図的創造者としてエネルギーを流し、内的な存在に繋がって活性化されるときに備えて、待機しています。内的存在に繋がりエネルギーを活性化することもできまし、意図的にであれ結果的にそうなるのであれ、自分の創造の力を信じようとせずにいることもできます。生きる上ではどちらの態度をとってもかまいません。活性化す

ることを望むのであれば、自分自身で「根源」にプラグを差し込んでください。

テレビ、ビデオデッキやステレオには、ボタンを押すだけでチャンネルを変えたり、音量を調整したりできるリモコンがついています。リモコンと機械の本体は、どうやって接続されているのでしょう。私たちは科学技術のおかげでそれができることを知っています。とは言え、リモコンから放射されてテレビに信号を送る電波は、目に見えません。私たちの思考の働きもそれと同じです。意識を自覚し、思考が散逸していなければ、波動のシグナルは活発に引き寄せの法則を作動させています。ポジティブかネガティブかの別を問わず、考えていることがどんどん引き寄せられてくるでしょう。似たものは引き合うのです。したがって焦点を合わせているものは何であれ、拡大していきます。考えたことが具体化するまで時間は経過するとしても、意識の焦点を合わせてきたものを体験することになるでしょう。ポジティブな感情はネガティブな感情よりも高速で振動する、高次の純粋な波動であるのに対し、ネガティブな感情は低く遅い周波数で振動する波動になります。

いい気分か不愉快な気分か、明るい気分か暗い気分か。ポジティブな感情とネガティブな感情

気分や感情の働きがわかってくると、毎日の姿勢が大きく変わるでしょう。上機嫌でポジティブな感情でいるときは、心の望みを生み出して引き寄せてくるスピードが不機嫌でいるときよりも速くなります。

不愉快な気分でいる人、ネガティブな感情を抱いている人は、「これもまた過ぎ去る」と紙に書くか、プリンターで打ち出すかしてみることをお勧めします。エネルギーをネガティブな感情や状況に向け、何らかのかたちで抵抗していることに気づかされるでしょう。大学で教えていた頃には、自殺したいと考える学生にもときおり出会ってきました。そんな学生には、きっとものごとが好転するときが来るとよく言っていたものです。落ち込んだエネルギーでいるときには（それはたいてい隠れた怒りの現れなのですが）、同じ状況がずいぶん違って見えてしまい、それしか目に入らず、感じられない状態になります。「私は何年も生き、多くの不安を抱いてきた――しかしそのほとんどは、取り越し苦労に終わった」という賢者の言葉もあります。不安にとらわれていると、力が削がれてしまいます。そのせいでいっそう自分を無力に感じてしまうのです。

よく知られている双子のジョークもあります。ひとりが楽観的でもうひとりが悲観的な双子の話ですが、波動の違いが生む結果の違いについて教えられます。一方は馬糞でもっと苦しみ、もう一方は同じ馬糞の中にワクワクしてポニーを探したのでした。それぞれが体験したことは、おのおのの波動のトーンがもたらしたものでした。どちらも自分の習慣的な考え方にしたがっていたのです。いい結果を望むなら、コツは簡単です。明るい気分になる考え方を選び、安定したエネルギーを流すようにしましょう。

日々の体験や対人関係が暗い気分の影響を受けていることに気がついた場合には、うまくいっていることや、明るい気持ちになる側面に意識を向けてください。私が子どもの頃に流行った曲に、「いいことを強調して嫌なことを遠ざけよう」という歌詞がありました。ポジティブなエネルギーが流れれば、ものごとはいい方向に向かいます。地上でだれよりも幸せな、喜びにあふれた人でさえ、気持ちが暗くなることはあるのです！　大切なことは、もっといい気分になるためのエネルギーを呼び集め、流すことができるかどうかという点です。そうすれば悩まされている問題や状況がその場でただちに解消するという意味ではありません。もっと明るい気持ちになろうと強く願う必要があるということです。嫌な気分でいたくないという思うときは、明るい気持ちになることを強く願い、新しいポジティブなエネルギーを呼び集めてください。意識を合わせる照準点、引き寄せの基点が変わり、全宇宙が新しい波動に反応します。「求めよ、さらば与えられん」であることを忘れずにいましょう。ですから求めて、与えられることを疑わずにいればいいのです。「どうやってそうすればいいのだろう」とか、「どうすればいいのか見当もつかない」などとは言わないことです。宇宙に向けて否定的なことを断言していれば、宇宙は望まない現実や気分を送り続けてきます。気持ちを切り替えるためには、望んでいるものに意識を集中させましょう。あなたの毎日はスポーツを観戦するようなものではありません。こうなって欲しいと願っている変化をみずから体現し、心地よい気分でいられるようなエネルギーを呼び集めてください。

交流回路と直流回路

電気の流れ方には交流と直流があることは、ご存知でしょう。交流とは、電気の流れる方向、電流や電圧が周期的に変化している流れ方で、ＡＣと表示されます。「快適なあり方」の流れに安定して乗っていない場合には、「交流回路タイプの創造者」になってしまいます。交流回路モードになると、概して欠乏や葛藤に意識を向けてしまい、抵抗を引き寄せてくることになるのです。すると心の願いに矛盾が生じて創造を打ち消してしまい、思考を方向転換して望んでいる方向に向け直すまでは、一時的に逆戻りする結果を招きます。直流電流はＤＣと表示され、電流の向きが変化しません。ＤＣは、「意図的創造者」（Deliberate Creator）の略語でもあります！　創造のエネルギーを大切にし、「快適なあり方」の流れに繋がることに集中していれば、ピュアで熱っぽくポジティブな、パワフルに脈動するエネルギーが引きつけられてきます。自分が純粋なエネルギーの直流回路で振動する波動になっていることがわかるでしょう。思考を通して意識を向ける対象は、なんであれ、自分に向けて流入してくるのです。

引き寄せの法則は休みなく作動しています。「快適なあり方」の流れに乗るか、そこから離れるかを決めるのは、自由意志に委ねられています。水路または煙突になって、両手を広げてほとばしる神聖なエネルギーを受け取るか、いっさい受け取らないかを、あなた自身が決めるのです。意図的創造者としてエネルギーを活かす触媒になるのは、あなた自身です。怒る、非難する、批判する、「騒ぎ立てる」といった反応をするときは、エネルギーの流れが切断されます。自分が望んでいることとは逆方向にエネルギーを流すことになるのです。自分でホースを踏んでしまうということです。気分のいい状態でいることほど、大切なことはありません。心の望みに向けてエネルギーを流し、もたらされる結果と連携がとれた状態でいてください。流れに乗って順調に運んでいることを味わい、幸せを感じているなら、波動が調和しているしるしです。私たちを誘導しているメカニズムは、どう感じているかを通してエネルギーの方向を教えてくれています。あなたは交流回路になっていますか、それとも直流回路を流していますか？「交流回路タイプの創造者」になっていれば、波動が汚れてしまいます。交流回路の創造者になっている人はいじけて愚痴を言ったり、他人と比較したり、非難したりし、次から次に困った状況を招き寄せることになりがちです。意図的に創造している人は、安定した直流のエネルギーを流し、受け取りながら、感謝と喜びをもって波長を合わせ、流れに乗り、ウキウキしています。神聖な意図的創造者として自覚的に方向性を定めるようになれば、「至福」を味わう生き方が開けるのです！

光源はあなた自身

エネルギーのパワーと方向を定める変換地点は、あなた自身です。「あんな」人や「ああいうこと」を引き寄せてきてしまったのが鏡に写し出され、いったいなぜと悩むときには、どんなエネルギーに乗っているかを振り返ってみましょう。明らかに自分で引き寄せたに違いないことがらに向き合い、それを認めるのは勇気がいることです。私も初めて意識的に「もっと本来の自分になる」作業に真剣に向き合ったときは、産道を通って生まれようとしている赤ちゃんのように着実に前進しながら、同時に居心地の悪い思いをしたものでした。自分の糧となり、至善となるものを学ぶ作業は生涯にわたって続きます。自己成長に向かう最初の段階はよちよち歩きで進み、次第に歩けるようになり、そのうちに走ることもできるようになって、自分は意図的な創造者であることがわかったときには、全細胞が歓喜に震えるのです。自分に対して厳しくなり過ぎないように努め、ユーモアを楽しむ余裕を保っていてください。

リンカーンに乗っていた1995年に、私はうっかりアンテナをしまい忘れたままで洗車機に入れてしまい、アンテナがぐにゃりと曲がってしまいました。ちょっと変わったユーモア感覚の持ち主である私は、その滑稽さに笑うしかありませんでした。曲がったアンテナのせいで明快で純粋なシグナルがキャッチできなくなったので、もちろんラジオは音が出なくなりました。私たちも往々にして、内なる存在がエネルギーを送り出しているにもかかわらず、「快適なあり方」の流れに自覚的に繋がろうとしていないせいでシグナルを見過ごしているものです。私が暮らすこの辺りでは山道を走っていると、通信圏外になってラジオが入らなくなってしまいます。「根源」はつねにシグナルを送っているのですから、そこに周波数を合わせ、ダイヤルを調整して明快なシグナルを受信し、適切な周波数帯に再接続するのは私たちの仕事です。宇宙の反応は、直感やインスピレーション、衝動的な欲求などのかたちでやってきたり、コントラストや「膠着状態」のかたちをとったりし、しっかりと明快に判断するよう私たちをうながします。音楽や心の歌にダイヤルを合わせ、体験を選択する受信機とアンプになるのは、私たち自身なのです。

心の望みの17秒間！
望んでいるものに向けてどんな波動を放射していますか？

望んでいることに対して調和するどころか、あなた方はほとんどの場合、それとはほど遠い波動になっているので驚いてしまいます、とエイブラハムは言っています。波動が調和していれば、望んでいることは体験として流れ込んでくるに決まっているからです。とは言えそれにもかかわらず、純粋な波動で振動しようとほんの少し努力するだけで、私たちは自分で考えているよりもはるかに近いところまで、結果を引き寄せてくることができます。

エイブラハムはこう教えています。「17秒間何かについて矛盾せずにその思考を保ち続けていれば、引き寄せの法則によって同じトーンの波動をもつ別の思考が引きつけられてくる。そしてぴったり17秒が経つと、2つの思考は融合してひとつになる。燃焼点に達するようなもので、エネルギーが拡大されるのである。燃焼点に達した2つの思考は点火され、胸の内にふつふつと意欲が湧き上がってくる。17秒間で2つの思考が合体し、もっと大きく、もっと進化した高速で振動する波動の思考になる。照準を合わせているテーマにもう17秒集中できれば、34秒の境界を超えることになり、17秒の倍にあたるその時点でさらに進化した思考が引きつけられてくる。2つの思考は同じように燃焼点に達し、点火される。融合してひとつになったその思考は、より高速で振動するいっそう高次の、より純粋な波動をもっている。進化したその思考になおも集中が保てれば、51秒が経過する時点で（つまり17秒の3倍にあたる地点で）先と同じ作用が起きる。そうして68秒の境界線を超えれば、物質世界でそれが現実化するほどの燃焼が引き起こされる」と。

火を消さない

世界を創造するエネルギーに繋がれば、言い換えれば最大の願いに波動が矛盾していなければ、すばらしいことが起き始めます、ともエイブラハムは言います。たった17秒そうするだけでいいのならたいしたことはないと思うかもしれませんが、大半の人は8秒あたりで「矛盾する波動」になり始め、望んでいることとは裏腹の波動になって最後までたどりつけずに終わってしまいます。エイブラハムはこんな例を挙げています。「もっとお金が欲しい――もうあくせくするのはうんざりだ」これは数秒で思考を打ち消し合うケースです。「ああ、どうしても健康になりたい――この病気が不安でたまらない」もそれと同じです。熱いお茶が飲みたいと言い、ヤカンを火にかける話は、私の好きなたとえ話ですが、ヤカンが沸騰する寸前に火を止めてしまい、また火をつけ直して、沸騰する寸前にふたたび火をとめる。何年もそれを繰り返しながら、熱いお茶が飲めるときを待っているようなものです。ヤカンを火にかけたら、沸騰するまで火を消さずにいてください。17秒間純粋な思いを保ち、燃焼点に達するのを待つのもそれと同じです。矛盾せずに純粋な波動を維持するのが難しいのは、すぐにものごとの是非を考えたり、良い点と悪い点を考えたりする私たちの客観性のせいなのです。

コントラストはより明快な理解を得るための刺激を与えてくれます。何かを決めるためにはコントラスト（または多様性）が欠かせません。いったん決定を下せば、決めたことに全意識を向け、望んでいる結果に波動が調和するようにできるだけのことをしてください。そうすればあなたの望みがかなうように宇宙が動き始めます。発信している波動に宇宙が反応してくれないのは、「赤い新車が欲しい——でも高すぎる」と言っているからです。宇宙はどちらの波動にも反応するので、明らかに矛盾した思考は望みを打ち消してしまうか、力を弱めてしまうのです。

エネルギーを誘導し、意識を集中させれば、心の願いはいますぐ引き寄せられてくる

純粋な波動を発し、宇宙の反応が目に見えるようになってくると、すばらしいことが2つ起きるとエイブラハムは言います。ひとつは、何かに対して17秒間意識を集めることができるのを、自分に証明してみせられるということ。17秒間そうすることができれば、二番目、三番目、四番目の行程（34秒、51秒、68秒の行程）もこなすことができるということです。自分の輝いているエネルギーに宇宙が応えてくれることがわかり、自分に主導権があることが感じられます。一貫した思考を維持することができなければ、「意図的創造者」にはなれません。あなた方がこの世界にやってきたのは、エネルギーを方向づけるためですから、エネルギーを導くことによって、思考を一定に保たなくてはいけません。思いを保っているかどうかは、自分の気持ちに対して敏感であればわかります。波動が動揺すればそれが感じられるはずだからです。これが感情を通した誘導のメカニズムなのです。

意図的創造者であることについて、エイブラハムはとてもわかりやすいたとえを紹介しています。

静かにまわる扇風機の風を受けていると想像してください。その扇風機に鉛筆を突っ込むとどうなるでしょう。ガタガタうるさい音がし、風も乱れるでしょう。**ネガティブな感情は、扇風機に突っ込んだ鉛筆のようなものです。高く速い波動に低く遅い波動が紛れ込んでくると、エネルギーが変動するのが感じられます。**扇風機に鉛筆を突き刺すというのは少々極端な例かもしれませんが、ネガティブなエネルギーはまさにそのようなものなのです。心から何かをかなえたいと思っていながら「でも無理だ」と考えたり断定したりすれば、あなたの望みの高く速い波動に、ネガティブな気持ちや失望感の鉛筆を突き刺すことになってしまいます。純粋な高い波動にとどまっていられず、それを無自覚に低く遅い波動におとしめて創造し損なうのは、自分のせいです。

不安で心配ばかりしている人たちと一緒にいると、自分も「欠乏感」や「不安」にとらわれてしまうことに気がついたことはありませんか？　その人たちのネガティブな姿勢に影響され、自分まで心配が増幅されてしまうからです。そうした人びとは扇風機に低く遅い波動の鉛筆を突っ込んでいるので、それを「浴びてしまう」というわけです。マスコミは経済、犯罪、病気などのいろいろな方面に不安を煽っていますが、豊かさはいつでも用意されているのです。健康や安全に対するとらえ方を作り上げているのは、自分の思考です。コマーシャルを見れば、咳や鼻水が出る、目が痛い、頭痛がする、どこかが痛むといったことで病気になったと思わされますが、それは知らず知らずのうちにあからさまなかたちで不安をかき立てられるからです。ほかの人たちが「生き延びる」ことにあくせくしていても、外的世界がどう見えるかにかかわりなく、あなたは

どんどん繁栄する

ことを選択することができます。私たちには選択肢があるのです！　意図的創造者になる能力に接触すれば、ビジョンが広がり新しい選択をして、毎日自分自身を

どんどん拡大

させ、可能性を広げていきます。引き寄せの法則にしたがって考えていることが引きつけられてくるでしょう。感情に注意して誘導のメカニズムにしたがい、はるか昔から備わっている賢明な自分の力に気づいてください。内なる存在はつねにそこにいて、耳を傾けさえすれば感情を通してあなたに語りかけています。意図的創造の力が動き出すのは、その声に耳をすませたときなのです。ワクワクして結果を楽しみにしていれば、現実の体験が引き寄せられてきます。高次の純粋な速い波動になっているのは、そういう状態にあるときです。自分で「イメージ」したことを信頼し、それは魂が働きかけている内容であると知ってください。ウキウキと楽しく、ポジティブなエネルギーの流れに乗っていきましょう。

引き寄せの法則はこの場に満ち満ちている！

ちょうど創造を取り上げた章を書き終えたところへ、フォート・ウェインに住む友人のキャロリンとコーク・ヘンダーソンから電話がありました。キャロリンは何年も前に大学の私のクラスに、勇敢なことにひとりでやってきたのでした。彼女は目に障害があるため、車を運転することができません。バスも走っていなかったので、彼女はその晩私に事情を打ち明け、自宅の近くまで車に乗せて行ってもらえないかと頼みました。私は帰れる見通しが立っていないにもかかわらず思い切ってクラスに来てくれた彼女の度胸に感激しながら、喜んでそれを引き受けたのでした。そのキャロリンとコークにエイブラハムの資料を紹介したのは１９９７年のことですが、意図的創造者になるという考えに触発された二人は、熱心にその内容を学びました。すると間もなく、心の望みに引き寄せられてきた創造の成果を目に見えるかたちで受け取り始めました。

フロリダにいるコークの伯母を訪ねると、伯母は二人に50ドルの新札を贈ってくれました。二人はその親戚の家で新品のカシオのキーボードを使って楽しい時間を過ごし、そのあとでコークの姪と話をして、車が故障して困っていることを知りました。毎日を苦労の連続と考えているらしい姪は、「欠乏感」がもたらす問題を抱えているようでした。二人は伯母にもらった50ドルを姪に譲り、姪は１０００ドルを受け取ったかのように心から喜んでくれたので、二人も力になれたことを幸せに思ったのでした。その数日後、フォート・ウェインに帰ってみると、郵便受けに１０００ドルの小切手が届けられていました。思いがけない恩恵に二人は大喜びし、エネルギーが流れている証を見せてもらえたと思ったのです。そのさらに二週間後には、専用のキーボードを使ってもらえれば嬉しいとメッセージが添えられて、伯母夫妻から新品のカシオのキーボードが届きました。引き寄せの法則が豊かに満ちていることのさらなる証だったのでした！

喜びにあふれたキャロリンから私に電話があったのは、そのすぐあとでした。二人に伯母夫妻から3000ドルが送られてきたというのです。メッセージには「そうしたいと思うので受け取ってください」とだけ書かれていたということでした。その前の週末には会社のパーティに出席したそうで、社員のひとりが社長にこっそり「キャロリンとコークはたいへんなお金持ちなんですか？」と尋ね、社長は「私の知る限りではそうじゃないと思うわ」と答えたと言います。私はキャロリンに説明しました。社長にはあなたの波動が「快適なあり方」のフレッシュでパワフルなシグナルを放射していることが見えないようだけれど、全宇宙があなたたちをこれまでとは違う目で見ているのだということを。

時宜を得た発想ほど力強いものはない。

ヴィクトル・ユーゴー

二人は心から楽しんで意図的創造のエネルギーを召喚したので、どっと繁栄が押し寄せ、みるみる豊かに現実化していったのです。望んでいることをまったく抵抗のない状態で活性化し、宇宙がそれに応えたのでした。これほど純粋なかたちでやすやすと引き寄せが具体化するのを見せてもらえるのは、なんと爽快なことでしょう。二人はそんな贈り物を受け取ることになろうとは、夢にも思っていませんでした。それでも波動が一致するものが速やかに引き寄せられてきたのは、喜びのシグナルが送られていたからだったのです。豊かさの新しい展開をすなおに受け入れ、身を任せていたからでした。身体の全細胞で呼び寄せた新しいエネルギーは、時宜を得た波動でした。二人はまったく新しいレベルで意図的創造者としての感情を活かし、「快適なあり方」のフレッシュなシグナルが豊かに満ちる波動を発信したのでした。

宇宙は引き寄せの法則によってあなたの心の願いをまとめ上げてくれるのです！　意図的創造者としての願望は、強く、明快に、そして純粋になればなるほど、速やかに現実化されます。

私たちは創造をかたちにする創造者

パトリシア・マルレニーに予約をして会いに行ったのは、１９９８年の6月11日でした。パトリシアはフロリダ出身のアーティストでよく瞑想をしているのですが、あるとき命にかかわる病気になった友人から助言と指導を求められました。そこでその病気について友人と一緒に瞑想をしたときに、思いもよらないコミュニケーションを体験したのです。瞑想の中にいきなりきらきら煌めくまぶしい光のエネルギーが現れ、「われわれはエイブラハムである。質問に対する答えを伝えよう」と告げたのでした。予想外のことでしたが、友人を助けたいと思う純粋な思いからパトリシアが発信していたシグナルと波動のトーンに、エイブラハムの波動が共振して引き寄せられてきたのです。

私のパトリシアとのセッションは、個人的な質問に答えてもらえたとても啓発される内容となり、意図的創造のテーマをめぐり、エイブラハムから的確な説明を受け取ることができました。深い中身でしたが、それをここにご紹介しましょう。エイブラハムの言葉には、意図的創造者となるためのステップがみごとに要約されています。

われわれもあなた方を通して日常生活のあれこれを味わわせてもらっているので、こうして一対一で通信ができることを喜んでいる。もう知っていることと思うが、ここで意図的に創造するためのステップを復習してみよう。

意図的に創造するための第1のステップ

意図的創造の最初のステップは、自分が「望まないこと」は何かを知ることだ。物質世界で暮らすためにはコントラストが大切な役を担っている。上がなければ、下もないことになる。闇がなければ光もないだろう。物質世界はコントラストで形成されている。決定を下すことができるのは、コントラストが存在するおかげだ。そうして決定を下すことによって、創造が可能になるのだ。

意図的創造の第1ステップ、それはつねに、「望まないこと」を知るところから始まる。望まないことがわかれば、望んでいることが明快に浮かび上がってくる。病気になったときほど強く健康を願うときはない。貧困や欠乏を味わうときほど、豊かさを願うときはない。意図的創造の第1ステップは何を望んでいないのかを知ることだ。そこから明確さが増してくる。望んでいることに考えが向かうようになる。

意図的に創造するための第2のステップ

第2のステップでは何を望んでいるのかを考え始め、そこに向けてエネルギーを注ぐようになる。創造したいと思うものにエネルギーを注ぐのだ。それについて考えているときは、人生を通じて創造してきた思考や感覚の広漠とした識覚（センソリウム）*に接触する。視覚、聴覚、味覚、触覚、嗅覚の五感を通して体験してきたすべてのことがら、抱いてきた感情のすべてが、永遠に存在している。あなた方のセンソリウムは広大であるから、意図的に創造したい望みがますます明確になってくる。そこからこまごまとした感覚を断片的に呼び覚まし、それにもとづいて特定の感情を湧かせ、反応が生まれてくる。このエネルギーが身についてくれば、そのことにかかわる感覚や感情がいっそう力強さを増してくる。

*センソリウムというのは初めて聞いた言葉でした。ウェブスター辞典には、（1）脳の灰白質が支配する感覚領域（2）肉体の感覚器官全体　と解説されています。

意図的に創造するための第3のステップ

第3ステップは、感情を通して望んでいることの波動に調和するものを創造する段階になる。これは大切な点だから、よく覚えておいてください。**引き寄せの力とスピードを決めるものは、感情**

である。 怒りやいら立ちを覚えるときは、身体が震えるものだ。興奮したとき、期待でゾクゾクしているときも身体が震える。それが波動の力であり、感情の力なのだ。そういうわけで、感情は望んでいるものの力強さとそれがかなうスピードを決定づける鍵になる。

望んでいるものに対する感情を味わい、カチリとダイヤルが合ったときは、そう、これだ、これを望んでいるんだ、これこそ欲しいものなんだ、そうなんだ！　という気持ちになる。そこで、その波動を17秒間維持し、さらに17秒、そしてもう17秒、それに加えて17秒と保ち続ければ、始動の基盤が整えられたことになるのだ！　われわれから見れば、ずっと昔から備わっているあなた方の感情は、じつによくできた誘導のメカニズムだ――完璧といえるまでの。この誘導のメカニズムは、感情を通してあらゆる瞬間に語りかけてきている。脳はきわめて高速で作動しているので、同時に2つのことを考えることは、不可能に近い。何かを考えながら「いま、ネガティブな考え方をしているようだ」と思うことはできないということだ。あなた方の内なる存在は、絶えず感情を通して連絡してきている。

意図的に創造するための第4のステップ

第4のステップは、あなた方の手を離れる。いつ、どこでどんなふうに展開するかは宇宙の力強い働きに委ねられる。流れに乗っているかどうかが知りたければ、**豊富な証拠**を見なさい！　意図的創造の第4ステップは、証拠を探すことだ。

感情には二通りの気分しかない——いい気分か嫌な気分か、そのどちらかだ

われわれの視点に立てば、感情には二通りしかない。それを忘れずにいることだ。ひとつはいい気分、もうひとつは嫌な気分だ。イヤな気分でいるときは、内面の誘導システムがあなた方の肩をたたき、意図的創造の第1ステップに立っているのを知らせてくれているときだ。望んでいないもののの波動の方にエネルギーを注ぎ込んでいることを教えてくれているのだ。第1ステップに戻っていると気づいたときは、一瞬たりともそこにとどまっていてはならない。第1ステップに舞い戻っている自分を一秒たりとも責めたりしてもいけない。そうする代わりに、教えてくれてありがとう、と誘導システムに感謝しなさい。

第1ステップにはまり込んでいるかどうかは、内なる誘導システムが気づかせてくれる。そんなときにはどうすればいいかは、あなた方も知ってのとおりだ。17秒間。何分かすれば、「しまった、何を望んでいるのだったかしら。何の支障もなくすいすい運ぶことを、私は願っているのだった」と言えるだろう。いつ、どこで、どうやって、について考えるとすれば——この問題をどう解決するかを考えているとすれば、第1ステップに戻っていることを意味している。それを考えるのは、あなた方の仕事じゃない。内なる存在を通して波動が共振し始めれば、共鳴する波動を見出したことになる。それを17秒維持し、もう17秒、さらに17秒、そしてさらに17秒保ち続ければいいのだ。

輝く線維組織――エネルギーの高潮

われわれの観点では、あなた方は細胞のすべてに輝く線維組織（luminous fiber）を蓄えている。いらだっているときや、悲しんだり落ち込んだりしているときは、輝く線維組織は弱体化して活気を失った状態にある。意図的創造の第2ステップに進み、感情を通して望んでいるものが明確になれば、第3ステップで望みに共鳴する波動に出会う。イエス、そうだ、これだと言っているときは、この発光ファイバーが勢いよく宇宙に向けて放射され、「根源」「ソース」のエネルギーに接続しているときなのだ。このピュアで熱っぽくポジティブな、パワフルに脈動するエネルギーこそが、さまざまな世界を創り出すエネルギー、神の力にほかならない。これはパワフルなエネルギーだ。「根源」のエネルギーに接続するときに、発光ファイバーは力強く放射している。その状態を17秒間維持すると、爆発が――燃焼が起こり、何百万もの発光ファイバーがその10倍に膨れ上がるのだ！そしてその気持ちをもう17秒間維持すれば、発光ファイバーの一つひとつがその10倍になる。そうであるものをさらに引き寄せているということだ。光ファイバーはそうであるものをつねに引き寄せている。望んでいるものに向けているそのエネルギーの波を強くし、高波になるまで育て上げることだ。

思考はエネルギーのひとつのパターン、宇宙にあるものすべてがエネルギー

エイブラハムの観点からみた物質世界のとらえ方によれば、私たちの世界や宇宙にあるものは、すべてがエネルギーです。エネルギーは波動に応じて、物質として現実化しているのです。**エネルギーの波は、エネルギー・パターンとして流れています。**何億何兆というエネルギー・パターンが、その振動で物理的な形状を作り上げています。私たちが引き寄せの法則によって物質世界の現実を創造しているのは、このような仕組みによるものです。*

＊エイブラハム・ヒックスは意図的創造のステップを本やテープ、イベントなどでも紹介しています。

ここでは実際的に役立つことがらを紹介してきましたが、第13章ではさらに具体的に、レーザービームのように意図に焦点を合わせ、心の願いを思う方向に展開させる創造の「レシピ」を解説しましょう。

人生に起こるさまざまな出来事、出会う人びとは、すべて自分が引き寄せたものである。それらにどう対応するかは、あなた自身が決めることだ。

リチャード・バック『イリュージョン』より

第5章

ドリームチーム

港にいる船は安全だが、船はそのためにできていない

『ドン・キホーテ』の物語に出てくるサンチョ・パンサは、落ちないように怯えながら一晩中窓の外にしがみついていました。ところが闇の中で過ごした長い夜が開けてみると、足からほんの数センチのところに地面があったことがわかったのでした。私たちも、よく知っているところにしがみついていることが少なくありません。冒険にはすばらしいことが待っているのを信じようとせず、新しい創造やワクワクする意図的な方向へ向かう代わりに、未知の世界へ踏み出すのを怖れています。

こんな話があります。山を歩いていたひとりの男が、崖から足を滑らせて転落してしまいました。男は落ちていきながら、無我夢中で崖に突き出した枯れ枝につかまると、下を見下ろしました。谷底まで300メートルほどあります。助けてくれと叫びましたが、だれも来てくれません。

ついにわめきました「だれかそこにいないのか!」

すると重々しい声が返ってきました。「私はここにいる」

「だれだ?」訊き返すと、

「私は神だ」と答えます。

「手を貸してもらえませんか」頼んだ男に、

「もちろんだ。その手を離しなさい」と言います。

男は仰天して言いました。

「なんですって？　手を離すなんてどうしてそんな」

「手を離しなさい。私が受け止めてあげよう」

男はそれを聞き、また上に向かって叫びました。

「だれかそこにいないか！」


しがみついていれば、なんであれ、それにとらわれた状態に置かれてしまいます。手を離し、以前の行動パターンから離れれば、思考や信念（信念は、継続して考えている考えのひとつであるに過ぎません）にとらわれることがなくなり、その力から解放されます。抵抗すれば、それは持続するのです！　しっかりとしがみついているものは、私たちをコントロールします。道教の偉大な師である老子は、「世の中に、水ほど柔軟で弱々しいものはない。しかし堅くて強いものを攻めるには、水にまさるものがない。（それは）水というものの柔弱な性質を変化させるものは何もないことによるのである。柔らかいものが堅いものに勝ち、弱いものが強いものに勝つことは、世の中に知らない者はないのに、だれも実行する者がいない」と言っています。また、「大いなる道はあらゆるところに遍満し、到らぬ所はないのである。（中略）それを見ようとしてもよく見えず、それを聞こうとしてもよく聞こえない。だが、それは用いても使い尽くせないものである」とも言っています。

インドでは猿を捕まえるときには、口の細い壺に木の実を入れて枝に結んでおきます。すると猿は木から降りてきて壺の木の実に手を伸ばすので、その上から麻袋をかぶせ、捕獲するのです。そうしてあっさり捕まえることができるのは、壺に手を突っ込んだ猿は木の実を握りしめると、決して離そうとしないからなのです。手を離せば逃げられるというのに、拳を作ったままで握りしめているために、捕まえられてしまうのです。

何かに縛られていると感じているとすれば、何に、それともどこにしがみついていますか？　何を手放せばいいのでしょう。それはあなたの役に立っているものですか？　手放すと、安全ネットなしで空中ブランコに乗っているような不安を感じ、動揺することでしょう。けれども少しずつ力が湧いてきます。私たちはいまこの場で下す決断を重ねながら、過去を後にして未来へと進んでいるのです。この瞬間に表明している心の願い、何を望むのかを具体的に主張するということは、自分を知り、自分のバランスを整えることでもあります。その両輪が、自己達成を実現する三位一体を成立させます。

あきらめる、それとも手放す？

ユニティ・ヴィレッジでリチャードとメリー・アリス・ラフォーラスに出会ったのは何年も前になりますが、二人が発行しているニューズレターの「ライフライン」に、手放すことについてのわかりやすいたとえが載っています。「ある海岸に、遊泳者に向けて離岸流に注意するよう警告する看板が立っています。その日も何人もの人が救助されていました。予期していなかった潮に流されかけると、遊泳者はパニックを起こしてバタバタもがいてしまい、体力を消耗してしまいます。離岸流に巻き込まれたときは、海で育った人はだれでも知っている、じゅうぶんに試された正しい対処法があります。簡単なことです。力を抜き、あわてずに落ち着いて、流れに身を任せるのです。ある程度沖まで流されてしまうかもしれませんが、潮は必ず数百メートルほど離れたもとの地点に押し戻してくれます。流れに乗っていけば、無事に岸に戻りつけることを信頼していればいいのです」

望みがかなえられていると想像し、そのことを手放せば、「かなえられた願い」は天が決めるタイミングで驚くばかりの恵みとしてあなたのもとに戻ってくる。

望みがかなったというビジョンを持ち続け、プロセスを信頼して手放すことをよく表しているこんな話があります。信頼をめぐる内容ですが、雨不足で野山が茶色に染まり、農作物もしおれてしまったので、人びとはやきもきしながら空を見上げては、雨を待ち望んでいました。それでも乾いた日々が過ぎていくばかりで、雨が降る気配はありません。そこで教会の聖職者たちは、翌土曜日に信頼のしるしにするものを各自が持って町の広場に集まり、全員で一時間の祈りを捧げるように村人たちに呼びかけました。

その日の正午にはぞくぞくと住民たちが集まり、広場を埋め尽くしました。期待を寄せる群衆が持ってきたものを見て、聖職者たちは胸を打たれました。聖書、十字架、ロザリオ……。祈りが終わると、魔法のように細かい雨が降り始めました。どっと歓声が上がり、人びとは持参した大切なものを頭上に掲げて喜びました。おおぜいの人びとがひしめく中で、ひとつだけ特別に目をひく信頼のしるしがありました。**それは九歳の少女が持ってきた、雨傘だったのです。**

行動は、引き寄せの法則の一部分でしかない

引き寄せて実現化するプロセスが自然に展開するのを見守り、明晰な意識をもってワクワクして集中していれば、思いと感情を向けているものが引き寄せられてきます。創造の結果を手にするために行動が担う役は、プロセスの一部分でしかありません。受け取るものを決定づけるのは、「どう感じているか」なのです。気分よくワクワクして喜びを感じていられるようなことを考えましょう。

忘れないでください。あなたが考えていることはどんどん大きくなっていきます。

願っていることが漠然として曖昧であれば、現実になることは望めません。著名な作家であるノーマン・カズンズは、どれほどストレスの多い環境に置かれていようと、健康やユーモアに関しては

みずから責任の一端を担わなくてはいけないと考えていました。

何年か前に入院していたときのこと、カズンズが朝食を食べていると看護師がやってきて、検尿用のコップを手渡されました。看護師が用事をしに病室を出たすきに、カズンズは朝食のアップルジュースをコップに注ぎ、戻ってきた彼女に渡しました。

「まあ、今日は少し濁っているみたいね」看護師はコップを覗き込んで言いました。

カズンズはコップを取り上げ、「あれれ、本当にその通りだ――もう一回やり直すことにしよう！」と中身をがぶがぶ飲み干して言ったのでした。

自分の意図が「濁っている」ことに気づいたら、エネルギーを高め、意識を「グレードアップ」させましょう！　創造すると決めて引き寄せようと思っていることを「はっきり」させ、そこに意識の「焦点を合わせて」ください。気持ちを明るくして視野を広げてくれるユーモアも大切にし、幸せな気分でいることも忘れずにいましょう。

全体図の一部になっていれば、額縁が見えない

日々の創造は、行動を通して行われているのではありません。創造を行っているのは、あなたの

波動です。天使が飛べるのは心が軽いからだ、とも言われています。宇宙と一緒に楽しく創造することを目指しているのであれば、大切なのは「いい気分」でいることです。健康、富、叡智、恋人、何を創造するのであれ、彫刻をほるのはあなた自身です。喜びを輝かせて型をつくり、ノミを入れましょう。願いが聞き届けられ、夢の成就に近づいている幸せをかみしめてください。目標志向になっている私たちは、幸せは目的地に到達すること自体より、そこに至る過程にあることを忘れてしまいがちです。神殿に向かう参道こそが、神殿そのものなのです。成長の道筋は、この瞬間に体験していることの積み重ねです。私のマグカップには「私は自分にあっと驚く」と書いてあります。ですからカップを使うときは、嬉しくなってくすりと笑ってしまいます。冒険を楽しむ姿勢があれば人生がイキイキと楽しめるので、私は驚きを体験するのが大好きなのです。経験を味わうための時間をとりましょう。夫は大手の会社を引退しましたが、やりたいことがあり過ぎて死ぬわけにはいかない、などと言っています。それこそがやる気と活力に満ちたあり方なのです！

いまのこの瞬間がどんなにかけがえのないものであるかをよく表す話をご紹介しましょう。

小さな男の子が、帰宅した父親をまぶしそうに見上げ、おずおずと訊きました。「パパは一時間にいくらお金をかせいでいるの？」父親はびっくりし、ちょっと怒った目をして答えました。「いいかい、お母さんでさえそんなことは知らないんだよ。お父さんは疲れているんだ、へんなことを訊くんじゃない」

「でもパパ、教えて。一時間にいくらかせぐの？」しつこく訊くので、父親は降参して教えてやりました。「20ドルだよ」

「それじゃパパ、10ドル貸してくれない？」父親はそれを聞くと、いら立った声で不快そうに怒鳴りました。「それを言いたくていくらかせぐか知りたがっていたのか――バカなことを言っていないで、さっさと寝なさい」

父親はあとになって自分の態度を後悔し、あの子は10ドルで何が欲しかったのだろうと考えました。落ち着かないので、息子の部屋へ行き、もう寝たかと声をかけると、まだだよ、どうしたの、と答えます。父親は「ほら、さっきおまえが頼んでいたお金だよ」と息子に渡してやると、子どもは大喜びで「パパありがとう」と言いながら、枕の下に手を入れてお金を出してきました。「これでだいじょうぶ、20ドルあるから！」困惑した顔つきの父親を見つめ、子どもは続けて言いました。「パパ、ぼくに時間を一時間売ってもらえない？」

喜びは、歩みをすすめる一瞬一瞬にあるのです。私たちは天国の門にたどり着き、もっと働いてもっと「モノ」を買っておけばよかったと後悔したりはしないでしょう。大切なのは仲間と心と通わせ合い、この瞬間にいることです。家族や気心のあう人たちにもっと時間を割いて、楽しく愛情深い関係を築くことに努めてはいかがでしょう。自分の勘を信じて心の願いに向かうというよりは、

「不快でない方」を選択しているだけの人もいますが、いつも充実して気持よく感じられることをし、最高の結果を思い描いてください。

海岸が見えなくなるほど沖に出る勇気なくしては、大洋を知ることはできない

手放すことの大切さについてはご説明してきた通りですが、このことは「手放し、神さまに委ねなさい」とも表現されています。他方では、「神は自ら助くるものを助ける」とも言われます。それでは矛盾するようですが、多様性の中にはコントラストがあるのですから、これらはどちらも受け入れることができます。望みがかなえられたところを思い浮かべ、心の願いに繋がった状態でワクワク幸せを感じていれば、そのことは手放し、あとは「根源」に委ねていればいいのです。

「手放し、神さまに委ねなさい」は、他人任せの軟弱な態度としても受け取ることができます。宇宙と手を携えて創造に向かうことが大切なのは、そのためです。意識して波動を整え、ワクワクして意図的創造者であることに取り組んでいるのであれば、すでに燃焼を起こした高次のエネルギーレベルを獲得していることのしるしです。思いの強さと明晰さを通して、引き寄せの法則を作動させているということです。

昔の船乗りは羅針盤だけでなく、太陽や星も目印にして船を進めていました。それでも曇の日には、羅針盤に頼るしかありませんでした。私たちにも「内なる誘導システム」と「内なる存在」と

いう羅針盤が備わっています。内なる羅針盤の存在に気がつけば、「快適なあり方」の流れに乗っているか、航路を外れてよくない方へ向かっているかを、感情を通して知らせてもらえます。「**どう感じているだろう**」と自分に問いかけてみるだけでいいのです。第4章の意図的創造のためのステップでお話ししたように、感情には二通りしかありません。一方はいい気分、もう一方は嫌な気分です。感情は即座に誘導システムからのフィードバックを伝えてくれます。自分はどんなエネルギーの波に乗っているのか、速やかに心の望みに向かっているか、それともそこから離れているかを教えてもらいましょう。

進路変更？

実話かどうかわかりませんが、すばらしいたとえがあります。１９９５年の10月に米海軍の軍艦がニューファウンドランドの沖合でカナダの関係当局と無線で交わしたやり取りと伝えられる話です。

米海軍：衝突を避けるため、勧告する。北に進路を15度変更願いたい。

カナダ：衝突回避のため、貴艦が南に進路を15度変更願います。

米海軍：こちらは米国海軍軍艦艦長。もう一度言う。進路を変更せよ。

カナダ：もう一度言います。貴艦が南に進路変更願います。

米海軍：こちら米空母リンカーン。米大西洋艦隊2番目の大型艦である。わが艦隊には駆逐艦3隻、巡洋艦3隻ほか多数の補給艦が随伴している。貴方の15度針路変更を要求する。もう一度言う。15度北へ針路を変えよ。さもなければ当艦の安全確保のため、対抗手段を行使する。

カナダ：こちら灯台です。どうぞ。

あなたの使命

私たちの内なる羅針盤は、愛と情熱がかき立てられる方向へと私たちを導いていています。心の望みに針路を向けるだけでいいのです。あなたの針路はほかの人が決めるものではありません。自分の乗るべき船なりヨットなりを決め、いますぐ乗りこみましょう。舵を取る船長はあなた自身です。自分の内なる力と誘導に進んでしたがい、意気揚々と航路を進めてください。つねにそばについている「根源」が機関長です。岸（つまり過去）が見えなくなっても、勇気をもって前方に視線を向け、無限の可能性を信頼して新しいスタートを切りましょう。安全な航海ができるように宇宙に協力を依頼し、創造性豊かに仲間と冒険を楽しんで、快適な船旅をしてください。それがあなたの使命です！

困難に見舞われたときは「暴風から守るために渓谷をおおってしまえば、自然が刻んだ美を見ることはできなくなる」という言葉を思い出してください。讃えるものは拡大し、けなすものは枯れて死んでいきます。ですから勇敢に出港し、意識してこの瞬間を生きる世界へと踏み込んでいきましょう。過去を手放し、イマジネーションを膨らませて、何を願っているのかを見極め、自分のものになるように要求しましょう！　シャンパンを割って船を出してください。魔法に火を点けるのです。良い旅を！

作家で発明家でもあるバックミンスター・フラーは、こう言っています。「コミットすることには、何か神秘的なものがある。自分のしたいことをやり始めた瞬間から、それまでとは違った生き方になるのだ」意図的創造者としての針路が定まれば、「快適なあり方」の流れが押し寄せ、シンクロニシティが作用し始めて、夢にも思わなかったすばらしいことが起こるようになるでしょう。

友人のジョアン・スノーは、ハートのすてきなイラストを贈ってくれました。

エイブラハムは言います。「エネルギーを形作り、考え方をまとめ、問題を考慮し、情報やデータを引き寄せ、願望を明確にし、違いを明快にしてくれるコントラスト、これらが要です。あなた方は創造者ですが、人生では**創造の過程**を生きているのであって、創造がすべてではありません。

それでも創造するためでなければ、創造の過程にもかかわっていないでしょう。ですから、あなた方の人生は願望を抱き、肉体を通してエネルギーをかきたてることに表されているのです。あなた方自身がこのエネルギーの一部なのですから、意図的にエネルギーを喚起するときはおのずとワクワクします。思い、エネルギーを流す、思い、エネルギーを流す、思い、エネルギーを流す。そういうことです」

マウイで行われたフォーラムで、エイブラハムはこう話しています。「あなた方のような物質的な環境にいるとすれば、われわれなら朝目を覚まし、意識が肉体に戻って落ち着いたときに、紙と鉛筆を持って、頼んだことは何でもこなす手足となって働いてくれるスタッフに向けるようにして、その日にやってもらいたいことがらを書き出すことをお勧めします。われわれであれば、こういうことを書くでしょう。

神よりのメッセージ

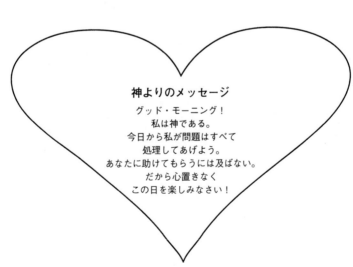

グッド・モーニング！
私は神である。
今日から私が問題はすべて
処理してあげよう。
あなたに助けてもらうには及ばない。
だから心置きなく
この日を楽しみなさい！

♥アイデアを与えてください。（私はこれを新鮮で創造的なすばらしいアイデアを与えてくださいい、に変えています）

♥同じ考えを持つ人たちに出会わせてください。（私は、共に情熱的に創造する、誠実で宇宙と調和した気の合う人たちに出会わせてくださいい、としています）

♥自分の力を認識させてください。

♥最大の望みに調和する考え方ができるように導いてください。

♥すべてが順調に展開しているしるしを、楽しいすてきなかたちで見せてください。

これらを表明し、3日間連続してそれについて考えていれば、宇宙が全力を挙げて望みをかなえようと動き出すので、生き方が変わります。願いを表明したばかりですから、従来なかったものが引き寄せられてくることに気づくでしょう。**自分は何を望んでいるのかを、見極めてください。**たいていの人は「目の前のこと」に気を取られ、本当に大切なものを見過ごしています。何かしている「行動者」になる時間を減らし、イマジネーションを働かせることにもっと時間を割けば、心の望みが引き寄せられてきます。＊

＊創造するための手続きを知ることが待ちきれない人は、第13章を参照してください。

望みを抱いて上に進む

私の手元には教職に就いていた時代のプリントがまだ残っています。タイトルは「私の取締役会」会長はあなたでその他12名の役員が会議室の丸テーブルを囲んでいる図です。役員は尊敬する人や良き師、ハイアーセルフ、天使やスピリチュアルな世界の存在、啓発される人たちなどの、あなたに影響を与える人びとで構成されています。そこで、考えてみてください。この「ドリームチーム」を前にすれば、どんな助言やインスピレーションを授けてもらえるでしょう。どんなふうに勇気づけられ、心の願いを高める顧問役を務めてもらえますか？何を話し合い、どんな意見交換をしたのかをイメージするのです。

重役たちのドリームチーム

あなたは夢をかなえるために何を聞き、重役たちはどんな助言や意見を述べてくれるでしょう？　このやり方にはパワフルな効果があります。取締役会に連なる人びとを具体的に思い浮かべてください。たとえば、「フォーブス誌

の元発行人〕マルコム・フォーブス、マザー・テレサ、マハトマ・ガンジー、〔詩人で芸術家〕ハリール・ジブラン、〔著述家〕ナポレオン・ヒルやアン・モロー・リンドバーグ、大天使ミカエル、ヘレン・ケラー、アインシュタイン、カール・ユング、シュヴァイツァー博士、ミケランジェロ、イエス・キリスト。それとも、〔経済学者〕アラン・グリーンスパン、〔投資家〕ウォーレン・バフェット、ビル・ゲイツ、ダライ・ラマ法王、〔CNN創業者〕テッド・ターナー、〔メディア・パーソナリティ〕オプラ・ウィンフリー、エイブラハム、〔心理学者〕ジョン・グレイ、〔外科医〕バオーマン、〔医学博士〕ディーパック・チョプラやキャロライン・ミス、〔著述家、作家〕アラン・コーエン、ゲーリー・ズーカフ、イアンラ・ヴァンザント、アンソニー・ロビンズ、ウェイン・ダイアー、マリアン・ウィリアムソン、ルイーズ・ヘイ、キャロライン・コンガー、ジャック・キャンフィールド、〔医学博士〕グラディス・マクギャレイ、〔イギリスの政治家〕ネヴィル・チェンバレン、〔俳優〕ロビン・ウィリアムズ、ポール・ニューマン、〔アーティストの〕ジュリア・キャメロン、〔野球選手〕マーク・マグワイア、〔心理学者〕フィル・マグロー。そのほか、あなたの親しい友人や家族の大切な人びと。知恵やユーモアを尊敬している人を考えてください。意図的創造者としてあなたが下す決断を支えてくれるビジョンがある人を選びましょう。

可能性は無限大に広がっています。イマジネーションを働かせ、何が最も力強く目指す目標に向かわせてくれるのか、それはなぜかを探ってください。部門別に取締役会を設け、必要に応じて支援してもらう方法もあります。あなたが最高経営責任者を務める企業にとって、役員たち一人ひとりの特質が何に貢献しているかを考えてみましょう。それぞれはあなたをどのように支えてくれますか？　可能性を追求するサークルの一員であるその人は、あなたに何を意見してくれるでしょう。誠実な人たちですか？　正直で明るく、全力を傾け、賢くて機知に富み、思いやりがあり、飾り気がなく、度量が広くてものごとに情熱的に取り組み、精神性豊かで、世知に長けていますか？　集団の仲間を尊重し、同時にしっかり自己意識が確立された波動をもっていますか？　こうした特性の中で、あなたは何に惹かれるでしょう。取締役会の規則には、Keep it Simple, Sweetheart のKISSの原則を導入し、「シンプルに」を旨としてください。意図的創造をする自分の分担を終わらせたあとは、詳細を宇宙に委ねればいいのです。

著述家のアラン・コーエンはこんな逸話を紹介しています。「〈幸せな億万長者〉と呼ばれて人びとに慕われていたマルコム・フォーブスは、贅沢を好み、友人たちも大切にしていた。豪華なパーティを催すことで知られており、中東の宮殿で数百万ドルをかけた宴席を設け、友人たちに飛行機で集まってもらったりした。亡くなったフォーブスの遺言書には、自分への社員の借金は不問にすると書いてあった。彼は墓に入ってまで、お金の楽しみ方を心得ていて、自分と友人たちを幸せにした」。取締役会にも、あまり生真面目になりすぎずにお金の楽しみ方を知っている人に加わってもらえれば、大いに助けられるでしょう。度量の広さもすてきな特性です。食品会社を経営していた俳優のポール・ニューマンは、利益をすべてチャリティとして寄付していました。メディア王のテッド・ターナーは、国連に10億ドル（約１２００億円）の寄付をしています。それを考えてみてください。これは想像を超えた領域に達している慈善行為です。締役会にはどんなメンバーを招集し、彼らのどんな見解を必要としているのかを考えましょう。その人たちがあなたの人生をかけて取り組む「経営方針」を決めてくれるのです。

私はすばらしいユーモアセンスを備えたロビン・ウィリアムズも、取締役会に入れています。1994年に夫とイングランドへ行ったときに、ロサンゼルスの空港でご当人に会ったこともありました。ユナイテッド航空のクラブラウンジ、レッドカーペットクラブに入ってきた彼が、私たちの隣のソファに腰を下ろしたからでした。夫が私たちの自己紹介をしたあとで、楽しい会話を交わしたのでした。その数ヶ月前に観ていた彼が主演の『ミセス・ダウト』の雰囲気そのものの、愉快なお人柄で、当意即妙のユーモアに20分ほど笑わせてもらいました。感性豊かなロビンのような楽しい人が取締役会に加わってくれたら、すてきだと思いませんか？

時代が変われば、私たちも変わるわけではない。
革命が新しい道へと私たちを導いていくわけではない。
未来は、私たちそのものなのだ。
私たち自身が、革命そのものなのだ。

ベアトリス・ブルトー

取締役会に必要な専門的意見や、どんな人びとを構成員にするかを考えてください。最高のビジョンを描き、取り組むべきことがわかれば、自分だけのドリームチームのエキスパートたちに、無限の可能性を開く後押しをしてもらいましょう。テーブルを囲んで包括的に戦略を討議するための、すてきなくつろげる会議室を具体的にイメージするのもいいでしょう。お互いのエネルギーをひとつにして共に流れを作るために、画期的なアイデアを出し合い、イキイキと深遠な議論を交わし合う場所を、いまここでイメージしてみてください。魔法を始動させてあなたの毎日をそれで満たしてください。

求めよ、さらば与えられん――あらゆる可能性の無限の地平

アルバート・シュヴァイツァーはこう述べています。「自分の光が消えても、だれかの存在によってまた炎が燃え上がることがある」と。必要なときには、ドリームチームの火花で願望の火をかき立ててもらい、新しい可能性へ向かいましょう。それから決定事項を委任し、手を放して、すでに遂行されたところを思い浮かべましょう。あらゆる可能性に向けて扉が開くことを信頼してください。「どうやって」は知らなくてもいいのです。あらゆる可能性に夢を追求するための鍵は、ギブアンドテイクのエネルギーのバランスを取ることです。ですから、上手に「受け取る」こともできるようになりましょう。

手放し、委任して信頼する姿勢が身につくにつれ、インドの聖者マザー・メーラの**「新しい世界に立っているあなたには、これまでの考え方は役に立ちません」**という言葉の通りになってきます。生き方を向上させようと自ら意図して選択したら、以前のパターン（型にはまったやり方）は用をなさなくなるのです。心の願いに調和する波動を自覚的に整え、引き寄せの法則にしたがって「快

適なあり方」の流れに乗ってください。波動が一致するものが瞬く間に物質世界に現実化し、鏡に反映されるのがわかるでしょう。意識のレベルが上がってくれれば、ものごとが引き寄せ合うスピードも上がるので、すべてが「加速化」しているように感じられるでしょう。

引き寄せの法則の磁気作用を認識できたときほど、幸福を感じることはないでしょう。ときどき短い仮眠をとったり数分ほど瞑想をしたりすれば、アインシュタインやエジソンに負けない創造の天才になれるかもしれません。彼らはよく居眠りをして、論理的な思考の働きを休ませ、そこから離れて内面の導きにしたがったことで知られています。エジソンは数千回にわたる失敗の末に、ついに白熱電球の開発に成功し、「波動に一致する結果」を受け取って努力は報われたのです。揺るぎないビジョンを掲げ、プロセスを信頼していたのでした。それが世界を変え、私たちの暮らしを文字通り明るく照らしてくれたことが、そこにはよく表されていませんか？

次にご紹介するのは、私の大好きなポーシャ・ネルソンの短い物語です。ここには私たちの学びの行程とコントラストによって気づかされることが、みごとに表現されています。ネルソンはあるセミナーで自叙伝を書くように指導されたのですが、参加者たちは1ページにおさまる5つの章に内容をまとめなくてはならなかったので、ネルソンはこんな詩を書きました。

第1章
私は道を歩いていく。

歩道に深い穴がある。
その穴に落っこちる。どうしたらいいのかわからない——どうしようもない。
これは私の間違いじゃない。
出方がわかるまで、ものすごく時間がかかる。

第2章
私は同じ道を歩いている。
歩道に深い穴がある。
穴を見ないふりをする。
また穴に落っこちる。同じ場所にいるのが信じられない。
でも、私の間違いじゃない。
出方がわかるまで、やはりものすごく時間がかかる。

第3章
私は同じ道を歩いている。
歩道には深い穴がある。
穴があるのは見えている。
それでもやっぱり落っこちる。これは私の習慣——でも、目は開いている。
自分がどこにいるのかわかる。私がしたことだ。

すぐにそこから出る。

第4章
私は同じ道を歩いている。
歩道には深い穴がある。
私は穴を避けて通る。

第5章
私は別の道を歩く!

気持ちを高揚させてくれるこの自叙伝には、自分を犠牲者とみなしていた状態(「私の間違いじゃない」と抵抗していた状態)から、意図的創造者として自分に責任をもって生きる状態に成長したことが明快に表されています。しっかりとした自覚を維持するようになってからは、エネルギーの流し方を変えることで、もっといい選択をして結果を引き寄せることを学んだのでした。

すばらしいドリームチームを存分に活用してください。
自分専用の取締役会に力づけてもらい、導いてもらいましょう。
願望のロケットを打ち上げて、
夢の舞台に広がる無限の可能性に向けて思いを馳せてください。

いまこの場で、
そしてこれからも絶え間なく流れ込んでくる嬉しいすてきな結果を味わい、
堪能し、感謝して受け取りましょう。

その通りであらんことを。

第6章

シンクロニシティ

シンクロニシティと、引き寄せの法則

シンクロニシティはたいていの場合、意味のある偶然の一致、または重要な意味を持つ関連する出来事が同時に起こることと定義されています。偶然の出来事の要素ははっきりと、もしくはたまたま関連しているわけではなくても、共時的な出来事には意味のある関連性があるということです。ですから夢分析の本を数多く著した有名なカール・ユング博士は、シンクロニシティの現象では驚くべき出来事や意味のある出来事が起こると述べています。内向型、外向型という性格の分類方法もそうですが、「シンクロニシティ」という言葉を発明したのは、カール・ユングでした。ユングは「この（シンクロニシティの）現象が神秘的に見えるのは、理解できないからであるに過ぎない。実際には、適切な心理状態（心が広く開放された状態）にあれば、手がかりは無数に存在しており、それらを全体に統合することが可能である」と言っています。社会心理学者のマリリン・ファーガソンも、シンクロニシティは「より高い目的または関連性をもつと思われる、複雑に絡み合う偶然の一致」である、と正鵠を射た説明をしています。

一見するとたまたま起きた出来事のように見えても、そこにはたいてい重要な要素がかかわっています。引き寄せの法則は、深く調べてみれば、意味のある内容で配置されていることがわかるはずです。そこに写し出されているものは、自分の内的な生活と外的な生活が強く符合し合った結果として現れているものであることが少なくありません。そこで、大きな変化をもたらす経験をした

り、嬉しい偶然があったりします。大事な用件でその日に電話をしようと思っていた相手に、偶然入ったレストランでばったり出会うようなシンクロニシティもあります。シンクロニシティは、その必要がある場合によく起こる傾向があるようです。また、昨晩夢で見た人に翌日、実際に会ったりするシンクロニシティもあります。それを「ラッキー」だったと言う人もいますが、私には偶然に起きている結果であるとは思えません。友人たちから「信じられないようなことがあったの」と電話をもらうこともたびたびありますが、それは予期していなかった嬉しいシンクロニシティだったことがわかる私は、笑って耳を傾けています。そのような偶然を招くのに、あなたに何があったのでしょう。赤い糸のパートナーとは、どのようにして出会いましたか？　まさに必要としているときに、仕事やお金が手に入ったことはありませんか？　高次の力が塩梅してくれたとしか思えない出来事だった、と少しも疑わずに「確信」できることがあるものです。

フランク・ジョセフは『シンクロニシティ――「奇跡の偶然」による気づきと自己発見への旅』という本でシンクロニシティをテレパシー、予感、夢、日常生活の偶然など、17通りの類型に分けて説明しています。「シンクロニシティは偶発的に同時に起きた現象というより、私たちが現実世界で体験していることを形成している重要な意味のある出来事であるように思われる」と。そこに注意を向けてみれば、意義があり、意味をもつ出来事なのです。

奇妙なことが起きた……

トム・ケニオンは私たち夫婦の良き友人で仕事仲間でもありますが、1970年代に体験したというこんな話を聞かせてくれました。

サンフランシスコのハイト・アシュベリーにあるリサイクルショップで働いていた時代のトムは、何とか一週間を生き延びるのがやっとという暮らしをしていました。そしていろいろな事情が重なり、トムの雇い主が営業許可証の更新を忘れてしまったために、二週間仕事ができない事態に追い込まれ、働くこともできなければお金もない状態で、家賃の支払いを迫られることになってしまいました。

そんな危機に見舞われる一週間前には、画材店を訪れ、画材の仕入れにかかる大体の金額も見積もってあったのです。家賃の支払い期限まで12時間しかないという状況に追い詰められたトムは、ふらりと町の最西端へ向かう電車に乗り、夕陽を見に行くことにしました。彼がいちばん怖れていたのは住むところのない浮浪者になることだったので、すっかり感傷的な気分になり、絶望に駆られた心境だった自分には夕陽ほど似合うものはないと思ったのだそうです。

太平洋に沈んでいく太陽を見ながら、トムは宇宙に助けてくださいと祈りました。日没を眺めてから駅に向かい、帰途に着いたときには、奇妙な安心感に満たされて何も心配はいらないと思える境地になっていました。

帰り道では自分の駅で降りそびれてしまい、数ブロック先から夜道を歩いてアパートに戻る途中、ひと気のない通りでふと目に入ったものがありました。持ち主不明の金属製のマネークリップが落ちていたのです。挟んであった紙幣は、翌月分の家賃と買おうと思っていた画材の金額に、なんと1ドル単位までぴったりの額だったのでした。天の完璧なタイミングで起こるシンクロニシティを象徴する一例に違いありません。

日刊紙『アリゾナ・リパブリック』に掲載されているトーマス・ロップの週刊コラムには、風変わりな話や型破りな話、面白い話、あり得ないような話が紹介されています。その多くは意味深長な心を打たれる内容で、シンクロニシティという呼び方はしていませんが、まさにシンクロニシティの働きを表す格好の例証と言えるでしょう。１９９８年7月6日付けの「思いがけない邂逅」という見出しの記事は、「違う道を歩く」ことのシンクロニシティをみごとに表す内容でした。

青天の霹靂

12年前のこと、パム・マッカービルは、上司からクリスマスプレゼントとしてカリフォルニア行きのフリーの往復航空券を贈られました。カリフォルニアへは一度も行ったことがなく、知人も住んでない上に飛行機が怖いマッカービルは、航空券を使うのをためらっていました。それでも有効期限が切れる直前の週末に、2、3日分の着替えを詰めてフェニックスのスカイハーバー空港へ行き、ロサンゼルス行きの便に乗ったのでした。「どこに行くかも決めておらず、予定などまったくないまま、ロサンゼルスに着いたところで、空港を出て最初に目に入った無料のシャトルバスに乗り込んでホテルに向かったんです」とマッカービルは話しています。

連れて行かれたのはベニス・ビーチに近い高級ホテルでした。宿泊する場所を見つける必要はあったものの、そのホテルはあまりにも値段が高すぎました。それでもラウンジに入り、バーで飲み物を注文しました。「バーテンダーは飲み物を運んでくると、ある紳士があなたにカクテルをご馳走したいと申し出ておられます、よかったらそちらの席へお越しくださいというご伝言です、と言うんです」彼女はそれを断りました。バーテンダーはまた戻ってきて、考え直していただければ夕食もご馳走したいと紳士が言っていることをマッカービルに伝えました。

「私はそれを聞いて腹を立てました。ちょうど男性にはうんざりしていた時期でもあったんです。結構です、というのは文字通りに結構ですを意味することを直接伝えようと思い、バーテンダーにその紳士がいるテーブルを聞きました。そしてカウンターに腰掛けながらバーテンダーが顔を向けた方角を振り向きました」そこで一戦交えるつもりだったのが、相手の男性と目があったその瞬間に、彼女は心臓が止まりそうになりました。向こうの端で微笑んでいる男性は、父親のアーニーだったのです。両親が離婚して以来父とは疎遠になっており、離婚は父親のせいだったと思ってずっと恨んでいたのでした。

恐る恐る父親のテーブルに移った彼女は「結局、何時間も話し込むことになりました。父は離婚のいきさつを説明し、私に謝ってくれました。私も事情がわかり、父の言い分を受け入れることができました。その後は、お互いを一から知り合うかけがえのない3日間を一緒に過ごしました」それ以上に二人の出会いが奇特だったのは、勤務しているメーカーの仕事で出張に来ていた父のアーニーは、自宅がミズーリにあるため中西部が担当地域だったにもかかわらず、別の人の代理で初めてカリフォルニアにやってきたのでした。

アーニーはその出会いから1ヶ月後に、自分が末期がんにかかっていることを電話でパムに告げました。彼女はその日にミズーリに飛び、父をアリゾナへ連れ帰ると、数週間後に息を引き取るまで父親を看病したのです。「なぜあの日に同じホテルで顔を合わせることができたのか、一生謎のままですが、私はそれ以来、神さまの存在を疑ったことはありません」マッカービルはそう語っています。

物質的な現実を脇に置こう

この話に何を思いましたか？　引き寄せの法則が作用したのでしょうか。それとも天の計らいだった？　シンクロニシティの顕現？　ポーシャ・ネルソンの詩にあるように、別の道を歩いたから？　それとも、飛行機を怖がっていた彼女に上司から贈られた「天恵」のようなクリスマスプレゼントのおかげ？　父親がカリフォルニアに出張し、娘が不本意ながらもロサンゼルスへ飛んで、ぴったり同じタイミングでホテルのラウンジで行き合う可能性は、確率としてどれくらいあるのでしょう。この信じられないような実話をこうして書いているだけで、私には鳥肌が、というより「神肌」が立ってしまいます。二人は内的な羅針盤に誘導され、それにしたがったことで、引き寄せの法則によって互いの波動域に入り、「論理」を寄せつけない有形の結果を発現させたのでしょう。私は心からそう思います。ですから物質的な現実は脇に置き、心の願いにしたがってエネルギーを流してください。いますぐ、この場で「夢の花道」を歩くことにして、「快適なあり方」の流れに乗ってください。波動のシグナルを新しくすれば、宇宙は必ずそれに応えてくれるのです！　求めよ、さらば与えられんということで、ただちにシンクロニシティが作動し始めます。快適なあり方や心の願いが豊かに満ちているところ、ドアの向こうへ行きたいと思うのであれば、ノックをすれば、ドアが開きます。船はそのためにあるのです！　港に係留しておくためではありません。楽しんで探検に挑み、内的世界と外的世界を発見する冒険に漕ぎ出しましょう。運命の舵をとる船長は、あなた自身なのです。

コルクを浮かせ、至福を追い求めなさい

著述家のジョーセフ・キャンベルは、「至福を追求せよ」という表現を用いました。エイブラハムもそれに近い波動で「コルクを浮かせなさい」と言い表しています。キャンベルは、次のように見事な言い方をしています。

> **あなたが最も幸せに感じるものについていくと——深く実感する幸せに、という意味で——扉がなかったところに扉が開く。ほかのだれでもない、あなたのための扉が開く。**

エイブラハム・ヒックスの季刊紙には、「あなたのコルクを浮かせるもの」というタイトルの文章が載っていました。概略はこんな内容です。

あなた方はそこにあるものを観察するだけでなく、新しい欲求を見出すためにやってきた創造者です。コントラストを体験してその価値を知り、そこから新たな判断が生まれてくるのを感じるためにここにいるのです。あなた方が下す決断にはパワーがあります。意思が決まれば、比喩でなく、生命エネルギーが集まってくるからです。コントラストの存在は決定をするために不可欠な要素であり、決定を下すことは、エネルギーをよび起こすために不可欠な要素であると言えるでしょう。

ほとんどの生命体は、人生を開く感覚や創造と波動による主導の感覚をまったく実感していません。波動がすべてなのです。たいていの人は味覚や触覚を頼りにしますが、それはあなた方が五感を通して波動を解釈することを学んできたからです。五感に頼るだけでは読み解けない波動は、そのほかにも存在しています。それとは別の感覚、われわれが第六感と呼ぶものも使わなくてはいけません。それは感情中枢にあたる、太陽神経叢で感じ取る感覚です。そこで感じる感情が波動を通訳しているのです。内なる存在、本当の自分である「根源」は、高速の周波数で振動する高次のピュアな波動です。そこに低速周波数のより程度の低い波動が入ってくると、抵抗が生じ、その結果高速周波数の振動が遅くなり、あなた方のセンサーが感情を通してそれを伝えてきます。

ポジティブな感情とされている歓喜、喜び、情熱、愛、感謝などを感じるのは、この瞬間に集中していることが「根源」の周波数に追いついていることのしるしです、あなた方の「第六感」がそう伝えているのです。意識を向けてポジティブな感情を生んでいるその対象を大切にする状態にあれば、［自分の核心的な］コア・エネルギーと波動が調和していいます。波動が高速で振動する状態を保ち、コア・エネルギーとの繋がりを維持していられます。その反対に怒りや怖れ、フラストレーション、罪悪感や孤独感などのネガティブとみなされる感情を抱くときは、注意を（ネガティブな意味で）向けているものの周波数が、本来の自分の周波数の速度に追いついていない状態です。その低速度で振動する対象に17

秒を超えてかかわりあっていたために（波動に記録されるまで、17秒かかります）、次元が低い低速の波動を自分の波動に取り込んでしまったのです。自分の波動と「根源」のエネルギーが分離していると感じる原因は、そこにあるのです。

先にご紹介したエピソードのパムは、なぜそういう行動をとるのか自分でもわからずに、第六感にしたがってカリフォルニアに行きました。そこには高次の意図があり、父親に会うための神聖な計画が作動していたことは、あとで振り返ってみて初めてわかったのでした。

自分の波動とは？

ソニア・ショケット博士は『子育てのスピリチュアル・ルール──直感力を伸ばし、たましいを育む』でこんなことを言っています。

あなた自身の波動とは、肉体、感情の状態と空気のような直観的意識が融合したエネルギーです。この総合体が相調和するエネルギーで構成されていれば、美しい音楽のような安定した平和な波動を放ちます。ところが自身にかかわる要素がひとつでも乱れたりバランスを崩したりしていると、波動が不協和音を発し、エネルギーが「調子外れ」になってしまいます。敏感な人であれば、ハートや胸、お腹のあたりでそれを感じ取っています。

個々人の波動は指紋や声のように、相手にしっかり注意を向けることで感知することができるものです。波動はその人の肉体、感情、精神のすべてを伝えています。精神的に強いか脆いか、幸福かそうでないか、病弱か健康か、足が地に着いているか浮わついているか、集中しているか散漫かといったことを。私たちはハートを通して互いの波動に波長を合わせています。恋をしたときを覚えていますか？ 電話が鳴っただけで、愛する相手からかかってきたことがわかったのではありませんか？ そのときは、特定のだれかの波動に波長を合わせていたのです。自分の波動は言ってみれば名刺のような、あなたの人となりと同じようにあなた独自のしるしです。個人の波動を読む能力は、頭（つまり思考や言葉）を離れ、ハートでフィーリングとトーンの世界を感じるところから育まれます。理知的に繋がる方法によらず、フィーリングで繋がるのです。

ショケットは子どもたちがどのようにして波動を感じ取っているかについても解説しており、特に幼い子どもの能力を取り上げています。出かけようと思っているだけで、まだそうすると決める前からもうそれを察知していたり、帰宅する直前にもうドアに走り寄っていたりする。怒り、悲しみや不安があるときは、それを察して部屋の隅に避難している。楽しい気分でいるときはそばに引き寄せられてきて、気持ちのいい波動を一緒に味わおうとする。直観にしたがうことが大切であることを、ショケットは強調しています。日常生活の中で赤信号や青信号、止まれの標識などにしたがうのと同じように、物理的には目に見えない次元に対しても、自然体でいましょうという意味です。直観にしたがって行動し、自分の感覚を信頼して大切にするという意味でもあります。私も経験から言えることですが，動物やペットたちも私たちの波動のサインに同調しているのです。

準備が整えば、宇宙はすぐに動き出す

自分が創造を生み出す創造者であることを疑わずにいるというのは、自分の波動を感じ取り、耳を傾け、調和した状態を保つことを意味します。心の願いと「快適なあり方」に投資し、預金をするということです。「行動」が外的な行為であるのに対し、自分の「ありよう」(being)を整えるのは内的な作業になります。朝起きたときや一日の「行動」にかかる前に、内的な存在や「快適なあり方」に繋がる時間をとってください。最高にすばらしいものが引き寄せられてくるイメージを描き、あらかじめ下地を作るようにしましょう。夢で見たこと、瞑想、祈り、深い呼吸などによって感情の精妙な波動に注意を払い、集中してピュアで明晰な繋がりを保つことが大切です。

公衆電話を使う目的で、電話ボックスの電話を抱きしめたりする人はいないでしょう。公衆電話を使うのであれば、コインを入れなくてはなりません。創造の力を信じるのであれば、至福を追求し、自分の思い描くビジョンにしたがって毎日を送り、自分自身と理想に対して忠実に振る舞うことで、自分自身に投資する必要があります。そうすることが、あなたに独自の引き寄せの法則を発動させるのです。「わが道」をしっかりとイメージしながらパワフルに根気強く下地を作ると、心の願いは滑らかな流れに乗って大きく成長してゆき、明快なエネルギーを放ちます。胸が躍るような喜びをイキイキと感じる嬉しい気持ちが味わえることを、私が請け合います。大胆になって、全

力を尽くしてください。

次に挙げるのは、私がかつて授業でよく紹介していた、気の利いたジョークです。

とある教会で宴が開かれていたときのこと。通りを隔てた向こう側から、雌牛とニワトリとブタがその様子を眺めていました。

雌牛が提案しました。「私たちも何か分かちあえるものを提供して、宴に混ぜてもらいましょうよ」

ニワトリが賛成します。「いいわよ、私は卵を持って行くわ」

「私はミルクを提供するわね」雌牛も言いました。ニワトリと雌牛はいそいそ通りを渡って行きましたが、ブタは動こうとしません。雌牛とニワトリは振り返り、ブタを非難しました。「なんて身勝手なの、あなたは」

ブタは答えました。「君たちにはたやすいことさ。寄付をするだけでいいんだから。でも僕に要求されているのは、全面的にかかわることなんだ」

全面的にかかわる

至福を追求するとは、そうすることを意味します。全面的にかかわらなくてはいけないのです。家族や友人、仲間たちの中でだれよりもイキイキとして楽しげな人は、自らを創造者として成長させ、発展させることに全力投球している人びとです。そんな人たちは一緒にいて楽しく、刺激を与えてくれ、周囲を明るくしてくれます——現状に甘んじることなく他者も自分も大切にして愛情を注ぎ、時間を無駄にせず、意図的に創造することにエネルギーを使っています。そういう人は、コルクを浮かせることに真剣に取り組んでいるのです。時間を費やすことや事後のフォロースルーも重要なので、そうするのは簡単なことではありません。それでも意図的創造は簡単な公式で働いていますから、心の願いを引き寄せ、夢がかなった波動で時間を輝かせることで、大きな収穫が得られるでしょう。そのためにはエネルギーを集中させましょう。一日の始まりにベッドで自分のいちばん大切なことがらについて、何分か時間を割いて思いをめぐらせてください。

エイブラハムは、大切な人びとが幸福にしている様子を思い浮かべるように勧めています。丈夫で健康な身体を思い浮かべ、仕事についても、こうなって欲しいと思うことを68秒間イメージするのです。家庭や家族、人間関係、豊かさなどについて、こうあって欲しいと思うイメージを描きあげてください。ベッドを出る前にそうすることで、その一日にせっせと働くこと以上の成果を手にすることができます。イメージと感情は波動のサインとトーンを決め、その日に何を引き寄せてくるかが、それで決まります。家庭や自分の身体、人間関係、仕事、お金などに不安を抱いていれば、エネルギーが漏れ出している状態ですから、欠乏感と制約感で望んでいる創造を打ち消してしまいます。公式はとてもシンプルです。自分は意図的な創造者であるということを忘れずに、心の願いを体現し、いちばん大切な夢を引き寄せてくることを、つねに意識していればいいのです。

何年か前に、私は心理療法家ヴァージニア・サティアの「IIAFFI」と呼ばれるクラブに参加していることをクラスで話したことがありました。(IIAFFIというのは、「楽しくなければ、忘れたほうがいい」〈IF IT AIN'T FUN, FORGET IT!〉の省略形です。) そのクラスを受講していた広告担当の重役、デイブ・コーはこの言葉が記されたボールペンを持っていたので、それをクラスの全員に配ってくれました。ボールペンを使うたびにこの言葉を思い出させてもらえるのは、愉快な楽しみでした。作家のアラン・コーエンは、友人のリリーが名刺に書いていたというこんな言葉を紹介しています。

楽しいことだけをしよう——そしてどうしてもやらなくてはならないことは、楽しんでそうする方法を考えよう

エイブラハムも、次のように言っています。

すべてを楽しみましょう。

何も心配することはありません。
そのことを知り、リラックスしていましょう。
あなた方は大げさすぎます。
楽しむことです。もっともっと楽しみ、
喜びを味わい、もっともっと喜び、
明確性を高め、もっともっと明確になること、
それが大切なのです。
「快適なあり方」のわずかな流れでやりくりするのか、
なだれこんでくる波に乗って行くのか、
どちらを選ぶかということです。
「快適なあり方」の流れはこの場に満ち満ちています！
それに気づけるように、
現在の状況には少し距離をあけた方がいい場合があるかもしれません。

第7章

難局は気づくためのきっかけ

あなた方が肉体をまとってここにいるのは、体験していることのすべてが感情、感覚や思考のかたちを取っている自分のエネルギーによって創られていることを、理解するためである。このことに関しては、例外はない。

セス

この本を引き寄せて読んでいるあなたは、エネルギーの流れがどのように私たちの生活にかかわっているかがわかってきたことでしょう。ほとんどの人は、「コントラスト」を体験したときには選択肢があることに、気づいていなかったかもしれません。コントラストは、「注意を向けなさい。いますぐに！」を意味する警鐘であることが、理解できたことでしょう。宇宙がそっと教えてくれている注意を無視していると、その声はだんだん強くなり、ついには目を向けずにはいられない本格的な警告を発してくることになるのは、もうおわかりと思います。

危機とは、変化をうながすエネルギー

中国語の「危機」という漢字は、危険と好機（チャンス）の両方の意味を持っていることを知ったのは、何年も昔のことです。私はいつものように、危機の本質や意味についてクラスで話をしました。翌週、学んだことについて復習すると、受講生たちは危険の要素は覚えていましたが、「好機」についてはすっかり忘れていたのです。それはじつに興味深い反応でした。

危機に直面するのは、エネルギーを変えなくてはいけないことを表す分かれ道に来ていることのしるしです。「変えること」を意味する英語のチェンジ（change）は、ラテン語の「交換する」（exchange）の意に由来します。変えるとは、何かを無くすことではありません。取り替えるだけのことです。その時点では気がついていないとしても、もっといいものと交換することを意味しているのです。ほとんどの人は、未知へと向かうことで不安定にぐらぐらするのを嫌がり、変革に抵抗を示します。いまのままでいる方が安全と思い、未知に対する不安を抱いています。

ウェブスター辞典には、チェンジ（change）について交替、異動、交換、変える、換える、別の方向に移り変わる、といった解説がされています。変わるという語の同意語には、はっきり違うものになる、違うものにするという抜本的な変化が示されているのです。これはワクワクすることじゃありませんか？

危機を乗り切る局面では、大多数の人が移行期間を経ることになります。ある形や状態、行動や場所を変えるような出来事、あるいはプロセスを経るということです。青虫からさなぎになり、成虫になるまでの蝶の変態は、この遷移状態をよく表しています。青虫にしてみれば、変態のあいだは危機にさらされているとしか思えないでしょう。未知へと進んでいる途中では、より良い結果が待っていることを知らずにいるのです。私はよく、絵本のトリーナ・ポーラス『ぼくらの未来―花たちに希望を』をクラスの受講生や孫たちに読んで聞かせたものでした。生きること、変わること、希望、青虫について書かれたとてもすてきなお話です。２匹の青虫が草の上を這っていると、ひらひら蝶が飛んでいました。2匹は蝶を見上げ、1匹が相棒をつつくと、「100万ドルあっても、僕はああいうふうにはなれないんだよなあ」というところは、私が特に気に入っているシーンです。

蛹から蝶に変わる移行のあいだは、イエスが荒れ野で過ごした40日間にたとえられるでしょう。モーセも40日のあいだ、山にこもっていたのです。まあ、それについてはどちらも男性だったためだれにも道を尋ねようとしなかったからだというジョークもありますが。真面目な話に戻れば、4という数字は古代より多くの宗教で使われており、全体性と完成を象徴してきたのです。

何が起こるか先が見えないため、たいていの人は変化に戸惑いをおぼえます。ですがそれは地面を這っている2匹の青虫が何もわからずにいるのと同じことで、空を舞う蝶にはもっと広い世界が見えていますし、青虫たちも内面にその本質を備えているのです。

危機に陥れば目が覚める

ずいぶん以前に読んだ危機にかかわる論説は、人生の危機や難局に対する理解を深めてくれ、生き方を変えるような啓発を与えてくれました。古代人は大混乱が起き、結果のわからない一か八かの決断を下さざるを得ない局面を迎えたときは、はるかにいいものを新規開拓するチャンスであることを従来よく承知していたことが、資料には示されています。危機について学び、それを乗り越えることから私が教えられた深淵な教訓のひとつは、危機は私たちの目を覚まさせてくれるということでした。

危機に直面すると、ほとんどの人が当初は先が見えずに恐怖を感じ、そこから逃げようとします。そうなる理由はたいてい、変化を受け入れる十分な余裕が持てずにいるか、周囲にあった変化をうながすしるしに目を向けずにいたことが原因です。危機とはふるいにかけて選別することを意味するものであることがわかれば、危機は私たちの背中を押して新しいチャンスへと押し出してくれる大事なターニング・ポイント、もしくは重要な局面であることが理解できるでしょう。抵抗していれば、その抵抗している対象が自分のものになってしまいます。ですから心の声に耳を澄ませ、望んでいる結果に積極的に繋がることが大切です。

危機に力づけられるのは、意識が高められるからです。ディーパック・チョプラ博士は意図と意識を向けることについて、「**意図とはあなたがこうすると決めたこと、そして意識を向けるとは、意識を集中させることを指します**」と『富と成功をもたらす7つの法則』で明快に語っています。そのときには最大の制約と見えていたものが、最大の力を引き出してくれます。振り返ってみると、大多数の人が危機とコントラストのおかげで大きな成長を遂げたことに気がつくものです。宇宙が肩をつついて自覚をうながしてくれたのです。種が成長して花を咲かせるまでになるように、危機は成長するように私たちを突き動かし、内面の変革を余儀なくさせます。

意識を向ければ癒やしの魔法が働く

ヘルマン・ヘッセは日記に2つの声が語りかけてきた夢を綴っています。最初に聞こえてきたのは、苦しみを乗り越え、心を落ち着ける力を探し出しなさいという声でした。そのあとに聞こえてきたのは、両親、学校の先生か教父（ゴッドファザー）を思わせる声で、怖れて不満を言い、そこから逃げるから苦しいのだと諭しました。「おまえは心の奥底でよく知っている。魔法を起こす唯一のもの、ただひとつの力、たったひとつの救いの道を。それは愛と呼ばれるものであることを」癒やしの魔法を起こすものは、意識を向けることなのです。

危機はコントラストを際立たせ、私たちに活を入れて、飛躍的に大きな成長を遂げさせてくれることが少なくありません。輝かしい蝶に変態を遂げる能力は、どんな人にも備わっています。宇宙は危機を乗り越えるだけでなく、成長して新たな高みに上り、新しい経験をするためのチャンスを提供してくれているのです。私は1980年代に「ストレスに感謝しよう」と言っていましたが、危機に直面したことで驚くほど学ぶことがあったからでした。新しいレベルの認識が開け、自分とほかの人たちに無条件の愛を抱くように導かれていたのでした。危機の危険性にたじろいで怖れをなすという回り道をとらず、豊富に提供されている「チャンス」に意識の照準を合わせてください。危機はこれから起きようとしている解放と変化の兆しなのです。

心身が相関関係にあることは、よくご存知と思います。西欧諸国でバイオフィードバック（生体自己制御）と呼ばれている近年の技法は、東洋では何世紀にもわたる昔から用いられていました。裸足で熱い炭を踏んで歩くような、とても考えられない行ができるヨガ行者などもおおぜいいます。アメリカのメニンガー財団は何年も前から、破滅的な病気から回復を果たす人びとに共通する重要な要因は、「生きようとする意思」の有無にあることに気づいていました。難病の膠原病を診断されたノーマン・カズンズは、主治医と協力し合ってポジティブな感情による治療を行い、奇跡的に全快するに至ったことから、『笑いと治癒力』という本を書いたのです。

奇跡が起こりやすいパーソナリティ

1989年にインディアナ州のパデュー大学で社会人教育プログラムに外科医のバーニー・シーゲル博士を招いたときは、1500人の定員がすぐに満席になりましたが、シーゲル博士はそのときに「自然寛解（回復）は、奇跡を表す医学用語として正式に認められている言葉です」と話しておられました。『*A Course in Miracles*（奇跡のコース）』には、「準備が整った心が奇跡を起こす」と書かれています。「事故を起こしがちな人」「病気にかかりやすい人」など、好ましくないことや不安などに関連する「〜しやすい」という表現を、私たちはよく耳にしています。私はそこに、奇跡を引き寄せ、具現化する傾向の波動を備えた、「奇跡が起こりやすいパーソナリティ」の人びとを加えたいと思います。ピアノの稽古をしたりスポーツの練習をしたりするのと同じように、引き寄せの法則にしたがい「奇跡を行う人」であるための時間やイマジネーション、意識の集中を注いでいれば、「奇跡はいたるところに満ちあふれている」ことがわかります！　私の文学修士号はトランスパーソナル心理学ですが、修士号を意味する略語のMAは「ミラクルの達人」（Miracle Adepts）と読み替えてもいいんじゃないかと思っています。集中してエネルギーを引き寄せてこられるかどうかは、私たちの腕前次第なのですから。

奇跡は周囲に満ち満ちている

意図的創造者である私たちは、奇跡を起こすことについても宇宙と神聖な共同制作をしています。毎日の生活に奇跡を起こしているときは、声を上げて笑い、愛情にあふれて、にこにこしてこの上なく幸せな時間を過ごしていることにも、私は気づかされてきました。自分には奇跡が起きてもいいのだということに気づきさえすれば、奇跡が引き寄せられ、毎日が奇跡に恵まれるようになるでしょう。

自らすすんで真っ赤に燃える炭を踏んで歩く人と、命にかかわる病気にかかっている人はまるで違うように見えても、そこには共通する要素がひとつあります。「恐怖」です。火渡りは昔から伝えられる儀式のひとつで、アメリカでは80年代に広まりました。最初に火渡りを紹介したのは、チベットの僧侶からやり方を教わり、潜在能力回復の指導にあたったトリー・バーカンでした。バーカンは「ファイアー・ウォーキング」と名づけた5時間のワークショップを行い、恐怖や制約的な考え方を克服する方法を教えるために、火渡りを用いたのです。

現在は魅力ある女神なり。

ゲーテ

インディアナのブルーミントンで行われる火渡りの儀式に、フォート・ウェインに住む友人のジョアン・スノーとキャロライン・ジャーンを一緒に行こうと誘ったのは、1985年の9月20日でした。以前に火渡りをしたときに、火傷ひとつせずに大きな恐怖を克服し、勝ち誇った気分を味わった私にとって、ザクザクと炭を踏んで歩くのは、シリアルを踏んで歩くのと変わらないように思えました。初めての火渡りでは、成功にすっかり酔いしれ、その感覚を神経に記憶させるために二度も挑戦したのです。驚くべき体験のすばらしさをもう一度味わいたいと思い、再び列に並んで挑戦すると、初回と変わらないほど元気づけられる結果が得られました。猛烈に熱い炭を踏んで歩くことは、徹底した集中と完全に**その瞬間に向き合う**ことを可能にしてくれるのです!

それから私たちは事前に数時間をかけて手順を説明してくれたピーター・ハイストに労いの言葉をかけてもらい、手順の一環になっていた焚き火を囲む集いに移行しました。盛大に燃え上がっている火と親しむことが、その目的でした。過去にはたびたびキャンプで焚き火を囲んだ思い出がよみがえり、懐かしい気持ちになりました。

思考を拡大させる

火渡りには、思考の力がいかに日々のあり方を左右しているかを目に見えるかたちで示してくれる、奥の深い含蓄があります。私たちがどのようにして現実の体験を創造し、思考体系を構築しているかを見せてくれるのです。自分の思考体系というものは習慣になっているパターンのひとつであるに過ぎません。ですから、ただちに変えることができます。そのいい例が、車の下敷きになった子どもを救うために、親がひとりで重たい車両を持ち上げてしまうようなケースです。とっさのことで考えている暇がないため、危機的な状況が車の重さに対する思考を凌駕するのです。子どもの命を救うためには何をすべきかがわかっているため、アドレナリンとそうする意志が、それを可能にしたわけです。NLP（神経言語プログラミング）を学んでいた指導者のピーターは、ファイアー・ウォーキングのワークショップでもその知識を活用していました。日常生活では熱い炭を踏んで歩くことなどありませんから、火渡りは劇的なかたちで**思考の枠組みの拡大**を示してくれます。「わざわざお金を払ってまでそんなことをしたの？」とあとで友人たちにからかわれたものでした。

それから2年後、夫とニューメキシコのタオスでまたファイアーウォークに参加したときは、何人かが炭の上を歩くのをその場で辞退しました。その人たちがその時点での考え、自分の気持ちに正直にしたがったことに対して、私たち一行もその勇気をたたえて拍手を贈りました。ためらいを押して火を踏んでいたとすれば、恐怖のせいでおそらく火傷を負っていたことでしょう。あれほど高熱で燃えている炭を踏むのであれば、もっとたくさんの人が火傷していてもおかしくないにもかかわらず、なぜ無傷でいられるのかは不思議なことです。そこには思考や思い込みを変えれば、心身相関のあり方までが変わることが反映され、同時にそのことが裏づけられています。

どきどきクラブ

火渡りを体験してみれば、思考の枠組みが広がり、変容を遂げることは確かです。ピーターは火の上を歩くコツ、言い換えれば何かを成功させる秘訣についても教えてくれました。恐怖を突き抜けようと決めているのであれば、先ずは自分の恐怖を自覚する必要があるが、心身が相関して自分を守ってくれるということでした。確かに、熱く燃える炭を踏んでいるときほど、その瞬間に向き合い、集中している状態はないといえます。そうしているときはだれもが、「どきどきクラブ」の一員になっているのです。

ファイアー・ウォーキングがアメリカに普及する以前には、火渡りをしたり釘だらけの板に横たわったりすることができる聖者の教えを受けるために、20人のアメリカ人がインドに渡ったといわれています。彼らはマスターのもとで断食や瞑想、祈りに勤しみ、聖なる水を身体にふりかけてもらいながら3週間修行をしました。それから実際に火渡りに挑む段になると、13名が火傷を負い、2名が無事に火を渡りきり、5名は火渡りなどマスターにしかできないという思考から脱却できずに、やめると言ったそうです。火渡りを体験した人は、真のマスターや師は「どこか別の場所」にいる人びとだけではないことに気づくことができたようでした。**本当の師は、自分の内にいるのです。協力してくれるマスター、誘導してくれる力は、私たちの中にあるのです。**

火渡りはポリネシア文化圏の多くでも行われています。1997年に訪れたバリ島では、「ケチャ」の踊り手たちが火を使ったり熱い炭を踏んだりして踊りの儀式を演じていました。キャロル・ニーマンは著書の『*Miracles, the Extraordinary, Impossible and Divine*』に、博物館館長で植物学者でもあったウィリアム・ブリガムが［ハワイ先住民族の］三人のカフナ（神官）と一緒に、溶岩があふれ出しているキラウェア火山の火口へ行ったときの話を書いています。カフナたちは、一緒に来るのなら自分たちのように「火に対する免疫力」をつけてあげよう、そうすればわれわれと溶岩流を渡っていけるからと言ってくれたので、ブリガムはそうすることにしました。火口に着くと、**カフナたちは履いていたサンダルを脱ぎ、無事に溶岩を歩けるように祈る準備をしました。**そしてブリガムにも、祈りは靴までは守ってくれないので、履いているブーツを脱ぐように言いました。目の前でドロドロ流れる溶岩を見たブリガムは、考えを変えることにし、参加を辞退しました。

ひとり目のカフナがゆっくりと溶岩を踏んで向こう側へ歩いてゆき、ブリガムはしっかりブーツを履いたまま、近くに腰を下ろしてその様子を見守っていました。二人目のカフナが渡り始めると、もっとよく見えるように立ち上がりました。すると三人目のカフナにいきなりどんと背中を押されてしまい、転んで顔から突っ込むことにならないように、溶岩を突っ切って前に走らなくてはならないはめになってしまいました。笑い転げている三人の声を聞きながら、幸いなことに何の問題もなく溶岩を渡り切ることができたのでしたが、ブーツは幸運には恵まれず、片方は完全に焼けてしまい、もう片方もぼろぼろになってくすぶっている状態、そして靴下は左右とも燃えているというありさまだったそうです。

想像してみよう！

火山の一件はブリガムにとって、厳しい「火の試練」になりました。カフナたちが最初に加護を祈っていたことは、注目に値します。「求めよ、さらば与えられん」を意図する波動を整え、溶岩を無傷で渡りきることに、思考と感情を完全に調和させたのでした。イマジネーション（想像）の語源はラテン語の〈imago〉「像」（イメージ）です。彼らはイメージでも、考えでも、感情でも思いでも、自分たちに危険はないと考えていたので、その波動が靴を溶かし、靴下を焼くような溶岩を歩いて渡るという現実の体験を合致させたのです。想像できますか？

あなたは想像した通りの自分になる——壁を打ち破りなさい

「始めさえすれば、8割はもう成功したも同じだ」とウッディ・アレンは言ったそうです。私が友人たちとファイアー・ウォーキングのワークショップに参加したのも、私たちがある次元で現実と言われているものの先へ進むと決めていたからでした。［陸上競技選手］ロジャー・バニスターにまつわるこんな例もあります。当時は1マイルを4分以下で走るのは、人間の能力を超えるタイムだと考えられていました。ところが1954年のある日、バニスターは1マイル走で3分59秒5という記録を叩き出しました。バニスターは、不可能（impossible）という思考の枠組みにとらわれていなかったからでした（それどころか、「できる」(I'm possible) と思っていたからこそ、そんな偉業を成し遂げたのです）。1マイル走競技に立ちはだかっていた4秒の壁を突き破り、彼は人びとの神経プログラムに刻まれていた最高記録を2・1秒更新したのでした。20年間破られていなかった壁が打ち崩されると、ほどなく30人を超える人びとがその後に続きました。意図的創造を新しいレベルに引き上げれば、無限の可能性によって宇宙に支えてもらえると信頼していればいいことがよくわかる話です。

私たちは現実世界とそこで体験することを、思考の枠組みにしたがって作り出しています。自分を振り返り、この時点で最も強い自己制約的な思い込みは何かを考えてください。そうしようと決めれば、イマジネーションを働かせ、その波動で引き寄せの法則を作動させることによって、もっといい結果を創造することができるでしょう。

火渡りの晩の参加者たちは、自分は火を踏んでも平気なのだという以前とは異なる思考構造、あるいは感情形態、信条と呼べるものを身につけてからそれに挑みました。説明を受ける段階であらかじめ自信をつけて心を強くし、そのあとでその通りに火の上を歩いたのです。私はそれまで、ユニティ教会が恐怖を説明するのに使っていた「本当らしく見える間違った根拠」（英語では False Evidence Appearing Real ですが、頭文字をとれば「恐怖」の FEAR になります）という表現をよく口にしていました。

それが、燃え盛る焚き火を見て、この次は熱い炭を踏むのだと思うと、まっ先に頭に浮かんできたのは、「こんなことはやめて、逃げ出せ！」（Forget Everything And Run!）とささやく恐怖（つまり**FEAR**）だったのでした。冗談はさておき、火渡りは恐怖の表現を別種のパワフルな内容に変えてくれました。恐怖は私にとって、**F**orever **E**xperiencing **A**nother **R**eality = **FEAR**、つまりになったのです。

終わることなく新しい現実を体験すること

マスターと凡人の違いは、マスターは恐怖を認識してその気持ちを味わい、恐怖を看守とみなしてそこにとらわれてしまわずに、助言者、教師として受け止めるところにあります。別の言い方をすれば、恐怖を危険とみなすのでなく、それを通して「チャンス」に変えるということです。

ヘレン・ケラーは「**人生は大胆な冒険です。そうでなければ、無にすぎません**」と言っています。そして自らも、ほとんどの人は想像も及ばないような過酷な試練とコントラストを乗り越えたのです。自分の人生に勝利を収め、思考の枠組みを拡大させることについて輝く光を見せてくれました。

願望から生気を湧かせよう

ピーターの指導で行われたファイアー・ウォーキングのワークショップでは、心からイキイキと有意義に生きるためには、摂氏1000度ほどの炭を踏むのと同じ心構えが必要であることを学ぶことができました。**自分の現在の姿は、思考や感情のありようによってもたらされている結果なのです。**引き寄せの法則がわかってくれば、このことには深い意味があることに気づかされるでしょう。心が元気になる人びとや本、催し物、映画やビデオ、ワークショップなどに浸ってください。願っていることに対する意欲が高まり、あふれんばかりの活力が湧いてきます。夢の成就に向けてエネルギーを流し、その波動に共鳴するものを引き寄せて統合しながら楽しむことの、すがすがしい気分を味わってください。あなたの思いは、だれにも邪魔することができません。17秒間のピュアで明晰な思いを通して、魅力あふれる体験が引き寄せられてくるでしょう。

思考の枠組みが拡張されると、願っていることのすべてを大切にし、心を傾けてそれに向かう気持ちがさらに強くなります。心が現実を凌駕する現象を体験することに成功すれば、驚くばかりの可能性が開けます。ワークショップを終えて家に戻ってくると午前4時になっていましたが、私は夫に火渡りをやり遂げた証拠を見せたくて、まだ灰がついている足をシャワーで洗い流さずにおいたのでした。心と身体と精神とが繋がっていることがわかったおかげで、そのときは火を渡り終えた直後よりも、胸がぽかぽかと温かくなっていたようでした。

「恐怖感は知識を得ることによって、覚醒に変わる。自覚と自己認識は人間にとっての最高の宝物だ」という言葉もあります。私はこの体験をしたことで、人生はすばらしい時間をすごせる単なる舞台であることに気づかせてもらえ、理解を深めることができました。恐怖にとらわれたときは（たいていそれは錯覚なのですが）、価値ある人生訓を得るための絶好のチャンスです――「汝自身を知れ」の知恵が得られます。エイブラハムの言葉を借りれば、「ほとんどの人はおそるおそる人生を歩み、なんとか無事に死にたどり着こうとしていますが、なんてもったいないことでしょう。やりたいことを思いきりやればいいのです！」

選択を楽しもう！

私たちの社会では、大多数の人が自らの合意にもとづく現実を生きています。自分には自分を癒やせないと思っていれば、癒やしを得ることは望めません。火渡りに挑んだ人たちは、火は火傷を引き起こすことをもちろん、よく知っていました。それが、思考の枠組みが拡張されたことにより、火で火傷をするかしないかという「選択」が可能な、新たな合意的現実が創造されたのです。思考の枠組みを押し広げる解放感はすばらしい感覚です。楽しんで探求し、成長し、らせん状に新しいレベルへと上昇していくためにここにいることに、感謝の気持ちが湧いてきます。進化を意味するevolveの最初の4文字が、愛（love）を逆にした綴りになっているとは、すてきなことではありませんか？　進化することは、すばらしい冒険に向かう自分自身を愛することを意味しているのです。

信念は、繰り返し考えるという思考の習癖です。

エイブラハム

現実とは、あなたがそうであると信じていることです。つまり、あなたが「本当」と信じていることは、あなたにとって本当にそうであるということです。エイブラハムは、「信念とはいつも頭にある考え、繰り返し考えるという習癖です」と説明しています。自己の成長と発展に意欲的な人たちの中にいると、支えられていると感じ、相乗効果が発揮されませんか？　ファイアー・ウォーキングのワークショップは単に熱した炭を歩くことを目的にしてはおらず、制約的な考え方や恐怖を克服することもその目標でした。喜びに満ちた生き方を遠ざけているのは、自分の思考だけです。毎日をフレッシュな気持ちで迎え、望んでいる現実を選択してください。選択権は自分で握っていることを、忘れずにいましょう！　あなたがより本来の自分に近づいていく様子を、あなた自身の広大さの境界から「自由」が見守っているのです。

私たちの思考について、エイブラハムはこう言います。「あなた方の創造のメカニズムはつねに機能しています。その活動は止めることができません。**したがって、自分がどこに向けて焦点を合わせているのかを自覚するために、自分の気持ちに対して敏感になることが非常に大切です。**創造のメカニズムは、正しいか間違っているか、望ましいか望ましくないか、良いか悪いかは評価しません。あなた方が思考を通して発動させたものをただちに、そして内容を問わずに、創造に向けて後押しし始めます」

セント・ジョン・ザ・ディヴァイン大聖堂のモートン主席司祭は、石材を切り出していた石工たちのこんな逸話を紹介しています。何をしているのかと訊かれ、最初の石工は「見ればわかるだろう、石を切っているんだ」と言いました。二人目は「家族を養うために石工をしているのさ」と答え、三人目は「見ての通り、俺は大聖堂を建てているんだ」と答えました。三人とも同じことをしていながら、それぞれ目的には大きな違いがありました。三番目の石工は石を切るだけにとどまらず、高い目的意識をもっていたのです。「広い」視野を得るというよりは、本当の願いを見定め、認識することが大切な場合もあるということです。

奇跡はエネルギーを適切に扱うことと定義することができますから、毎日を魔法や奇跡で満たすこともできるのです。奇跡とは、認識の変化と焦点を合わせるものの明晰さを意味しているだけのことです。現状にあぐらをかいているのをやめて、いちばん望んでいることに焦点を合わせ、自分に投資して、すばらしい結果を手にしてください。

次は *A Course in Miracles*（奇跡のコース）からの引用です。

奇跡に不可能はありません。

けれども疑いや恐怖を抱いていれば、奇跡は起こり得ません。何かを怖れているときは、自らを傷つける力が存在していることに同意しているのです。

火渡りをするときの参加者たちは、完全にその瞬間に向き合い、無事に渡り切ることに集中していました。その際に指導者のピーターが言っていたように、毎日の生活でも障害について考えていれば、障害が現れてきます。邪魔なものにとらわれず、もう向こう側に着いていると想像すれば、それは障害ではなくなります。火渡りなどできるだろうかと不安や恐怖を抱いていれば、火傷を負うでしょう。単純な原理なのです。恐怖感は、「**新しい現実を体験し続けること**」(**F**orever **E**xperiencing **A**nother **R**eality = **FEAR**) へと変容させることもできます。私たちは蝶のように、本当の自分へと変化しているのです。自分に備わる驚異的な潜在力に気づかずにいれば、潜在力を生かすことができずに終わってしまうでしょう。

このようにも書かれています。

精神の力は強力です。永遠に創造力を発揮します。あらゆる瞬間に、創造し続けています。思考や信念はみなぎる力となって文字通りに山をも動かすことができるのを、知っておくことです。

奇跡は超自然現象でも、ニューエイジ風の風変わりなものでもありません。奇跡を自然に受け止めるようになれば、すばらしい創造のためにワクワクしてエネルギーを注ぐことでしょう。量子が観察の方法に応じて粒子や波の「異なる」性質を示すことは、科学的にも証明されています。私たちは心の願いに波動を合わせ、奇跡を引き寄せる創造者にほかなりません。

スプーン持ち寄りパーティ

心身相関のテーマについては、スプーン持参のパーティ、略してB.Y.O.Sパーティ（Bring Your Own Spoon Party）でも貴重な体験をすることができました。ブライアン・オレアリー博士が1991年に企画したスプーン曲げのワークショップに興味をひかれて参加したのです。元「NASAの」宇宙飛行士で、プリンストン大学の教授だったオレアリー博士は、もともと極端な「左脳型」だったため、いかがわしい「超能力」のようなものは当初は受けつけなかったそうです。

ブライン博士は、運動する物体が科学の物指しでは計れないかたちで物質世界を変容させるという、実在の境界領域について話をしました。スプーン曲げの原理は、科学ではまだ説明されていません。博士はビールをかけ合うような無秩序なエネルギーに包まれるローズ・ボウルの試合を例に挙げ、そこでウェーブが始まると、そのリズムに合わせてそれまでにはなかった組織だったエネルギーが、じわじわと形成されると説明しました。

博士は四角い箱を描くと、社会が現実と認めているものはこれだと箱のまん中を指し、箱の外側に宇宙空間やUFO、ミステリー・サークル、占星術、予知や予言などにかかわる未来を書き入れて、そこには設立されたばかりの「ニュー・サイエンティスト」というグループがあることを話しました。箱の「境界」を広げるのは時間がかかる作業であり、科学の全体目的は人間の精神性を高めることであると考えていたアインシュタインは、「偉大な精神を持つ人は、つねに凡庸な考え方を持つ人に激しい反発を受けてきた」という言葉を残しているのだそうです。

「知的エリートであるほどスプーンを曲げるのが難しい」と博士は説明し、オーストラリアに引率したグループでもスプーンを曲げることができなかった人がひとりいたが、その人はミシガン州の議会議員だったからと言うので、参加者から笑い声が上がりました。やってみると、スプーン曲げは驚くほど簡単にできました。スプーン曲げは腕を通ってエネルギーが手に流れていると想像し、スプーンと「ひとつ」になって宇宙のエネルギーを注ぐ要領で行うのですが、10回息を吸って吐いてから、めいめいが持参したスプーンを曲げてみなさいと言われ、やってみると、スプーンが手の中でぐにゃりと曲がったのです。「曲がれ、曲がれ、曲がれ」と唱えているうちに内側の窓が開け、スプーンが捻れ始めたのでした。流れ込んでくるエネルギーで、身体の内も外も汗ばんで感じられたほどでした。そういうことが、本当にできてしまうのです。精神が物質を凌駕する状態で火渡りをするのと同じようなもので、実在の境界が溶解するのでしょう。ブライアン博士に事前に見せてもらった通りに、スプーンの柄に結び目を2つ作ることもできました。自分にもスプーンが曲げられることがわかったので2度結びに挑戦したのですが、通りかかった博士に「これはよくできている」と褒めてもらえました。新しい周波数帯に入り、強力な通信ステーションになってシグナルを送受信し、集中して慎重にエネルギーを流していたのです。私にとってはスプーン曲げも、得難い体験になったのでした。

このようなワークショップは、制約的な考え方に縛られている人たちが鏡として使える新しい手段になるかもしれません。受け入れる気持ちがありさえすれば、人生で行き詰まりを感じたときにも、いつでも可能性が開けているのです。私たちも抵抗を捨てて根源に繋がり、スプーン曲げを大いに楽しんで元気をもらいました。スプーン持ち寄りパーティに参加したのは8年前のことで、ちょうどその頃は夫と二人で新しいコンピューターをセットアップするのにずいぶん苦労していたのですが、パーティが終わると二人ともコンピューターのプログラミングに取り組む意欲と希望がみなぎっていました。スプーンを曲げるという「奇跡」を体験することができたからでした。

現実を見つめてはならない!

「現実に向き合うべきじゃないですか?」と訊かれると、エイブラハムは「あらゆる点で完璧と思えるのでない限り、現実には決して向き合ってはなりません」と答えています。コントラストはつねにありますが、どんな現実に身を置くのかは、自分で選択できるのがすばらしいところなのです。ただ生き延びるという道を選ぶこともできますし、繁栄する道を選ぶこともできます。細かいことにこだわりいつでも批判していることも、「快適なあり方」の流れを味わい、楽しんで生きることもできます。私は「天国へ続く道はすべて天国のようにすばらしい」と書かれた額を飾っていますが、心の願いを言葉にすると、ただちにそのエネルギーが流れ始めるからです。自分の波動を振動させ、無抵抗で展開を受け入れ、結果を受け取ればいいだけです。抵抗がある場合には、素直に結果が引き寄せられてくるのを邪魔することになってしまいます。

信念に従えば、そうなります！

信念があるところには、すでにその通りの結果が用意されています。問題に注目しているとすれば、それが焦点を合わせる引き寄せの基準点となり、いっそう増強されていくでしょう。その場合は非難、正当化や釈明など、何らかの抵抗を伴うかたちでエネルギーの焦点を合わせているので、解決策が示される高いレベルの波動を締め出してしまうのです。「あらゆる点で完璧と思えるのでない限り、現実には決して向き合ってはなりません」とエイブラハムが言うのは、そういう意味です。

私にも、意図的創造者となるための公式はよく理解していながら、いつもうまくいかないことにばかり注目してしまう友人がいました。休暇旅行を終えて帰ってくると、「疲れてくたくた」とこぼすので、でも家族と一緒に過ごせて楽しめたでしょう、と言うと、「疲れ果てていたわ」と答えていました。そういう会話は気持ちがいいとは言えないので、私はなるべく別の方向に水を向けようとしたのですが、返ってくるのは夫とものども「もうぐったり」という言葉ばかりだったのでした。

疲れたと言い続けるのをやめてエネルギーを受け取るだけで良かったのですが、彼女はそのおかげで現実もますます消耗するものになっていたのです。仕事についてもそのパターンは変わらず、どれほどプレッシャーを受けているか、労働時間が長いか、自分の時間が持てずに疲れているかをこぼしていました。経済的にはじゅうぶんに報われているように見えたので、たいへんな仕事でもその価値があると思っているようでしたが、感情面では大きな犠牲を払っていました。このような態度は、至福を追求する姿勢とは言えません。怪物をどんどん大きく育てているようなもので、そういうことを口にすればするほど、それが大きくなってしまいます。この場合は疲れきるというかたちになりましたが、自分が望んでいるものをしっかり要求するまでは、望んでいないものが増えるばかりになるのです。

喜びと笑いはすばらしい磁力を発揮しますので、それを忘れないでください。私はクラスのみんなに「深刻になりすぎないでください、さもなければ私は帰りますからね」とよく言っていたものです。マザー・テレサは、「神さまは私にできないことはさせません。願わくば、これほど信頼してくださらなくてもいいんですけれど」と言ったりしています。意図的に創造することをワクワクして楽しみ、宇宙はちゃんとそんな波動に応えてくれることを信頼していましょう。何よりも大切なのは、いい気分でいることです。気持ちよくいられる考えを選択してバルブを閉じないようにしていれば、心の望みが引き寄せられてくるでしょう。ピュアで熱っぽくポジティブな、パワフルに脈動する「快適なあり方」の流れは、いつでもこの場にあるのです。引き寄せの法則は作動しているのですから、流れに乗り、宇宙にお願いし、必ず聞き届けてもらえる喜びを味わっていればいいのです！

いい気分に浸っていなさい、
宇宙はいまもこれからも願いを聞き届けていることを
疑わずにいなさい！

第 8 章

成長にともなう危険

草の葉一枚一枚に天使が宿り、身をかがめながら「育て、育て」と囁いている。

タルムード

伊勢海老は殻が窮屈になってもさらに大きくなりますが、どうしてそんなことができるのかご存知でしたか？　大きくなれるのは、一定の間隔を置いて脱皮を繰り返しているからです。殻が狭苦しくなってくると、伊勢海老は本能にしたがって危険が少ない場所へゆき、硬い殻を脱ぎ捨てて、まだ柔らかいピンク色の表皮が新しい殻を作るまで静かに待っています。どこで脱皮をするにしても、脱皮したてのエビはきわめて脆弱になっています。サンゴ礁に流されてしまったり、魚に食べられてしまったりする危険にさらされた状態でいます。伊勢海老はつまり、命がけで成長しているのです。

伊勢海老の成長には、私たちもまた、時間を重ねていくことに耐えるためのただひとつの方法は、毎年成長して変わっていくことができるのを知ることであると教えられます。

殻が窮屈に感じられるときは私たちにもあります。生きる張り合いをなくし、怒りや不安、気分の落ち込みにとらわれたり、好きでもないことや大嫌いなことをしながら、殻に閉じ込められているように感じるときです。そのままでいれば何も起こらず安心できると考え、もう役に立たない古い殻に閉じこもったままの人も中にはいます。それとも、弱みをさらさなくてはならない先の危険を承知をしていながら、もっと運のいい方向に進める人もいます。私たちも伊勢海老と同じように、チャンスをとらえて成長するか、大きくなる不安や危険にさらされる恐怖から窮屈な殻に入ったままでいるかのどちらかなのです。

体験することは自分で引き寄せているのですから、自分を知ることほど大切なことはありません。自分を知るとは、「汝自らを知れ」の通りに、成長にともなう危険を乗り越えて自分について理解を深めることを意味しています。自分の人生に前向きになれないとすれば、安全な殻の中にとどまり、現状維持に甘んじることになります。その場合は、正面から自分に深く向き合うことのないまま、欠点にばかり注意が向きがちになるかもしれません。内なる存在は私たちをこよなく愛しています。内的な導きを得たいと願い、それを受け入れる姿勢でいれば、より大きくなれるようにすぐに力を貸そうと待機しているのです。バルブを開放し、「根源」との繋がりを求めたときには、内なる存在がその姿を現します。「快適なあり方」はあらゆるところに満ち満ちています！　不安や疑い、怖れに焦点を合わせていると、波動がそれらを反映し、ホースを踏むことになってしまうのです。

自分に対して肯定的な気持ちを持つことに努め、何よりも大切なのは自分とその精神の成長であることを理解しましょう。自ら運転席のハンドルを握って成長に向かう波動を「活性化」させる心構えでいれば、自然に気の合う人びとと互いに引き寄せ合うでしょう。

辞書には、奇跡（miracle）はこう説明されています：ミラリ（mirari）――驚嘆する、不思議に思う。メイ（mei）――微笑む、驚く。常識で起こるとは考えられないような不思議な出来事、特に超自然的な働きによって起こる不思議な現象。驚嘆すべき出来事、偉業。

奇跡を呼びこむ人

奇跡を呼びこむのはあなたです！
いまこの場でそうすることほど、パワフルなことはありません！

あなたには奇跡が起こせます。その力が最も強く働くのは、この瞬間です。「いま」がそのタイミングなのです。奇跡を起こすのは私たちが生まれながらに受け継いだ、天から授かった権利です。奇跡を起こすためには、お願いし、期待して受け取り、受け入れなくてはいけません。全3巻の*A Course in Miracles*（奇跡のコース）は世界中で読まれていますが、私が初めてこの本を読んだのは1979年でした。その冒頭にはこのように書かれています。

「これは、奇跡の学習コースである。これは必修のコースであり、あなたに任されているのは、学習にかける時間だけである。自由意志とは、あなたがカリキュラムを設定できるという意味ではない。あるときに何を学ぶかを選択できるという意味である。このコースは愛を教えようとするものではない。このコースの目的は、愛が存在していることについての自覚を妨げている障壁を取り除くことである。愛はあなたに生得的に備わるものである」。本の序文は、奇跡の意味についても、その原理を次のように説明しています。「奇跡に難しさの違いはない。ほかよりも難しい奇跡や、大きな奇跡というものはない。奇跡はどれもが同じである。愛の表現はつねに最高のものである。奇跡はすべてが、愛の自然な発露である。**本当の奇跡は、奇跡を呼び起こす愛そのものにあるのだ。**奇跡が起こるのは自然の成り行きであるから、それが起こらないときは、何かが思わしくなくなったのだ」

ここに書かれた意味は、ガンであれ、喉の痛みであれ、その違いは意識と思考の枠組みにしか存在していないということです。昔から、いちばん教えたいと思うことはいちばん学ぶ必要のあることである、と言われています。*A Course in Miracles*（奇跡のコース）はいちばん教えたいことがらを学ぶために、選択肢を提供してくれているのです。この本には苦痛と喜び、天国と地獄のコントラストも示されており、体験したいと願う思いはみずから選び取らなくてはならないことがわかります。

思索の種をもう少し

私は意識を考えるいい例として、『ナショナル・ジオグラフィック』誌に掲載されていたフナとカワカマス（パイク）の印象的な記事を題材にして、１９９６年に魚の話をニュースレターに紹介しました。それはこんな内容でした。ヨーロッパのある種の池では、天敵のいないきれいな水と豊富な餌に恵まれ、どこにでもフナが泳いでいました。ところがある日、それが変わることになりました。沼にカワカマスが入ってきたからでした。平均体重が4キロから5キロ、大型になると14キロ近くもあるカワカマスに対し、フナはせいぜい500グラム程度しかありません。どうなるでしょう？　もちろん、カワカマスの美味しいデザートになってしまいました。ごちそうさま、というわけです。

カワカマスの貪欲な食欲に早急に対応する必要が生じたフナたちは、どうやって解決策を見出したのでしょう。5週間が過ぎる頃、彼らはすっかり体型を変え、ほっそりした体型をカワカマスの口に入らないずんぐりした形に変化させたのです。フナの意識は、いったいどんなものなのでしょう。脳の大きさはどれくらいだと思いますか？　待ち針の頭くらい？　それにもかかわらず、彼らはそうしたいと願うことによって、5週間で永続的な新しい体型を手に入れたのでした。驚くような話ではありませんか？　フナにもそれほど短期間にそれができるのでしたら、自分を成長させて変わるための自由について、そこから何が汲み取れるでしょう。

金魚は水槽の大きさに合わせて育ちます。小さな金魚鉢から池のような広々とした環境に移されると、もとの大きさよりはるかに成長するでしょう。新しい考え方に拡張された意識は、以前の制約された状態に戻ることはないと言われています。それにしたがって考えれば、自分のいまの意識はどの程度の大きさでしょう？　小さな池でじゅうぶんと思っていますか？　それとも、大きな湖や大海に出たいと思っているでしょうか。どれくらい意識を拡張させたいと思いますか？　水を汲むのに指ぬきとバケツのどちらを使いますか？　可能性は想像に応じて無限大に広がっていくのです。

この瞬間を大切に――いまを楽しめ

（カルペ・ディエム）

大きいか小さいかにかかわりなく、奇跡はすばらしい出来事、光り輝く瞬間だ。

サーク

創造性や情熱、共感をもって意識を発展させることができる私たち人間は、フナよりも変化をもたらす領域がはば広いことは確かでしょう。高次のより深い本当の自分にすぐに繋がることのできる、豊かな能力が備わる私たちは、西暦２０００年のミレニアムを過ぎ、意識の進化が加速化している人類史上初めての体験をしている渦中にあります。この瞬間を大切にすることによって、もっと充実し、成熟した意識に発展するよう、エネルギーに後押しされているのです。私たちは引き寄せたいものに焦点を合わせ、魔法や奇跡を引きつけてくる神聖な磁石にほかなりません。

われわれの生き方には二通りしかない。奇跡などまったく起こらないかのように生きるか、すべてが奇跡であるかのように生きるかである。

アルバート・アインシュタイン

あらゆる知恵の伝統には、古来のシンボルとして知られる生命の樹が登場します。自然に成長していく生命を表し、地上から天に向かって伸びる姿は、一なるものへと向かっている私たちの精神的な進化を象徴しています。その形は、ともに助け合いながら大きく枝を広げる、豊穣な生命の神秘を讃えているのです。

私のかかりつけの医師であるグラディス・マクギャレイは『内なるドクター自然治癒力を発動させる、奇跡の処方箋』という本を書いた同僚でもあります。私は彼女と一緒に、心の根底を探りたいと思う人たちに向けたドリームワーク（夢分析）のワークショップも行っています。

グラディスはそんなワークショップでアリゾナ砂漠の春について話をしました。砂漠の木は水のない日照り続きの夏を耐え、冬の寒さにも耐えて、春が来ると生命の息吹を爆発させるように色とりどりの錦色に染まるのだそうです。中にはその前に枯れてしまう木もありますが、枯れるのは種類や生えている場所のためではありません。砂漠の木は根を下ろすうちに、たいていの場合カルシウムで覆われた硬い下層土にいきあたりますが、その段階で2つの選択肢があるのです。栄養分や水を求めて周囲に根を広げていくか――こちらは木を枯らしてしまいます――、主根に全エネルギーを注ぎこむかの、どちらかです。全力をかけて石灰質層のカリーチ層を貫き通せば、「根源」に到達し、何があっても動じない木になるのです。地中に深く張られた根は、表層の状態には左右されずに、強風や渇水、凍える寒さや洪水にも耐えぬくことができます。エネルギーの根源に揺るぎなく定着している木は、春が来ればまた花を咲かせます。

あなたの生命の樹は、表層部分で生きていませんか？
それとも着実に地中深く掘り進み、
主根を魂の「根源」に伸ばしていますか？
あくせく生き延びようとしていますか、それとも、滋養に満ちて
人生を謳歌し、繁栄していますか？

「快適なあり方」を手にするためにどんな場所に向けて根を成長させていますか？　私は、心を通わせて一緒に成長したいと思っている、ともにきれいな花を咲かせることを目指す人びととの関係を大切にしています。力を注げば、それが返ってくるからです。

いつも活力を奪われるような人が周囲にいるとすれば、そんな関係にとってのいちばんの選択は何か、自分は何を願っているのかを考えてください。表面的であったり一方的であり過ぎたりする関係は特にそうですが、砂漠の木と同じように、波動から滋養が得られないために持続しない関係もあります。主根が硬い地層に到達し、心を割って話し合おうとしても、そのような人たちは防衛の姿勢になりがちなので、ジレンマが深くなってしまいます。砂漠の木は積極的に深く根を張り、しっかりと地面に立つ嵐に負けない木になります。友人や親族との関係も同じです。どんな友人関係を築きたいと思いますか？　それをイメージしてみましょう。「コントラスト」を体験しているのでしたら、もっと心が弾むより良い選択に変え、エネルギーを新しい方向に向けてください。問題に目を向けると、望まないことが拡大するので注意しましょう。友人や大切な人たちとともに育み、花を咲かせたいと思うことを考え、それを押し広げてください。

「だれかがあなたの右の頬を打つなら、左の頬をも向けなさい」というイエスの言葉があります。それを軟弱な態度と考える人は少なくありませんが、これはただ、不快な波動から自分の引き寄せたいものに焦点を変えることを意味しているのです。木の根が硬い地層にぶつかったときには、はっきり選択を求められるかたちで明晰な視点が与えられたことを感謝しましょう。心の中を見つめ、友人などの人間関係を見なおして、あなたを尊重し、大切にする、明るく元気になる気の合う人びとを引き寄せてください。引き寄せの法則はあなたが望む方向に向けて働くのです!

合図のかがり火、灯台は、あなた自身です。何を、どんな人を引き寄せますか?

発信する波動のシグナルが明快であれば、宇宙は運動の向きを変えてその選択を後押ししてくれます。家族や仲間とのすばらしい関係を引き寄せるピュアで前向きなエネルギーが流れ始めると、宇宙がそれに応えます。問題に巻き込まれるようなエネルギーを注ぐのを止めれば、望ましくない人びとは波動が合わずに自然に離れていくでしょう。私も、うまくいかないことに意識を向けるのをやめると、まるで魔法のようにその問題が消えることがわかりました(右の頬を打たれたら左の頬を出しなさいというのは、そのことを意味しているのです)。私はそのような人から見えなくなりますように、私の波動から離れてくれますようにとお願いしていています。要は自分のエネルギーをどう流すかということです。だれかとの関係に恨みや怒りなどを抱いていれば、それと同じエネルギーを引き寄せ、いっそう拡張させることになります。気持ちのいい人たちとの関係を育み、大切にすれば、引き寄せの法則がそれをさらに増強し、もっと引きつけてくるのです。すべてはエネルギーの流し方次第です。

どんな種を蒔くかで、何が繁殖するかが決まってきます。ニンジンやダイコンの種を蒔けば、そこからトマトは出てきません。私はよく、内面で育つものの象徴としてカラシの種子をクラスで配っていました。種の意志には、抵抗がありません。単にありのままを受け入れ、自分の完成に向かうだけです。道路や歩道のアスファルトまで突き破る雑草の旺盛な生命力は、驚嘆するばかりではありませんか？　文筆家で神秘家のマイスター・エックハルトは、美しい表現でこう述べています。「われわれの内には神の種が宿る。梨の種は成長して梨の木に、ナッツの種は成長するとナッツの木になり、神の種は神になる」あなたは思考や波動にどんな種を蒔いているでしょう。

耳を澄ませるのだ。自分のために、自らの内に道を開きなさい。

ルーミー

ネルソン・マンデラの文章として広く知られる次の一文は、実際にはマリアン・ウィリアムソンの『愛への帰還』からの引用（マリアン・ウィリアムソンが『奇跡のコース』から引いた一節）ですが、多くの人に感動を与えるすばらしい言葉です。

私たちが最も深く怖れているのは、自分が不十分な存在であるということではありません。私たちが最も深く怖れているのは、自分にはかり知れないほどの力が満ちていることです。私たちを最も怯えさせるものは、自分の中の闇でなく、「光」なのです。

私たちは自問します。「私がすばらしく、魅力的で、才能にあふれたすごい存在だなんて、そんなことは考えられない」ですが実際に、考えられないなどと言うあなたはどんな存在なのでしょう。あなたは神の子です。自分を過小評価していることは、だれのためにもなりません。

周りの他の人たちを不安にしないよう、気を使って自分を小さくすることで啓発される要素は何もありません。私たちはだれもが、子どもたちのように光り輝くことになっている存在です。自分の中にある神の栄光を顕現するために生まれてきたのです。神の栄光は一部の人だけでなく、すべての人にあるのです。

私たちが自分自身の光を輝かせるとき、無意識のうちに他の人にもそうすることを許しています。自分自身の恐怖感から解放されると、その人の存在そのものが他の人たちを自動的に解放します。

友人のジョアン・コーノグは、ピンク・フロイドの Shine On You Crazy Diamond を聴いてからというもの、口癖のように「光を照らそう」と言うようになりました。輝いて生きることを歌い上げている曲なのです。私たちもきらめくダイヤモンドのように、だれもがキラキラ輝く力をもっています。孫のアレクシス・ローズ・ウォレンは私のいろいろなクリスタルを見て目を輝かせ、家に帰ると息子に「お祖母ちゃんは山ほどダイヤモンドを持っているのよ！」と興奮して報告したそうです。13年前の話ですが、私はそれ以来孫たちに「ダイヤモンドのお祖母ちゃん」と呼ばれていて、悦に入っています。私たちは自分の光を照らし、輝くためにここにいるのです！

夢——夜中に光を照らしているものは？

私がドリームワークのクラスで教えていることでいちばん大切な要素は、**私たちが夢を見るのは、夢には目的があるからだ**ということです。私たちには意識の範疇を超えた理解をしている、内なる存在という生命の力があります（これは無意識、または潜在意識と言い換えてもかまいません）。夢（dream）の語源は英語の「楽しみ、音楽、音」と、ラテン語の「うるさくつきまとうアブ類や人」から来ています。つまり、注意を向けるまではうるさく悩まされるのです。夢はイメージ、比喩、アニメ、言葉によらないシンボルなどで語りかけてきては、内面に注意を向けるように私たちをうながしています。アメリカの内科医ブルー・ジョイ博士は、「夢は潜在意識の意図である」と書いています。言い換えれば、夢は魂の窓であり、毎晩報告を上げてくるというわけです。魂もしくは潜在意識に繋がるための道は、より重要な真理に気づくように私たちを誘導する内面のトランスパーソナルな（個を超えた）次元からきている、偶然目にするシンボルや強い感情によって開かれることが少なくありません。

夢の解釈法について書かれた本は、必ずしも信頼できるとは限りません。著者の思考体系にもとづく内容であることから、あなたの見た夢にはかかわりがない場合があるからです。辞書を使ってみる方法は、発想の手がかりをつかむのに役に立つことがあります。ぜひお勧めしたい本には、ベティ・ベサーズの『ドリーム・ブック――「夢」のシンボル辞典』が挙げられます。トーク・ラジオに出演したベサーズの話を1987年に聴いた夫は、その解釈を絶賛し、それから本を読み、同じ年に大学に招聘してフォート・ウェインで講演をしてもらったこともありました。優れた直観力に恵まれた人です。ブラー・ジョイ博士とキャロリン・コンガー博士も、ドリームワークによる自己変容のワークショップを指導するこの分野の専門家であり、生き方が変わるような深いレベルの体験に導かれるでしょう。

夢は私たちの生活に起きている事象にかかわっていますが、事象、現象を意味する英語の phenomenom は、ファンタジー、ファンタシアなどに見られるギリシャ語の「現れるもの」に由来します。認識を深める目的で潜在意識にあるものを明らかにするという意味です。「眠っている間に見る」夢と「幻想の」ファンタジーを繋ぐものは、夢が伝えるメッセージを取り入れ、日常生活に反映させる自覚的な関与の姿勢です。現象の phenomenom の語源は、「光を運ぶもの」、基本の意味では「光る」意味する phosphorus にも通じています。また「肉体に対する」精神、psyche という語は、「息、魂、蝶」の意のギリシャのプシケ（psuke）から来ています。あなたが見る夢は、耳を傾けてよく考えてみることであなたを変え、拡張させてくれるのです。私たちの精神、つまりプシケが輝かせているものを、魂が知らせてきているのです。夢が奏でる夜の「音楽」が聞こえたのであれば、魂の主根が伝えてくる情報をかき集めてその意味を探り、学びを得るかどうか、対応の方針はあなたに委ねられています。夢は言ってみれば、内なる存在に宿る直観やひらめきを運ぶ側根（枝分かれした根）のようなものといえるでしょう。毎晩そうして内面を表す地図を見ることができる私たちは、外的世界に光を投げかけるその内容をどう扱うかを、任されているというわけです。カール・ユングは次のように言っています。

理解されない（解釈されないという意味です）夢は、単なる出来事で終わるが、「理解」されれば、体験になる。

私は息子、トロイの21歳の誕生日にあたっていた1980年8月31日にヘリオポリスの夢を見ました。21歳というのは、多くの文化で成人になる歳と考えられている年齢でもあり、夢の内容にとって重要な意味があったのでした。夢ではユニティと呼ばれていたトンネルを抜け、その向こうはまぶしい光に包まれた場所になっていました。友人たちにここはヘリオポリスなのだと教えられました。明るい光と神聖さを思わされるタイミングやその内容から、私にはそれが**運命を告げる夢**に違いないと感じられ、その意味を理解したいと思ったので、出てきた名前をすぐに紙に書いておいたのです。ヘリオポリスという名前を耳にしたのは初めてだったため、夫に訊いてみましたら、「インディアナポリスの南あたりにあるのかもしれないな」と冗談めかした答えしか返ってきません。

調べてみると、ヘリオポリスとは聖書のオン（On）という地名に相当する「太陽の都」と呼ばれていた町であることがわかりました。輝くばかりの光に満ちて繁栄したエジプトの町でした。太陽神の信仰が始まった世界最古の場所のひとつであり、精神を真に理解するという、スピリットに深いかかわりのあった町だったのです。それは息子（〈son〉サン）の誕生日だった日曜日（〈Sunday〉サンデー）のことで、ヘリオポリスのヘリオは太陽（〈Sun〉サン）を意味し、そこにも密接に関連し合う要素がありました。その他のシンボルについても詳しく調べると、たとえばトンネルは新たな誕生を象徴することなどもわかりました。

電子メールであるパンフレットを受け取ったのは、それから間もなくのことでした。それを開けてみたときに、ぞくりと「神肌」が立ったのを思い出します。そこに載っていた写真の説明文には「ヘリオポリスにある太陽のオベリスク」と書かれていたのです。オベリスクというのは、上方に向かって細くなる、太陽の神を象徴する石柱で、先端がピラミッド形をした四角柱です（ワシントン記念塔を思い浮かべてください）。なぜこのメーリングリストに自分が入っているのかを訊くために、私はただちにツアーの主催者に電話をしました。そして先方の男性に私の見た夢の話とこのエジプトツアーとの関係を話しているうちに、先方は旅費や滞在費無料で、私をプレゼンターとしてそのツアーに招待しますと言ってくれたのでした。私が見た夢は光、太陽、輝き、誕生に向かう流れの象徴そのものだったのです。

ヘリオポリスの夢を見ても、気に留めずにその名前を書きとめておかなかったとすれば、私は後から送られてきたパンフレットが示唆していたことに気づかずに終わっていたでしょう。プレゼンターとしてエジプトを訪れ、その足でイスラエルにまわる旅はできなかったに違いありません。夢というトランスパーソナルな領域が、私の注意をうながすためのシンクロニシティをお膳立てしてくれたのでした。夢は内なる存在に繋がる触媒となるように仕組まれていますが、その意味を理解するためには時間をかける必要があります。私たちは価値あるフィードバックを日常的に提供してくれている幾重にも重なっている意識との間で、情報を交換しているのです。夢の導きに耳を傾ければ、理解がいっそう深まり、貴重な示唆が得られるでしょう。

われわれの前にある将来、後ろにある過去は、内にあるものに比べれば取るに足らないことだ。

ラルフ・ウォルド・エマーソン

ドリームワークの支持者である私は、夢はハイアーセルフあるいは内なる存在から送られてくる手紙であると感じています。魂は心を成長させるためにここにいる私たちを支援していますが、夢はその魂に繋がる手段のひとつなのです。魂と手を携えて創造にあたっている私たちは、扉が開くようにお願いし、それを期待すれば、無制限のアクセスが提供されています。「根源」に繋がることを心から願い、それを楽しみにしてください。力を借りたいことがらについて、寝る前に助言や導きをお願いするのもいいでしょう。ここにごく簡単に夢について取り上げたのは、「内なるドリームチーム」に繋がる姿勢を思い出していただくためです。夢を見ることを強化する方法などについて書かれた書籍その他もたくさんあるので、このテーマを掘り下げてみたいと思う人はそれらにもあたることをお勧めします。

輝きなさい！

ある日、友人のジャーメインに贈るバースデーカードを探していると、「輝きなさい！」と書かれたカードに出会い、この上なく幸せな気持ちになりました。よく見ると背景にうっすらと黒人の女性が描かれた、ホールマーク社のマホガニーに区分されたカードだったので、アフリカ系アメリカ人の別の友人に贈ることにし、そのカードを買いました。彼女は私が「輝こう！」と言うと、いつも喜んでくれるのです。そのカードは波動が調和してまさに魔法のようにシンクロを起こしてくれたのでした。ホールマーク社製のオリジナルに脚色を加えたものが次の文章ですが、女性だけでなく、男性の中の「女性性」や子どもたちにもあてはまる内容です。

千代にわたる娘たちよ、輝きなさい。
あなたたちの光でこのすばらしい世界を照らしなさい。
千の夢を紡ぐ姉妹たちよ、輝きなさい。
怖れずに勇気をもって夢に向き合いなさい。

千の希望を抱く女たちよ、輝きなさい。
あなたたちの心の光を全員に注ぎなさい。
本当の自分を知ることで輝き渡る、その光を！

ホールマークのマホガニー・カードから翻案

怖れていれば、それを愛することはできない

一日を過ごしながら、自分の気分を注意深く観察してください。明るくウキウキしているのはどんなときでしょう。敏感に気持ちをとらえ、怒りを感じるときはそれに気づいてください。怒りは愛とはほど遠いもの、分離しているときの感情です。そうした感情を抱くのは、立ち向かっているか抵抗しているときです。そんなときには、怒り、嫉妬、不安、胸の痛みや不快感、孤独を感じたり、病気になったりします。**怖れているものに対しては、愛を向けることができません。**怖れているものには動きを封じられるか支配されるように感じさせられ、むしろ嫌うことになりがちです。「根源」に繋がった状態にあれば、人生で体験していることや魂の美しさがますます輝きを増していきます。自分の気持ちを知るためには、感情がそのバロメーターになります。

思考には2種類（いい気分か、不愉快な気分か）しかないこと、そして「ネガティブ」な波動は望ましい感情に変えることができることは、もうおわかりでしょう。多くの人が頭ではすぐにこのことを理解しますが、大切なのは「穴」に落ち込んだり、根が障害物にあたったりするたびに、実

際にそれを「シフト」させて統合していく過程です。感情を意味するエモーション（emotion）は、エネルギーにモーションをかけるという意味の、エ＝モーション（e-motion）です。感情は、あなたのスタンスとトーンを伝える波動のシグナルなのです。「新しいこの瞬間に、何を体験したいのか」と絶えず自分に問いかけながら、焦点を合わせ、引き寄せたい波動を創造して引きつけてきましょう。いまの自分とそうなりたいと思う自分との間には、どんなときにも橋をかけることができます。思考や感情がポジティブであればあるほど、発信する波動のシグナルもより良いものになります。そうすることを選択するかどうかは、自分次第です。

神々しく、それともびくびく？

偉大な存在たちについて思い返しながら、もし失敗していればどうなっていただろうと考えたことはありませんか？　イエスは律法の精神を完成されただけでなく、その時代にはなかった新しい意識と愛の波動を誕生させました。とほうもない困難を前にしても、「私にできるのならあなた方にもできる」と教えたのです。「神々しい」を意味する　sacred　という言葉と、「怖れる」を意味する　scared　に同じ文字が使われているのは、面白いとは思いませんか？　そこには創造者と騒ぎ立てる反応者の両極が示され、同じ文字ではありながら異なるエネルギーが表されています。イエスもおそらく私たちと同じように、愛と「快適なあり方」、怖れと抵抗のどちらをも体験されたことでしょう。古今東西の最も偉大な剣は、金属から鋳造されたのではない、迷信と恐怖から造られているなどとも言われています。偉大な師イエス・キリストから神学的な教義を切り離してみれば、イエスにもおそらく怖れを感じるときはあったかもしれません。それにもかかわらず、神聖な基本的真理が愛の力を通してその生涯を貫いていたのでした。「神を愛するより先ず、自分自身を完全に愛しなさい。やがてだれもがこれを理解したとき、神の王国が誕生するだろう」という賢者の言葉もあります。

次に紹介するのは、長年の友人ジョアン・スノーから贈られた私の大好きな詩です。

想像してみよう

想像してみよう。
女であることを正しく良いことと思い、
自分の体験を尊び、それについて語ることのできる女性を。
肉体にも生活にも他人のストレスを溜めないひとを。

想像してみよう。
自分を信頼して大切にし、
自らを卑下しない女性を。
自分の必要や望みに耳を傾け、
優しく優雅にそれに向き合うひとを。

想像してみよう。
過ぎた時間が現在に投げかけている影響を受け止め、
歩き抜いた過去を後にして
いまは心が癒やされたひとを。

想像してみよう。
みずから人生の筋書きをつづり、
おのれのために奮闘し、*ものごとに着手して行動に移す女性を。
最高の自己、最善の声にしかしたがわずに降参することを拒み、
自分自身に神聖なる存在やそれに近いものを思い描き、
自らの精神性を磨き、日々の導きを得ているひとを。

想像してみよう。
自分の身体を愛している女性を。
ありのままを満足し、
身体のリズムとそのサイクルをかけがえのない恵みとして感謝しているひとを。

想像してみよう。

容貌は移ろえどもそこに住まう女神を敬い、
知恵と年輪を重ねてきたことを喜び、
肉体や暮らしの移ろいを誤魔化すことに身をやつさないひとを。

想像してみよう。
自分の女性性を大切にし、
女性たちとの交わりに身を置き、
いつか忘れてしまう日が来たときにも、
自分の真理を思い出させてもらえるひとを。

想像してみよう、
そんな女性である自分を！

パトリシア・リン・ライリー

＊私の希望を付け加えれば、「奮闘する」を「直観を生かし」にすればさらに良くなると思います。

ジョン・トラビスとレジーナ・ライアンの『ウェルネス・ワークブック』には「私の世界を色づける」という項目が取り上げられています。私もクラスでそれを活用させてもらいました。大きな円の中に、喜びを感じる人びとや出来事を書き入れ、おのおのが自分にとって最も喜びを表す色を選んでこの「私の世界」に色を塗るというものです。そして息を吸うたびに、身体と心の隅々にその色が広がるのをイメージするという内容でした。嬉しさ、怒り、悲しみ、恐怖に代表される4通りの基本的な感情も、人間の感情の全領域に溶け込んでいる原色に似たものとして位置づけることができる作業です。

天国みたいないいことが起きる

「怒り、恐怖、悲しみ」などを感じているときは、前向きなことをきっぱりと断言し、ネガティブな感情をポジティブなトーンのエネルギーに変えてください。波動計にあてはめてみれば、ネガティブをポジティブに切り替えたあとのトーンは、満足、快い、安らかといったレベルに始まり、そのさらに上には、楽しい、愉快、大喜び、胸が躍る、胸を熱くする、などがあります。さらに、「天国のような至福」もあります。私はそれを「喜びが積み重なって2倍になり、あふれこぼれる」状態なのだと説明しています。バンパーのステッカーには「ついてないこともあるさ」と書かれたものや、「また同じことの繰り返し」というものまでありますが、そんなものを貼りつけている人が何を引き寄せているか、もうおわかりでしょう。私たちには「天国みたいないいことが起きる」という引き寄せの選択もできるのです。

橋をかける

先の本の著者、トラビスとライアンは次のようにも言っています。「快適な状態、ウェルネスは橋のように2本の橋脚によって支えられているところです。橋には橋脚が欠かせないように、快適な状態には愛と自己責任の2つの要素が不可欠です。どちらの場合にも、2本の橋脚（あるいは2つの原則）が相対する2点を繋ぎ、その間を行き来することを可能にしています。立場や態度、感情など、相対する2点の間をバランスよく行き来する流れが、快適な状態をもたらすのです」。あなたが担うべき責任はほかの人には代わってもらえません。責任を意味する responsibility という言葉の語幹は respond、「応じる」です。あなたにはどんな場合にも、あらゆる状況に「応じる」力があるのです。

意図は夢との架け橋

あなたはネガティブな状態（と考えられる場所）から、調和がとれたよりポジティブな場所に移ると決め、その間に橋をかける作業に取り組んでいます。橋については、エイブラハムはこうも言っています。「あまり長い橋をかけようとすると、思考している意識が抵抗を覚えることになるので、やめておきましょう。意識はじゅうぶんすぎるほど人生経験を積んでいるため、大きなジャンプなどできない、だまされまいと考えています。**距離を短くとり、望んでいる方向に向かって次々にポジティブな主張を重ねていくうちに、感情もポジティブなものになってきます**」。ネガティブな思考と感情がポジティブに切り替わったときから、望んでいることに向かう創造が始まるのです。

自分は何を望んでいるのか

エイブラハムは願望に橋をかける例を挙げて、このようにアドバイスしています。真っ赤な新車が欲しいと思うのであれば、その車が自分のものになっていると想像しなさい。ワクワクするポジティブな興奮を味わえば、引き寄せが動き出し、車はあなたに向かってもう引き寄せられてきています。欲しい車を思い浮かべ、胸がときめくときは、赤い新車に対する感情の波動が調和しているしるしです。その反対に、まだ車は自分のものになっていないとがっかりして気持ちが暗くなるのであれば、望んでいることを引き寄せる代わりにネガティブな感情がそれを**はね返している**ことに気づいてください。英語で願望、望みを意味するdesireの語源は、「星に与えられるもの」です。宇宙があなたが心から望めば、反応を返してくれる善意の宇宙が耳をそばだてて聞いてくれます。選択したことを宣言しなさいというのは、心をこめてそれを口にしなさいという意味でもあります。宇宙に「お願い」してください（ただしいまの状態、眼前の「現実」にはとらわれずにそうしましょう）。願望を具体的に言葉にし、それをかなえたいと表明したときから、結果はすでにこの場に準備されていることを知っていてください。

ネガティブな感情はネガティブなリアクションを引き寄せる

ネガティブなリアクションが引き寄せられてくるのを食い止めたいと思うのであれば、次のように考えればただちに橋をかけ直すことができます。「あのような赤い車が欲しい。創造はもう発動させたから、展開を受け入れればいいだけで、願いはもうかなっているのだ。少しの間、創造に逆らってしまったけれども、態度を改めたから、強い願望で車が引き寄せられているところだ。あの赤い車を手に入れて運転していると想像するだけで、胸がときめく。幸せな結果を遠ざけるものは、自分の思考しかないのだ。私の思考は、車を引き寄せている。そうに違いないことがわかる。ワクワクする明るいこの気持ちがその証拠なのだから」と。

ネガティブな気持ちでいるときは、早い段階でそれに気がつき、流れを望んでいる方向に向け変えることがとても大切です。ネガティブな感情は、ネガティブな創造に向かっていると警告するしるしであることに、大きな価値があるのです。見過ごしているうちに引き寄せの法則にしたがって拡大してしまうと、大きくなったネガティブな感情は望んでいるものを押し返してしまいます。心に思うことは拡大することを、忘れずにいましょう。

思考に橋をかけるプロセスを役立てると、早いうちにネガティブな感情が鳴らす「警鐘」に気がつき、さらにネガティブな感情を引きつけてくるのを避けることができるようになります。最初は控えめなネガティブな感情は、引き寄せの法則によってずっと大きく、苦しいものになってしまいます。そんな気持ちを引き寄せた自分の思考や言葉や行動を見極め、「自分が望んでいるのは何か」をただちに問いなおしてください。

未来を予測するいちばんいい方法は、自ら創造すること！

自分の感情的なパターンに注意を払い、警告のシグナルに気づきましょう。最初はそっといさめてくるだけですが、そのうちに本格的な警鐘を鳴らし始めます。騒ぎ立てる反応者にならず、自覚的な創造者となる選択をし直してください。心の願いを望ましい方向に向ける言葉を使い、「コントラスト」を体験して非難や言い訳や自己正当化による回り道に踏み込みそうになったときには、そのことに気がつく必要があります。愛と自己責任の２つの原則によってエネルギーが強化され、バランスを保つ橋は、安定していることが不可欠であることを認識していましょう。自己愛と自己責任の両方が必要なのです。これらは無限の可能性に向けて意図的に創造する者としての、「対応する能力」にほかなりません。

自分のハートに飛び込む

以前に教えていた大学のクラスに、さわやかなカップルがいたのですが、男性の方は「懐疑主義者」と呼べる人でした。弁護士をしていた懐疑主義の彼は、分析的な思考に長け、ときどきクラスで論じられるテーマを受け入れることができずにいました。たとえば初めて聞いたというシンクロニシティの概念についても、その可能性があることさえ信じられないと言っていました——ところがものごとに注意を払うようになってくると、日常生活でいろいろなシンクロニシティが起きていることがわかってきました。そんなある晩、15年前の当時はいま以上に物議を醸していたテーマの体外離脱や臨死体験をクラスで論じ合い、締めくくりに音楽を流しながら瞑想をしたときに、なんとその男性は体外離脱を体験したのでした。あらゆる可能性が考えられる中で、飛躍的な大躍進を遂げたのです。受講生たちにアンケートをとっていたとすれば、そんな体験には最も遠いとみなされる人の筆頭に挙げられていたに違いありません。その人はクラスが終わるとすぐに夫人と一緒に私のところへやってくると、どこかでちょっとお話ができませんかと切り出したのです。

自分のリズムとバランスを見出す

彼は私にこう打ち明けました。「これまで人間の可能性やパラダイムシフトの話をされているのを聞きながら、じつを言うとほとんど信じられなかったんですが……それが、ついさっき自分にもそれが起きまして――否定しようがない体験でした」。それは彼にとって頭で考えるだけの探索から、正真正銘の力強い体験になったのでした。私たちはジグゾーパズルをそれぞれに違うやり方で組み合わせ、全体像をつかみます。自転車の乗り方を教える本を読むのと、補助輪なしで何度も失敗しながら自転車に乗る練習をするのとは、同じではありません。実際に自転車に乗って練習をすれば、そのうちに自力でバランスがとれる喜びを味わうときがやってきます。スピード、リズムやバランスをつかむ上で、このことは自分のあり方を探る過程にも当てはまります。理知的な姿勢を脇に置き、ハートに飛び込んで体験したことの真理を感じ取ったこの男性の一件は、とても感動させられる出来事でした。心の底に内在していた知識が、その人に一生忘れられないかたちで姿を現したのです。

永遠にわたる橋

リチャード・バックの『翼にのったソウルメイト』というすてきな本には、こんな一文がありま す。

「われわれの周りにあるもの――家、仕事、車などは、小道具でしかありません。愛するための舞台装置です――ただの道具立て――舞台装置を追いかけてダイヤモンドを忘れてしまうのは、なんと簡単なことでしょう。地球における滞在の終わりに、たったひとつの重要なことは、どれだけしっかりと愛したか、愛の質が優れていたか、なのです」

直感を信じ、ハートに従いなさい

エイブラハムは、望んでいることがらに意識を集中させ、望まないことがらにはいっさい注意を向けないかほとんど無視することが、いかに有益であるかについても語っています。浮かんでは消える類のネガティブな思考を抱くことは、だれかに害を及ぼすだけでは終わりません。そのようなことをあれこれ考えていると、そのうちに望ましくない創造を体験する結果が引き寄せられてきます。不適切な思考を働かせてそれにこだわり、望ましくないものを自分で引き寄せたりしない限り、望ましくない体験は最初から排斥することができるのです。

内的な存在が**感情というかたち**で伝えてくるすばらしい誘導システムを有効に活かせば、望みを効率的に創造し、望まないものの創造を自覚的に回避することができます。そのときどきの自分の感情を鋭敏に見分けることができれば、望んでいるものに向かっているのか、遠ざかっているのかがわかります。内なる誘導システムは、物質的な側面と非物質的な側面の両方にまたがる知恵を備えた、より広く、より深い自分の一面ですから、その導きはつねに信頼してください。

直感を信じてハートにしたがいなさい、と私はいつも言っていますが、それに加えて「すばらしい時間が流れるのにまかせなさい」もつけ加えたいと思います。思考の内容を意識して良い気分でいることがふつうの状態と感じられるようになるまで、練習を積み、自分のスタイルとトーンを定着させましょう。そこには、運転席でハンドルを握り目的地を目指すか、バックシートで傍観者になっているかの違いがあります。

ドグマを超えるカルマ

カルマという言葉の原形は、「戻ってくる」という意味です。つまり、私たちは引き寄せの法則によってポジティブな現実とネガティブな現実のいずれかを創り出しているということです。行いには必ず「反作用」がともないます。要するに「戻ってくる」のです。ぎょっとさせられるような怖ろしいものに姿を変えるわけじゃありません。戻ってくるのは、エ＝モーション（e-motion）、エネルギーの動きです。感情（emotion）は二通りしかないことはもうご存知ですね。感情はいい気分と不愉快な気分の両極に分けられ、そのどちらにもさまざまなバリエーションがあります。意図による自覚的な選択ができるのは、そのためです。望みを高くもって抵抗をなくし、いつでもバルブを開いた新鮮な気持ちで意図したものを引き寄せてきましょう。

何より大切なのは、ぐらつかないこと！

『癒しの旅――ピースフル・ウォリアー』の中で著者のダン・ミルマンは、師であるソクラテスと行為の喜びと代償について会話をします。その両方がともなうことが認識できれば、責任のある実際的な行為が行え、やるかやらないかという「戦士の選択」ができるようになるという内容です。「座るときは座れ。立つときは立て。何をするにしても、ぐらついてはいけない。選択をしたら全精力を傾けろ」と。

この本に登場するダンは、大学の友人たちが何だか冷たいと、ある晩にソクラテスにこぼします。ソクラテスはこう答えます。「自分の境遇をありのままに見て、他人や周囲の事情のせいにせず、苦境の原因は自分にあると考えた方がいいだろう。ものが見えてくればおまえにも、健康状態や幸福感、自分に起きている出来事は、意識するしないにかかわらず、自分で作り上げたものだとわかる」

ダンが「どういう意味かよくわからないけど、そうは思えない」と不満そうに言うと、ソクラテスはこう言います。「それじゃあ、お前によく似たやつの話を聞かせてあげよう」

中西部のある建設現場。昼食を告げる笛がなると、作業員たちは座って弁当を食べ始める。弁当の袋を開けたサムが、例によってグチをこぼし出す。

「こんちくしょう！　またピーナッツバターとゼリージャムのサンドイッチか。俺はピーナッツバターとゼリージャムが大嫌いなんだ！」

くる日もくる日も、サムはピーナッツバターとゼリージャムのサンドイッチに不満をこぼした。何週間も過ぎるうちに、同僚たちはサムの不平に我慢ができなくなってくる。

とうとう、作業仲間のひとりが言った。「いいかげんにしろよ、サム。ピーナッツバターとゼリージャムがそんなにイヤなら、かみさんに別のものを作ってもらえばいいだろ？」

「かみさんだって？」サムは答えた。「俺は独り者だぜ。弁当は自分で作ってるさ」

あなたの愛するものの美しさを、行動の指針としなさい。

ルーミー

意識にかかる橋が自己責任と愛という2本の橋脚に支えられているわけが、もうおわかりでしょう。大切なものを大切にし、行動と同じ自分でありなさい、ということです。だれもが自分のお弁当を作っているのです！　自分には対応する力があるとわかったそのときから、毎日がもっとクリエイティブで弾力性のある、エネルギッシュな刺激にあふれたものになります。大好きなことをし、自分のしていることを愛おしんでください。引き寄せの法則が、あなたが心に思うことをもっともっと運んできてくれるでしょう。

次の詩は、そのプロセスを鮮やかに表現しています。

ミハイル・ナイーミ『ミルダッドの書』より*

考えることのすべてが、空に燃える火に刻みつけられ、
万人が目にすると思って考えるがよい。実際、その通りなのだから。
話すことのすべてを、世間がひとつの耳になって

聞いていると思って話すがよい。実際、その通りなのだから。
行いのすべてを、自分の頭にはね返ってくるものと
思って行うがよい。実際、その通りなのだから。
願いごとは、自らがその願いごとになり代わったつもりで
願うがよい。実際、その通りなのだから。
神ご自身に必要とされ、神の生を生きるかのように
生きるがよい。実際、神はそう願っておられるのだから。

＊ミハイル・ナイーミは同時代の作家ハリール・ジブランとも親交を結び、共にアラビア語の文芸復興の機運を高めました。

良き友人で仕事上の仲間でもあったダヴィッド・ヴィスコット博士は、直観の鋭い心理学者で、自らのラジオ番組でパーソナリティを務める活躍をしていました。『リスキング（Risking）』という本も著し、そこにはこう書かれています。

リスクを負わなければ、成長はない。

成長がなければ、自分を活かし切れない。

自分を活かし切らずにいれば、幸せが感じられない。

幸せになれずに、ほかにもっと大切なものがあるのだろうか。


自分は、自分であるものにしかなれない。

自分で所有できるものは、体験がそのすべてだ。

自分とは、自分に認識されているもののことだ。

自分を知らないままで生きているのは、不完全なままでいることだ。

自分を知らずにいれば、自分の強みを発揮することができない。

世界を明晰にとらえたいと思うのであれば、周囲を見て回る以前に、内面に目を向けることである。


そしてその日はやってきた。きつい蕾でいることのリスクの方が、花を咲かせるリスクより苦しくなる日が。

初めてのことに取り組んだ最後の日、
それはいつでしたか？

第9章

成り行きで生きていますか、
それとも選択していますか?

創造的な選択をして意図的に生きようと思えば、目標や結果に焦点を合わせることになります。それを実践するためには、日記をつけることをお勧めします。日付を書き入れ、何を創造して受け取りたいのか、意図することを書きつけてください。受け取るというのは、それに向けて「努力」することを指しているのではありません。日記に文字や絵を書くときは、ワクワクして胸を躍らせ、楽しんでください。それは心の願いのときめきを呼び覚まし、創造を引きつけてくるための魔法のような瞬間だからです。

熱意の波動

［日記には］次に、なぜその願いをかなえたいのか、理由を書き出しましょう。それを選ぶのは「　　　　　　　　　　」からだ。それを受け取りたいのは「　　　　　　　　　　」からだ。それを望むのは（自分がそれに値するのは）「　　　　　　　　　　」からだ、というように。熱意から生まれてくる高揚感やどきどきする気持ちが感じられるとすれば、波動が調和していることのしるしです。熱意を意味する　enthusiasm　の語源は、「内に神をもった」の意の euthos なのです。熱意の波動が放射されることで、「引き寄せられてくる」力が脈動します。熱意と感謝には、きわめて強い磁力があります。波動計で計測できるとすれば、あなたのいまの波動は1から10のスケールでどんな数値になりますか？　いい気分を感じるエネルギーを選択することでしか、波動を高める方法はありません。

本書の巻末にある余白（Notes）や日記を使い、意図的な創造に着手して、毎晩寝る前にそれを読み直しましょう。望んでいる結果が実現し、喜んでそれを受け取っている自分をイメージしてください。望みがかなった幸せに包まれて喜びに輝いているところをイキイキと思い描けば、そのエネルギーで引き寄せのプロセスが加速化されます。**そこにはだれがいますか？　その人たちはどんなことを言っていますか？　あなたは何を感じ、何をしていますか？**　そうしたことをイメージした後は感謝して、すばらしい選択をしたことを喜び、その選択を味わいましょう。そのようにして集中する時間は、意図的創造者として歩む人生のすばらしいひとときになるでしょう。

かなえたいことを考え、書き出すときには、それが虹の一部分になっていると想像してみてください。あなたの願いは何色で表されますか？　蛍光ペンやマーカーを使って目標を表現するといいでしょう。最高の結果を思い描き、自分の人生が反映されたタペストリーを織り上げるつもりで、さまざまな素材を組み合わせたコラージュを作ってください。胸を弾ませて、引き寄せたいものが実現する図を描きましょう。壮大な夢を目標に定め、ランプの魔人ジーニーになるすばらしいチャンスをつかんでください。（イメージすること、すなわちimagineは、I am a genie つまり「私は魔人ジーニー」になります。イメージは神聖な計画と同義なのです）。自分に語りかけている言葉に注意し、本当のこととして同意すれば、生命エネルギーと波動のタペストリーにその場で織り込まれていくことを忘れずにいてください。

あなたは天才、魔人ジーニー、意図的創造者です。
願いがかなうことに同意し、心からそのときを味わい、心の願いを流れに乗せましょう！

晴れやかな気持ちで望んでいることだけを考えてください。エイブラハムも言っています。「あなた方はエネルギーを集め、気づき、判断を下し、流れを作り、期待して待つ、意図して求める存在です」と。宇宙は私たちの波動につねに応えてくれています。願望は天の導きによる神聖なタイミングでかないますが、その流れを創り出すのはあなた自身の明晰さです。宇宙がそれを提供してくれるのは、あなたの準備が整ったときなのです。どんなときにも、望んでいることの波動を共鳴させていましょう。エイブラハムの言葉によれば、私たちはどんな理由で何を望むのかを見極め、それを意図するだけでいいのです。願いがかなう喜びに胸をときめかせて創造することのすばらしさは、そこにあります。願いが現実になるまでは時間がバッファーになりますから、修正を加えたり変更したり、調整したりすることもできます。引き寄せの法則は必ずあなたの波動に応えてくれるのです。

自己成長の最短の道は、感謝すること。
エイブラハム

何かをかなえたいとき、私は先ず「感謝します」という言葉を口にし、結果への道筋を作っています。そう言ってから、創造したいことを言うのです。感謝の言葉は、すでに結果がここに用意されていると思っていることの証になります。自分の創造や意図する目標がもうかなえられていることを喜び、感謝でそれを表せば、結果がますます滑らかに引き寄せられてきます。**いまこの場で創造したいと考えていることを実現するための、最も力強い感情は、感謝にほかなりません。**集中を維持していましょう。心の声にしたがってください。いちばんピュアな最高の波動でいる自分をイメージし、言葉も感情もいちばんの望みに協調させましょう。感謝の気持ちが展開を加速することを忘れないように！　ウォルト・ホイットマンも言っています。「私は幸運を探し求めたりしない——私自身が幸運そのものなのだから」と。

全力でやりたいことに向かいましょう

伝説によれば、夜の砂漠を馬で横切る三人の男がありました。水が枯れた河原を渡っていると、闇の中から「止まれ！」と命じる声が響いてきました。三人はその声にしたがいました。声はそれに続けて、馬から降りて地面の小石を拾いなさい、それをポケットにしまってからまた馬に乗りなさい、と指示します。そして最後に言いました。「よろしい、言う通りにしたお前たちは、明日になって日が昇れば喜びと失望の両方を味わうだろう」。男たちは狐につままれたまま馬を進めました。小石はやがて日が昇ってきたので、ポケットの石を出してみると、なんと奇跡が起きていました。小石はすべてダイヤモンド、ルビーや金のきらめく宝石に変わっていたのでした。男たちは声が言っていたことを思い出し、喜びと失望が混ざり合った気持ちになりました――小石を拾ってよかったという喜びと、もっと拾っておけばよかったという失望を抱いたのでした。

意図的創造者として時間をつぎ込み、創造に焦点を合わせているときは、神聖な芸術活動に携わっているときでもあります。自分の人生を築くのは、その製作者である自分です。互いに創造を助け合うことはできても、だれかにその役を代わってもらうことはできません。あなたは彫刻家であり、粘土でもあるのです。神聖なタペストリーを織り上げる織り手です。「一なるもの」を波動において認識する者であり、認識そのものであり、認識されている者です。祈る者であり、祈りを聞き届けてそれに応える者でもあるのです。

自分に投資しなさい――大胆に――そして全力を尽くしなさい

作家のネヴィルはこのように問いかけています。「あなたの祈りは、かなえられただろうか。願いがかなうように祈るたびに、その場でただちに確かな結果が得られると知っているとすれば、それはあなたに何を意味するだろう。約束された祈りであれば、祈りに応える何かが起きるということである。それは要するに、祈るのなら祈りの展開も受け入れなくてはならないということだ。祈りは求めるものに向けて意識を高めることであるから、願いがかなえられたときの気持ちを味わい、意識も心もそこに引き上げるがいい。祈りが聞き届けられて味わう気持ちをイメージし、いちばん望んでいること以外についてはどんな考えも締め出されるほど集中する状態まで、願いが成就したときのことを思い続けることだ」

グッド・ニュース

『*Women's Bodies, Women's Wisdom*』という本を書いたクリスティン・ノースラップ博士は、30日の間、テレビやラジオのニュースから遠ざかることを勧めています。暖かい冬に恵まれたここアリゾナ州では、私はよく夕陽を浴びながら散歩に出かけ、夜のニュースを見るかわりに（それはたいてい、悪いニュースや悲しいニュースなので）美しい自然を楽しんでいます。ネガティブな情報ばかりを必要以上に抱え込まないようにしてください。ノースラップによれば、人間は地球の悪いニュースの「受信機」になるようには造られていないのだそうです。

不快ながらくた思考

バイキング形式のディナーを例に挙げ、エイブラハムはすばらしい指摘をしてくれています。皿にとった料理がまずければ、それを食べようとはしないでしょう。口から出すか、皿の隅に押しやるはずです。それなのに、望んでいるものに照準を合わせずに「がらくた」みたいな思考をいつまでも抱えている人がたくさんいます。ポジティブに考え、エネルギーをそれに合わせようとしてみても、毎日の暮らしでまずいものを食べ続け、不快な気分でい続けていれば、長続きさせることはできません。思考を変え、望んでいるもののエネルギーを集めて流すようにしましょう。自由意志をもって選択することができるのですから、バイキングで美味しい料理を食べる、もっと幸せなレベルを引き寄せてください。

ギアをバックに入れない

ティーンエージャーの頃に、長い私道で初めてバックギアで車をバックさせたときのことは、未だに忘れられません。それは簡単に見えてそうじゃなかったので、悲惨で滑稽な結果になったのでした。夫はリチャード・カールソンの『お金のことでくよくよするな！　心配しないと、うまくいく』を読んでいたく喜んだのですが、この本には「ギアをバックに入れないように」というタイトルの、バックギアでは前に進めないことを指摘する話が紹介されています。ギアをバックに入れることは、毎日の生活に照らしてみれば、「昨日何があったと思う、信じられないようなことよ。あの人たちはもう最悪、一緒に仕事をすると必ずめちゃくちゃになるんだから。私にあんなことを言うなんて、腹が立ってしょうがない」と言っているようなものだとカールソンは言います。昨日のことでも10年前の出来事でも、それにこだわっているのはギアをバックに入れているのと変わらないと彼は言い、執念深い、うんざりさせられる非生産的な態度であると忠告します。そんな状態にとどまってしまうのは、そうしていることを正当化するのがたやすいからだということです。「バックギア」とは、前に進んで心の願いに向かうのとは反対に、それを押し戻すことなのです。

バランスの確保は有意義であるばかりでなく、気が散ることがらに対する境界線が引かれるおかげで、解放感も与えてくれます。自分のためになり、充実をもたらすものを見分ける目を肥やしてください。バックギアに入れて走るのはやめましょう！　私たちは創造性を育む時間を過ごしたり、身近にあるものの美しさに目を向けたりせずに、テレビやラジオをつけてしまうというように、惰性的に行動しがちです。内なる自己に向き合うための行為を習慣にし、心と身体と精神を育むことに努めてください。

夢は毎晩観られる無料の映画——人生の主役はあなた！

夢については先に取り上げましたが、朝どんなふうに目を覚ますかの重要さについて、ここで補足しておきます。私たちは毎晩、自分の人生をテーマにした無料の映画を提供されています。プロデューサー、監督、脚本、主演俳優のすべてを自分でやる映画です。私の経験で申し上げれば、大切な最高の夢が見られるのはだいたい午前4時頃のようです。目を覚ましたいと思う特定の時間を、心のなかで意図してください。予定されている起床時間がある場合には、目覚まし時計を使わずに音楽が流れるようにセットしておきましょう。ここで私が起床時間の代わりにデッドラインという言葉を使わなかったことに、お気づきですか？　潜在意識はあなたの言うことを一言一句、もらさずに聞いています。そしてそれを文字通りに解釈します。たとえば冗談半分で「ああ、あの人の顔も名前も思い出せない——午前3時には記憶が戻る気がするけど」と言ったりする人がいますが、どうなると思いますか？　ユーモアのセンスはかけらも持ち合わせていない潜在意識は、意図された言葉だったかどうかにはおかまいなしに、いそいそとその通りに振る舞うでしょう。ですから夜中の3時に目を覚ます覚悟をしておくことです！　そんなときは、代わりにこう言ってください。「私はあの人の名前を思い出すことにする。きっとすぐに思い出せる」と。潜在意識に直接働きかけるこういう言葉を用いれば、ずっと速やかに情報が送られてくるでしょう。目を覚ましたい時間があれば、「プログラム」に組み込むこともできるのです。

われわれが望んでいるのは、みずから選択して築き上げてきた生き方にはとどまらず、みずから選択して築き上げていく生き方をすることだ。

ウェンデル・ベリー

エイブラハム／サターシアとの面談を終えてから、パトリシア・マルレニーとランチをしていたときのこと、パトリシアはスピリチュアリティという言葉には「儀式」(ritual) が入っていることを教えてくれました。

スピリチュアリティの中心には、儀式がある

私はその場で紙に書いてみたのですが、言われてみるまでは「スピリチュアル」(Spiritual) や「スピリチュアリティ」(Spirituality) に「儀式」(ritual) が含まれていることにまったく気づいていなかったので、感嘆させられたのでした。私はつづりを変えるアナグラムや語源を考えるのが大好きなのです。自分のための朝の儀式にも心を弾ませて取り組んでいます。神聖なエネルギーが吹き

こまれてくるので、朝目を覚ますとすぐにきらきら輝く気がします。神聖なすばらしい一日を迎えるために、それは重要な、欠かせない生活の一部になっています。儀式は私に、自分のスピリットを思い出させてくれるのです。

私は、あなた方のことを思うごとに私の神に感謝しています。

ピリピ人への手紙 1章3節

儀式とは、自分だけの神聖な空間にエネルギーを集め、心をこめて振動させる波動のエネルギーを流すことです。単にキャンドルに火を灯すというわずかな時間をそれにあてるだけでも、毎日のそのような儀式、または行いは、心の願いに最高の結果をもたらしてくれるでしょう。私はステンドグラス製の美しい、7日間用のキャンドルホルダーをもっています。スピリットを思い出して繋がるように毎朝それに火をつけて祈りを捧げていますし、大切な人たちのために祈るとき用のキャンドルも別にもっています。キャンドルは一日にせいぜい1時間か2時間ほどしか使わないので、4ヶ月はもってくれます。「友人たちの輪」と呼んでいる彫刻の一対は、まん中にキャンドルが立てられるようになっていて、これは「仲間」の願いのために別に火をつけ、おのおのの心の願いや集合的な願望を対象にしています。共に創造する人びとは、互いを元気づけて豊かにし、夢の実現を加速してくれる仲間です。一つひとつキャンドルに火をつけながら祈っていると、その人を心の中で感じることができるので、いっそう繋がりが深くなります。すてきな思い出を共有した親族や友人との写真も、この神聖な空間に飾っています。大切な存在であるその人たちのことを思いながら祈り、みんなの明るい「快適なあり方」をイメージしているのです。私を導いてくれている「根源」や師であるマスターたち、天使や内なる存在にも感謝をしています。［聖書の］ピリピ人への手紙にある「私は、あなたがたのことを思うごとに私の神に感謝しています」は、それをみごとに表している一節でしょう。そうしている間は、スピリットを思い出しているのです。キャンドルに火をつけるときに大切なのは、祈りに集中して波動が整うように、思いを一点に注ぐことです。

1998年にオプラ・ウィンフリーの番組に出演した作家のサラ・バン・ブラナックは、聴衆の自分を哀れんでみえた女性に対し、「これほどすばらしい神殿に住んでいるのは、なんという恵みでしょう」と肉体を神殿に置き換えて言葉をかけていました。あなたの肉体も神殿と呼ぶのにふさわしいものです。スピリットは肉体のあらゆる細胞、家の隅々に浸透しているのです。詩篇の144章には、「神よ。あなたにほめ歌を歌います」とありますが、私たち夫婦も自宅に「砂漠の歌」という名前をつけています。スピリットの音楽をまごころから言葉にする場所だからです。キャンドルを灯すときには、自分の家、自分の人生も祝福してください。「快適なあり方」の流れに繋がり、「神は存在し、すべて安泰である」ことを疑わずに感謝して、スピリットのすばらしさで日々を満たす喜びを味わってください。

伝統的にキャンドルに火をつける習慣をもつ文化圏で育ってきた人たちは、そうすることが「根源」との繋がりを讃える儀式というよりは、型にはまった機械的な行為になってしまうことがあるようです。儀式は自分にとっていちばん魅力のあるかたちで、心をこめて行ってください。

繋がりをライトアップする

キャンドルに火をつける数分の間、私は自分や大切な人たちの内に宿る神のスピリット、聖なるものとの繋がりを思い、そこに光を注いでいます。私たちは聖なるものや見えない領域とかかわりあっている存在として生まれてきたのですから、この場の「快適なあり方」の流れに乗り、そこにエネルギーを集めれば、私たちの祈りは光り輝く光線を放射するように煌めきます。この「ライトアップ」の波動については、第12章でもう少し詳しくお話しします。キャンドルに火をつけるときは繋がりを思い起こし、愛、祝福、癒やしなどをこめた輝くばかりの祈りを捧げてください。

スピリチュアルな関係

本物の儀式は身体の芯まですがすがしい気持ちにしてくれます。私たちは心の奥底で自分が生まれながらに神聖な存在であることを知っているからです。スピリットに対する理解が深まれば深まるほど、「ライトアップ」を感じさせられるときを大切にするようになるでしょう。スピリットとの繋がりは、「根源」に伝え、受け取る通路を開いてくれるので、私はそうすることを大事にしています。ごく短時間でもかまいませんし、時間が許す限りそうするのもいいでしょう。忙しくて数分しか割けないかもしれませんが、意図と集中した波動を通し、あなたの一日、歩く道に驚くばかりの恵みが注がれることでしょう。私にとっては、朝の儀式が一日の基調を定めてくれています。

儀式で行われているのは、かかわりあいです。儀式は宇宙と聖なるものに繋がるためのパイプのようなものです。私の儀式は、「私は存在する」という意識が符号化された祈り、意図、創造、引き寄せや瞑想で構成される、私の日々の魂の旅となっています。

毎日キャンドルを使って儀式を行おうと思っている人は、香りつきのキャンドルにしてみてはいかがでしょう。香りには波動を結びつける強力な効果があります。パンが焼ける香り、コーヒーの香り、ポップコーンが弾けるときや薪がはぜるときの匂い。香りには、思い出すだけで郷愁にかられたりする力があるのです。私もときどき、そのための音楽を選び、特製のキャンドルを作って意図することや祈りのために使っています。

思い出すことを思い出す

エジプトではよく名前が知られている著述家のジーン・ヒューストンは、カビル・エドモン・ヘルミンスキの言葉を引用し、私たちに思い出させてくれます。「われわれは永遠に一部分でしかないが、全体になることを願っている。ぼんやりしているが集中したいと願い、ばらばらでありながらひとつになることを望んでいる。（中略）中心からそれているときには、断片化している。外側で起きていることにばかり注意を向けているか、何かにとらわれていれば、根源との接触が失われているのだ」ということを。

儀式は「根源」を思い出し、内面の生気に繋がることを助けてくれるのです。自分のあらゆる側面を、本来の豊かな全体性に引き戻してくれます。神聖な空間で祈ることによって、スピリットが周囲から断片化した部分をすくい上げてくれ、純粋な愛と力にまとめ直してくれるというわけです。

おのれ自身には誠実であれ。

ウィリアム・シェークスピア

儀式を通していちばんいい選択を表明したいと「意図」することにより、願っていることが明確になるので、引き寄せの作用が作動し始めます。自分にとって本当に大切なものは何であるか、何が自分を駆り立てているのかがわかるでしょう。意図していることは、積極的に書き出すようにしてください。それを声に出して読み上げることもとても効果があります。そうするのが初めてであれば、繋がりが深まることがわかり、驚かされることでしょう。儀式はかかわり合いを強めるだけでなく、エネルギーを集めて流しているおかげで意図的な創造をさらにいいものに引き上げてくれます。歌う、笑う、スキップして楽しむというようなかたちでもかまいません。「ああ、そうだったのか」と気づく瞬間に感謝し、ひらめきや憧れを大切にしてください。音楽は魂が元気を回復する助けになります。アロマセラピーも精妙な香りで同じ効果を上げてくれるでしょう。心の願いを現実にするためには、本気で向き合い、意志と才覚をもって思考を方向づけることです。勢いのある気分とポジティブな感情のエネルギーが、いっそう高いレベルの「快適なあり方」をぐんぐん引きつけてくるでしょう。自分のビジョンに本気で向き合い、自分を信じ、至福を追求するところでは、宇宙が必ず私たちをサポートしているのです。

ゲーテはそのことを次のように美しく表現しています。

きっぱり決然とそれに向かわずにいるうちは、
いつもためらいがつきまとう。
たやすくもとの場所へ逆戻りしてしまう。

何かをしようと（それとも何かを創り出そうと）するときに
はっきりしていることがひとつある。
それを知らずにいるために、
幾多の夢も、明日へのすばらしい構想も、すべて台無しにしてしまうもの、

それは決心を固めたその瞬間から、
天がともに動き始めるという真理である。

心を定めたそのときから、
そうしなければありえなかった、
自分を支えてくれる出来事が起こり始める。

予期せぬ出来事、人との出会い、物質的な恵み、
どんな男も（女も）夢にも思わなかったありがたいことが次から次に立ち現れては
手を差し伸べてくれるのだ。

自分にできること、夢見ていることがあれば、
いますぐそれを始めなさい。
大胆な勇気には、あなたを守護する魔法と力が秘められているのだから。

馬で砂漠を行く三人の男の話は、願いはすでにかなっていると思うところからイメージを羽ばたかせ、そこに心の願いを融和させなさいということをよく表している内容でした。創造が宝石のようにもう実現していると思うときめきを受け止め、大切にして、日常生活に「天国の幸せ」を招き入れてください。夢中になって至福を追求してください。願いは成就しているという視点に立てば、魔法のように奇跡が引き寄せられてくるのです。私たちは「根源」の神聖なパートナー、共同創造者にほかなりません。

始めなさい。
永遠を意味するまことの言葉は、今日である。

フィロ

第 10 章

学習は実践に道を譲る

ペルシャの賢者ナスルディーン

これはナスルディーンというペルシャの賢者の物語です。ナスルディーンはある日、小さな渡し船の舳先に腰掛けておりました。船には横柄な学者も乗っていました。自分の博識を鼻にかける学者は、ナスルディーンに質問を投げかけ、教養の程度を批判してきました。

「君は天文学を勉強したかね？」

「いいえ、勉強したとは言えません」

「それなら人生をずいぶん無駄にしてしまった。星座に通じていれば、腕のいい船乗りなら世界を股にかけて航海できるのに」

数分後、博識の男がまた聞きました。

「君は気象学を勉強したかね？」

「いいえ」ナスルディーンが答えると、

「それなら人生のほとんど無駄にしたな」学者はたしなめた。

「風を受ければ、帆船を信じられないような速さで走らせることができるのに」

しばらくすると、男がまた聞きました。

「君は海洋学を勉強したかね？」
「いえまったく」
「なんという無駄だ――潮流が読めた古代人たちは、そのおかげで食べものや住む場所を見つけることができたというのに」

ナスルディーンは間もなく、船尾の方へと移り始めました。移動しながら何気ない口ぶりで、「泳ぎは学びましたか？」とその男に声をかけます。「そんな時間はなかった」男が答えると、ナスルディーンは言いました。「それならあなたは人生をそっくり無駄にしましたね。船が沈み始めていますよ」

私はわかりきったことを伝えているナスルディーンのジョークが大好きで、本もたくさん持っています。この話はアラン・コーエンの『人生の答えはいつも私の中にある』に紹介されていたものですが、著者のコーエンは遅かれ早かれ、真理を生きることの方が真理を探求することよりも大切になるときがやってくるだろう、と指摘しています。知識は心の豊かさを前にすると色あせるものです。学習は実際のあり方「、生きること」に道を譲るのです。

言葉の用い方がいかに大切であるかということに、私は長年にわたって気づかされてきましたが、「マスタリーシステム」を開発したロバートとヘレナ・スティーブンスが同僚として友人になってからは、言葉に対する意識が一段と深まることになりました。二人は主に、実現して欲しいと願っていることについてのみ、「明確に言葉で表す」ことの大切さを教える活動に携わっているのです。自分の言葉遣いに磨きをかけて望んでいる結果に繋がる言い方をするために、ワークショップも開いています。悪影響を及ぼす言葉には、「できないから、そうじゃないから、しない、しなくてはならないから、すべきだから」などがあります。私もクラスでいつも「すべき、を連発するのはやめましょう」と言い続けてきたものです。「マスタリーシステム」のおかげで、自分が「ではない」の否定形を多用していたことにも気づかされました。では、「ではない」を使わずに話すためにはどうすればいいのでしょう。たとえば、「パーティには行かない」と言わずに、「出席できればいいのだけど」にすればいいのです。

「考えることのすべてが祈りである」とも言われていますが、それが本当であれば、「脳天をぶちぬく」とか、「ぶっ飛ぶほどすごい」とか、「倒れそうになるくらいみごとな」「胸が焼け焦げるほど」「死にそうだ」「死ぬほど愛している」などと言えば、何を創り上げることになるでしょう？　言ったことがその場で現実になるとすれば、脳天をぶち抜かれて頭に穴が開いているでしょう。みごとすぎて倒れたり、胸が焼け焦げて霊安室に運ばれていたりすることになります。潜在意識は聞いたことを文字通りに解釈するので、口にすることはその通りの結果をもたらします。「恋人が欲しくて、死に物狂いよ」と言う人がいたので、そんなことを言っていると「死に物狂いの男」を引き寄せてきちゃうわよと、表現を考えなおすようにアドバイスしました。「あなたが死ぬほど好き」と言ってくれる人もたくさんいますが、「一生大好き」の方が嬉しいわ、と言うとちょっと戸惑ったように私を見てから、認識にさっと光が差し込み、言葉の意味に気づいてくれています。

次の「態度の心得」は、何年か前に友人のジョイアス・レスペランスから贈られた文に、私流に手を加えたものです。

> **実践の心得**
>
> **注意を向けよう**（Be **A**ware）この瞬間にある無限の可能性に
>
> **信頼しよう**（Be **T**rusting）自分で創り上げている人生を
>
> **忠実でいよう**（Be **T**rue）自分自身と自分の最大の潜在能力に
>
> **工夫しよう**（Be **I**ngenious）創造性と可能性を追求する情熱を活かして
>
> **感謝しよう**（Be **T**hankful）人生や友人の温かさを、ありがたく思おう！
>
> **理解しよう**（Be **U**nderstanding）おのおのが違う場所にいても、だれもが同じ道を歩んでいることを
>
> **喜ぼう**（Be **D**elighted）生きて体験している不思議と恩寵を
>
> **エネルギーを横溢させよう**（Be **E**nergetic）そして愛と喜びに満ちたすばらしい成果を期待していよう。
>
> ［頭文字をとれば、態度を意味するATTITUDEになります。］
>
> （作者未詳）

宅配便フェデックスの偉大な賢者

アラン・コーエンは同じ本の「もともとあり、いつでもあるもの」と題される章で、人生の秘訣を語っています。「あなたは人生の真理を知る方です。私にはわかります、とだれかに言われ、舞台に立ってその話をしなくてはならないはめになったとすれば、あなたはどうするだろう?」

隠しカメラを使うドッキリテレビ番組が、この問いをテーマにした企画を行った。イタズラは、宅配便フェデックスの配達員がある宗教寺院に小荷物の配達を頼まれるという仕掛け。番組スタッフは気づかれないように本人の写真を撮り、それを使って立派な盛装姿の肖像画も仕立ててある。

この配達員が寺院に到着すると、信者たち(番組の雇われエキストラたち)がまじまじとその顔を見つめ、何やら興奮したざわめきがわき起こる。彼らはいそいそと配達員を祭壇の上座に案内し、豪華な座布団に座るようにすすめ、「あなたこそ、われわれが長年待っていた、経典に預言されていたお方であらせられます」と告げる。その証拠に、信者のひとりがさっと祭壇の垂れ幕を左右に引き開けると、なんとそこには何百年も昔に描かれたと見える、このフェデックスの配達員の厳かな肖像画がかかっているではないか。「ぜひ私どもに叡智のお言葉をください」信者は配達員に懇願した。

配達員はしげしげ肖像画を見てから、期待に満ちて待ち構えている信者たちの方を眺める。一同がしんと静まり返る。座布団に座り、深く息を吸い、配達員は話し始めた。「人生とは、流れる川のようなものである」。信者たちはおお、とか、ああ、とか感嘆の声を上げ、一言も聞き漏らすまいと耳をそばだてている。「川は楽に流れることもあれば、岩にぶつかることも、激流に合流することもある」と、師は講話を続ける。「しかし信じる心を失わずにじっと我慢するならば、夢見ていた大海にたどりつくだろう」一同はおお、ああ、と、どっとまた喜びの歓声を上げる。これこそみんなが待ち望んでいた日に違いなかった。「さて、そういうことです。では、配達があるので私はこれで」配達員はあっさりと話をまとめる。信者たちは名残惜しそうに立ち上がるとかしこまって頭を垂れ、有り難きお方に道をあける。深い尊敬に見送られつつ、配達員はなんとか出口へと足を進める。

この驚くような実話には、後日談があります。アラン・コーエンによると、このテレビ番組はその後も数回にわたりフェデックスの配達員にこれと同じイタズラを仕掛けました。するとどの配達員も、座布団に座ったとたんに、深い叡智を伝える言葉を口にしたということです。何か気の利いたことを言わなくてはいけないという心境が、素朴な人びとが胸の奥に秘めていた叡智を引き出したのでした。「心の奥底では、だれもが真理を承知している。追い求めている答えも、懸命になって得ようとしている力も、認められたいという思いの答えも、私たちの内側にある。機会（座布団に座らされること）や難局（追い詰められること）が与えられれば、知っているべきことがわかり、なすべきことをするようになるのだ」とコーエンは指摘しています。

ゲーテもまた、次のように言っています。

人を見た目の通りに扱うと、実際より過小評価することになる。
その人がなり得る理想の姿をその人に見ていれば、
人はそうなるはずのあるべき姿になる。

本当の自分は探求の途上にあり、本来の真の自分に近づいているのです。『*Joy's Way, a Map for the Transformational Journey*』を著したブルー・ジョイ博士は、「キーワードは〈そう見える〉だ。自分や他者のまだ顕現していない潜在力、将来性を含めた全体を見ることを、われわれはどれほど実践しているだろうか」と問いかけています。そしてワークショップではゲーテの言葉をこのように書き換え、それについて考えてみるように参加者をうながしています。

私は自分を見た目で扱っている。
自分を実際より過小評価している。
なり得る理想の姿でいる自分を見れば、
そうなるはずのあるべき姿になれる。

著述家カート・ライトは著書の『*Breaking the rules*』の中で、ジョイ博士がゲーテの言葉を引用して考えさせようとしていることと同じ趣旨を、こんな問いにしています。

最高の状態になるとは、どんな状態を指すのだろう。
そのときが来るのはいつになるのか。
このことについてあなたはどの程度認識しているだろうか。

そして、ものごとがすばらしくうまくいっているとき、絶好調でいるときのことを考えてみなさいと提案しています。どうやって、なぜそういう状態に恵まれることになったかを考えてみたことはありますか？　ほとんどの人は、絶好調の状態ではそのようなことは気に留めず、落下したときに初めて、何がいけなかったのかを考えます。ライトはこの本で、私たちはうまくいっていることを尻目に、うまくいかないことにばかり意識を向ける態度に慣らされていることを鮮やかに掘り下げています。失敗しているように見えることに注意を払う姿勢を改めれば、新しい着想が開け、解決策に集中して引き寄せてくることができるでしょう。

ライトはずばぬけて好調な人びとを考察し、「申し分ないと言えることは何か」を考えるアプローチをとっています。高給でコンサルタントを務めている企業が存続の危機に陥っている人にさえ、「何が順調であるか」に改めて焦点を向けてもらっているのです。ここにもまた、多様性の中のコントラストが示されているのです。

悪臭ぷんぷんの思考とあふれんばかりの香気

責めたり、決めつけたり、はじき出したりする考えが浮かぶたびに、その場でただちに警告してくれるモニターがあるとすれば、どうなるでしょう。たとえばすぐにひどい臭いを出してそれを教える装置があったとすれば？　抵抗し、押し戻し、波動が調和せず、望ましくない創造をしているときに即座に知らせてもらえる装置です。私たちの波動は、すぐに嫌な臭いに変わることでしょう。それがわかればその場で言葉や感情のレベルを引き上げ、「根源」との繋がりを取り戻して軌道修正できるはずです。意図的に創造していることを楽しみ、それができる力を与えられていることに感謝しているときは、あふれんばかりの香気が漂うのです。それはどんなに良い気分か、想像してみてください。芳しい香りに包まれて引き寄せの基準点にとどまり、望ましい結果を引き寄せる波動に調和していられることでしょう。

このようなことを試みることができれば、思考を修正する意図的な選択をし、再び軌道に乗る方法が見出せるに違いありません。私たちのレーダー信号は、「悪臭ぷんぷんの思考」（つまり抵抗を示す思考）を送っているか、ワクワクするものを引き寄せてくる意図的な思考を力強く発信しているかの、どちらかになるでしょう。その場で自分の姿勢が確認できるとすれば、ただちに改めることができます。私たちが暮らしている渓谷は、ちょうど春たけなわとあって、木にはオレンジの花が咲きそろっています。オレンジの香りほどすてきなものはありません。私たちはどんなエネルギーをどのように流しているかが問われているのです。オドメーターならぬ匂いメーターが内蔵されていれば、自分が発信しているシグナルをつねに知ることができます。言葉や感情にもとづいてトーンや周波数がわかることになります。自分の好きな香りを漂わせてください。

責める、罪悪感を抱く、感謝する

ちょうどこの章を書いているときのこと、知人から送られてきた電子メールでトラブル、ちょっとした道路の穴ぼこに突っ込んでしまったような按配になってしまいました。相手の男性は「根源」との繋がりを見失った状態にあったようで、第三者から耳にした一件をめぐって私を責めていたので、他者を変えようとするのは実際に不可能なのだということを伝えました。その人が得ていたのは歪曲された不正確な情報だったのです。それでも先方は正当化（押し戻す）モードを譲らないため、私とはエネルギーが調和しなかったのですが、釈明や防御にエネルギーを注ぐより、もっといい結果を生むことに意識を向ける方がいいのではないかと提案したのでした。

エイブラハムの言葉が録音されたテープのひとつに、「責める、罪悪感を抱く、感謝する」というタイトルの円グラフのたとえがあります。これは、コントラストがある状況で円グラフのどこに自分のエネルギーがあるかを知るための、たいへん便利なツールです。先の電子メールの一件では、私はエネルギーをより良い選択に合わせて応答に耳を澄ませ、二人ともそこから学ぶことができました。高潔でありたいと思いながら「非難合戦」に巻き込まれてしまったときは、次に示す「責める、罪悪感を抱く、感謝する」の図を思い出してください。コントラストは明晰さをうながし、別の判断を可能にしてくれます。肥やしと肥料について書こうとしていた直前にそんな出来事があったというのは、面白いタイミングでした。宇宙には天の目覚まし時計を鳴らすユーモアが備わっているというわけです。その絶妙な天のタイミングには、思わずくすりと笑ってしまいました。私たちは学ぶ必要のあることを、教えられることになっているのです。

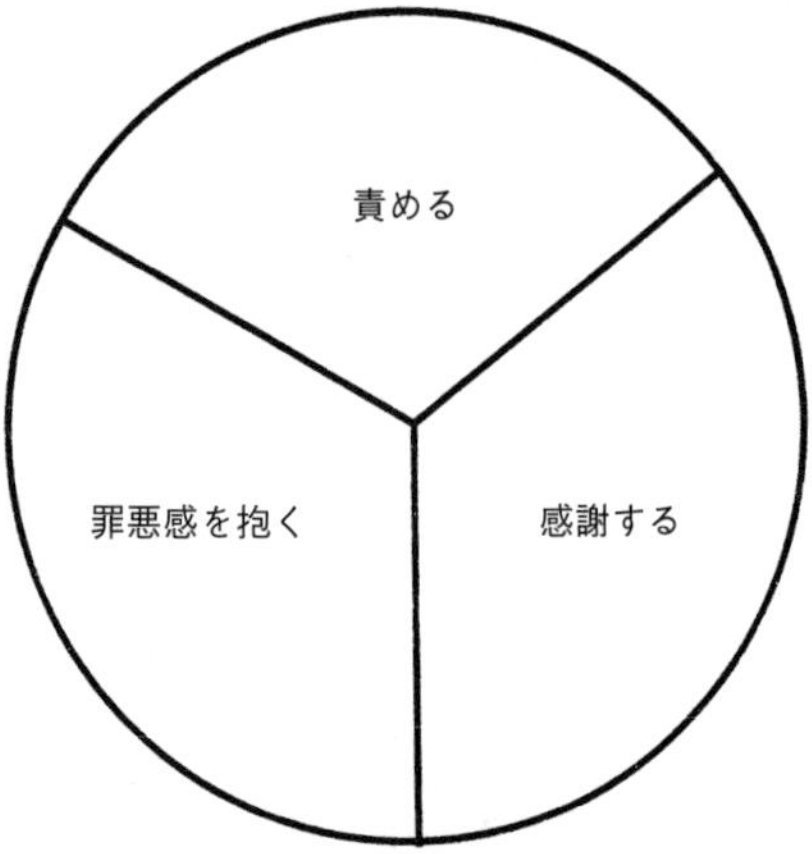

肥やしの魔法

双子でありながらあまりにも性格が違っていたため、息子たちを精神分析に連れて行った母親のジョークがあります。ひとりは楽観主義、もうひとりは悲観主義の兄弟でした。精神分析医は二人を別々の部屋に入れ、マジックミラー越しに観察しました。どちらの部屋にも、中央に馬糞の大きな山とシャベルが置いてあります。一方の男の子はしゃくりあげながらわめいていました。「馬糞なんかだいきらいだ!」。もう一方は、両手でシャベルを使い、大喜びで馬糞をすくい上げてはあちこちへ撒き散らしつつ、嬉しそうに言っていました。「このまん中にポニーがいるに決まってる!」

現実とは、想像力がない人たちの世界

コントラストを活かし、違う判断をしてエネルギーを心の願いに調和させるか、非難、罪悪感、言い訳や正当化の「肥やし」状態にとどまるか、どこに焦点を合わせるかで違ってくるということです。あなたはどちらを選びますか？　悲観主義の男の子は、「そこにあるもの」を「現実」であるととらえました。楽観主義の男の子は、想像を膨らませ、それを自分の現実とみなしていたのでした。この子はおそらくどこにいても、自分の「ポニー」を見つけることができるでしょう。友人のジャーメインが見たというバンパーのステッカーも、それを表現しています。そこには、「現実とは、想像力ゼロの人たちが見ているもの」と書いてあったのだそうです。

心理学者のパトリシア・サンはその昔、プレゼンテーションをするときに「パンが焼ける匂いが好きな人は手を上げてください」と聴衆に訊いていました。もちろんみんなが手を上げました。その次に「糞便の臭いが好きな人は？」と訊くと、もちろんだれも手を上げません。そこで彼女は、以前は室内用の便器の中身を窓から外に捨てていた話をし、それが川を汚していたことを説明しました。ところがその後、川の水が土に戻ってくると、魔法が起きたのです。土壌が豊かになり、良質な小麦を育て、それが美味しそうな匂いを漂わせる小麦になったことを話したのでした。

精神的に進化するための肥やし

肥やしの魔法の話は、対立してコントラストを生じるような偶然の出来事は起こらないことを教えてくれます。私たちが自己成長を遂げて豊かになれるのは、肥やしや堆肥のおかげです。そして私たちには、どんなエネルギーを選ぶかの選択肢が与えられています。「君たちはそこから何かを得る必要があるからこそ、障害を捜しているのだ」というリチャード・バックの言葉を先に引用しましたが、私も「難局」と呼ばれている「チャンス」に遭遇して何度も溺れそうになったものでした。それでもしっかりとした意識を保ち、それは「お膳立て」であることがわかると、動揺させられる事態、降りかかってきた出来事とは考えずに注意を喚起するための「警鐘」なのだと思い、自分の成長のための糧にしてきました。その結果、それは必ず大きな転換点や飛躍の引き金になってくれたのです。難局に直面して遭遇する問題は、どんな場合にも意識を高めるきっかけになるということです！　宇宙は祈りや心からお願いすることに愛情深く呼応していることを、忘れずにいてください。

詩人のルーミーは、このように美しく表現しています。

夜明けのそよ風は、秘密を知っている。
眠りに戻ってはいけない。

心から望んでいるものに手を差しのべなさい。
眠りに戻ってはいけない。
人は2つの世界を隔てる敷居を行き来している。ドアは丸く、開かれている。
眠りに戻ってはいけない。

家族や友人、仕事仲間たちとの関係がぎくしゃくしているようなら、そこにどんな抵抗があるのか考えてください。眠りに戻ってはいけません！　子どもの頃に、ウサギのブレア・ラビットのお話を読んだことはありませんか？　（ディズニーランドのスプラッシュマウンテンに登場するあのブレア・ラビットです。）

タール人形は抵抗を生む

ブレア・ラビットを捕まえようとしているミスター・フォックスは、知恵を働かせて松やにとコールタールを混ぜあわせ、コールタールで赤ちゃんの人形をつくりました。タール人形を道の端にすわらせ、こっそり隠れていると、向こうからぴょんぴょんやってきたブレア・ラビットが人形に気づき、声をかけます。「やあ、おはよう」タール人形は何も言いません。もっと大きな声で、おはよう、とまた呼びかけても、人形は黙って座っているだけ。ブレア・ラビットは腹をたて、「きみは耳が悪いのか？」と訊き、これでも答えないならげんこつを食らわせてやるつもりで、「生意気なやつ、うぬぼれを思い知らせてやるからな」と言ってみました。結局その通りにげんこつをお見舞いしたのです。

タール人形の口もとを殴ったブレア・ラビットは、げんこつがくっついてとれなくなってしまいました。ミスター・フォックスは草むらの陰でくすくす笑って見ています。「放さないつもりなら、もう一発殴ってやる」今度はほっぺたにげんこつを食らわせました。すると、その手もタールにくっついてしまい、足で蹴りつけながら離れようとすると、両足までタールにはまり込んでとれなくなりました。ぎゃあぎゃあわめいて悪態をつきながら頭突きをくらわせたところ、頭までがくっついて身動きがとれなくなってしまったのでした。

『*Brer Rabbit C& His Tricks*　Ennis Rees　Hyperion Paperbacks for Children』より

抵抗すれば居座り続ける

ここまでくれば、「抵抗すれば居座り続ける」ことについての大局的な見地が得られたことと思います。悪態をついて抵抗しているうちに、このタール人形と同じようにどんどん事態が悪化してしまう経験は、だれもがしていることでしょう。ミスター・フォックスのようなだれかに「お膳立て」された出来事に対しては、タール人形にそうしたように「騒ぎ立てて」反応するのでなく、回れ右をしてエネルギーを流す方向を変えることもできます。自分にはもとの軌道に戻る力が備わっていることを承知し、その力を信頼することです。有効な解決策を引き寄せ、「快適なあり方」の流れに調和するピュアでポジティブな意識を選択することもできるのです。

ブレア・ラビットがタール人形を責め、わめいていたときには何が起こっていたかはおわかりでしょう。ネガティブな感情を抱いたり、相手を牛耳ろうとする態度や不快なことにフタをしようとする態度でいるときは、波動も「どろどろ」に濁っています。ネガティブな感情や抵抗を抱えていれば、エネルギーが反対方向に流れていることにほどなくして気づかされます。心の願いをかなえる方向に進んでいれば、晴れ晴れとした気分でウキウキしていますから、それと知ることができます。

どろりとした不愉快な問題を「壁に頭を打ちつけるようにして」追い払おうとしているようなときは、「自分は何を創造したいのか、いちばんいい結果は何か、なぜそうなのか」を考えてください。エネルギーを方向転換し始めれば、肥やしが豊かな肥料に変わる変容の力が感じられるでしょう。パンになり、美味しい香りが漂ってくるのは、この肥料のおかげです。そうなればすがすがしい解放感を味わい、人生はまるで窓拭き洗剤のコマーシャルに出てくる青空のように、明るく楽しい毎日になるでしょう。ですから、もっと満たされる方向へ向かい、いちばん大切な願いがある内的な自己、神聖な片割れと繋がってください。みごとな意図的創造者、共同創造者になりましょう。いまもこれからもずっと、夢見て引き寄せてくることが大切なのです。

馬を水辺に連れて行くことはできても、水を飲ませることはできない。

つい先日、友人から電話で「水漏れ」は何を象徴しているのかしらと聞かれたのですが、彼女から許可を得てここにその内容をご紹介します。その友人はいつも何かしら水の問題に悩まされてきました。最初は、大雨で水道管が大きく破損し、売りに出していた家（もうそこには住んでいなかったのですが）を水浸しにして、内装にかなりの損害を被ってしまいました。その後、同じその家の水道メーターも壊れて水が道路にあふれ出しました。

一方、引っ越し先のすてきな家でも雨漏りが始まり、彼女は家中にバケツを置いて対応に追われました。新しいその家ではキッチンのシンクで皿洗いをしていたときにも、足もとに水がかかるので、見ると真新しいはずのパイプが外れていたのでした。そんなことが起きようとはとても信じがたいことだったので、「いったいこれは何を意味しているのかしら」と、彼女は私に相談したのです。私は、水は一般に感情にかかわりがあると言われているものだから、故意に避けているような問題か無意識に目を背けている問題がないか、考えてみるようアドバイスしました。すると、確かに対処しなければいけない問題を抱えていると言います。そこで、象徴的に知らせてくれている問題は核心をついて対応しなければ、どんどん大きくなってしまう、あなたには気持ちよくいられるために仕切り直す力があるんだから、新しい意図をしっかり打ち出して、繋がりを築くシグナルを出すために、もっと自分のために時間を割いたらいいというようなことを助言しました。次々に水にかかわる災難に見舞われていたことで、宇宙が注意をうながしているのは明らかと見えたのです。

エイブラハムが言うように、問題から目を背けていると、「心配いりません、もっと大きくなるだけですから」という事態になってしまいます。それを聞くとみんなは声を上げて笑いますが、事実に違いないことを自分の体験を通してよく知っているからなのです。パイプがずれてしまったというこのケースは、内面的な作業が必要だということの明確な知らせといえるでしょう。ゴミの上にホイップクリームを飾り続けることはできません。避けて通るやり方は、波動を汚し続けるだけでした。

そこかしこに水、なのに飲み水は一滴もない！

友人は5日後にまた電話をかけてきました。「シャロン、あなたの言う通りだったわ。もっと拡大しちゃったのよ！」。新しい家の同じキッチンで、シンクのシャワーノズルが蛇口から完全に外れてしまったと言うのです。ノズルが外れたホースが水圧で暴れ回り、キッチンの反対側まで水を跳ね飛ばして壁や天井、額をびしょびしょにし、まだ水がしたたっている状態で私に電話をしてきたということでした。彼女も今回は、ノズルが外れるような手に負えない水難に遭ったのは、最終的な警鐘であることを悟ったと言っていました。そのような災難から抜け出すために彼女がとるべき唯一の道は、しかるべく時間をとって感情にかかわる領域に目を向け直し、本当の気持ちを見極めて、それを自分のものにすること、つまり内面を見つめることでしょう。

水は、私たちの感情エネルギーを比喩的に象徴する場合があります。このケースでは、あり得ないような状況で水漏れが起こり、どんどん拡大していきました。目の前の感情にかかわる問題に気づかずにはいられないようなかたちで、何回も水難が続きました。私たちは、そのときどきの忙しさにかまけて大事なことを無視しがちです。このときの一件は、豊かな能力を備える創造者として「快適なあり方」の流れに立ち戻るように、彼女に注意を喚起するための重要な警告になったのでした。友人はそれまでに奇跡のようなすばらしいことを何度も人生で起こしてきたので、自分には自分のために時間を割く価値があるということを彼女が受け入れさえすれば、心の願いを引き寄せてくることができることが、私にはわかっていました。自分に時間を割くというのは、繋がろうと思いさえすればいつでもそれができる、内なる存在の声に耳を傾けるという意味です。友人にはポジティブなエネルギーを流し、心の願いに調和するものや意図的に創造するものを引き寄せるための時間をとる必要があったのです。宇宙は私たちのシグナルに応えています。ところが私たちは、このような事態が発生するまでは、自分がどんな波動を発しているかに無関心でいることが少なくありません。ピュアでポジティブなエネルギーを集めては流し、受け取って発信することをつねに繰り返しながら、毎日の生活に反映されているものに注意を向けていましょう。

今度は違うだろうと期待して同じことを繰り返しているのは、愚行そのもの！
口を閉じなさい。
内側の声にだけ、耳を傾けなさい。

この節は「馬を水辺に連れて行くことはできても、水を飲ませることはできない」というタイトルになっていますが、私の哲学にしたがえば……馬が渇きを感じるようにすることもできます！警鐘に注意を払い、スピリットを思い出せば、内なる存在がただちに喉の乾きを癒やしてくれるでしょう。

ルーミー

第 11 章

想像しよう!

想像力は、知識よりも大切だ。

アインシュタイン

想像を膨らませ、夢見ていることがもうかなえられてここに実現していると信じれば、引き寄せる力を強めることができます。何の苦労もせずにもう成就していることを喜び、感謝していましょう——自己実現する暗示になります！　感情をこめて情熱的に、自分の決めたことのビジョンを描き続けてください。いますぐそれを手にしたいと宇宙にお願いしてください。どんな気持ちでいるかに注意しながら「快適なあり方」の流れに波動で繋がり、心を動かされるものや望んでいるものにエネルギーを供給しましょう。キャンドルに火をつけ、意図していることに焦点を合わせ、波動の基調を定めましょう！　「私は自分の道を生きてきた」と、フランク・シナトラの「マイウェイ」を大きな声で歌いながら歩いてください。すでにそれはここにあるように振るまい、その喜びを余すところなく味わってください。何回も深々と息を吸って、自分で自分の現実を創りあげていることを実感しながら、自由のすがすがしいエネルギーに浸ってください（それはほっとする気持ちとしても感じられることでしょう）。もう実現した、と思ってください。意図的創造者としてエネルギーを流していると、うっとりするような予感とぞくぞくするパワーが感じられるでしょう。

願いがかなえば、心は楽しい。

箴言13章19節

友人のジャーメインは夢見ていた家に出会い、それまでの家を売却して費用にあてるつもりで、ご主人のスティーブとその家を購入しました。そこで神聖な仲間である私たちも52日間にわたってうまくいくようにエネルギーを流していると、7月22日に、あの家は今日中に売れるという揺るぎない「確信」が得られたのでした。私はジャーメインに電話をし、「売れるのは今日よ！」とそうなることを予感したことを伝えました。その晩の6時にまだ売れていないと聞き、家が売れたという予感の圧倒的な確かさにもかかわらずそれが実現していないことを意外に思ったのです。翌朝、朝の5時に目を覚ますと、ジャーメインから喜びに満ちたファックスが入っていました。前の晩の8時半に家の買い手が見つかったと書いてありました。魔法のように、予感は現実になったのです！

その後、「シルバー・オアシス」と名付けられた新居への引っ越し祝いをしようとショッピングに出かけたときのこと、あらかじめそのための心構えを整えてあったおかげで、「新しいスタート」と書かれたマグカップ、シルバー製の天使のキャンドルホルダーとハート型のキャンドルホルダーが都合よく見つかりました。二人に贈るカードには、「願いがかなえば、心は楽しい」という旧約聖書の箴言13章19節の言葉が書かれていました。本当に、心はどんなに楽しいことでしょう。意図的創造者のポジティブなエネルギーを流していると、その状態がずっと続いていきます。ラルフ・ウォルド・エマーソンによれば「友人とはその面前で公然と思考できる相手」です。そんな仲間と波動が一致して共同創造ができるというのは、なんて楽しいことでしょう。

窓拭き洗剤風アプローチ

引き寄せたいと思う心の願いが鮮明になってくれれば、対人関係全般もよくなります。窓拭き洗剤のアプローチとも呼べるクリアなビジョンがあれば、青天井の無限の可能性が開けます。対人関係についてこうなって欲しいと思うことに、17秒の間ピュアな波動を保てばいいのです。天の配剤によって最適のタイミングで、宇宙がそれに応えてくれるでしょう。「快適なあり方」の流れが引き寄せの法則を作動させる結果としてそうなるのです。哲学者で心理学者のウィリアム・ジェームズは、「当世で最大の発見は、意識の力に気づいたことである」という言葉を残しています。美しい明晰な意識をもつか、醜い意識をもつかは自分の姿勢にかかっています。感謝し、大切にすればいっそう大きくなり、けなせばしおれて枯れるのです。

私は同じ願望や目標をもつ人びとと交際していますが、意図に焦点を合わせている人たちとエネルギーをひとつにして心の願いに向かうことほど、ワクワクする楽しいことはありません。一緒に創造にあたる気の合うパートナーは、ひとりでもかまいません。これは人数の問題というより、意図の波動の話です。宇宙は私たちの本気の波動には必ず応えてくれることを承知のうえで、力を合わせて夢に向かうことには大きなパワーがあります。

イマジネーションの焦点がずれていれば、判断を信頼することはできない。

ジョン・ケネディ

何年も前に『サイエンス・オブ・マインド』という雑誌に、北西地方が猛烈な嵐に見舞われたせいで周辺の大きな空港に着陸ができなくなった飛行機の記事が載っていました。燃料が残り少なかったため、飛行機は唯一着陸が可能な町の小さな空港に降りることになりました。ところが空港に近づきつつある頃、地上では停電が起きて滑走路の誘導灯がすべて消えてしまいました。

空港の責任者は機転を利かせ、ただちに地元のラジオ局に何本か緊急を告げる電話を入れ、ラジオ局もそれに応えて車のヘッドライトで滑走路を照らしてもらいたいと視聴者に協力を呼びかけました。それから間もなく、集まった車のライトが誘導路の両側を明るく照らし、飛行機は無事に着陸を果たすことができたのでした。昔のことですから、今日であれば安全規制に縛られてそんな着陸は許可されなかったかもしれません。直感にしたがった責任者の臨機応変な対応はみごとでした。先に挙げたジョン・ケネディの言葉にある通り、創造性を発揮して即座に対応することはできたのは、空港責任者のイマジネーションのおかげだったのでした。

文化人類学者のマーガレット・ミードはこのように言っています。

少人数の思慮深く、責任感のある市民たちの集団に世界を変える力があることを疑ってはなりません。実際、そのような人びとだけが世界を変えてきたのです。

この飛行機の逸話には、意図に集中した人びとが力を合わせればどれほど大きな違いを生むことができるかを教えられます。応援に駆けつけた人びとが明るい光を投げかけたというのは、すばらしい比喩ではありませんか？　闇の中に車が一台あったとしても、たいした役には立たなかったことでしょう。愛をもってひとつになった波動は闇をあかあかと照らし、宇宙も最高の選択に呼応して最高の結果をもたらしてくれます。

数年前に読んだ記事も、同じ方向を目指すグループの力を教えられた、胸を打つ話でした。ミルトン・オルソンという人が書いた「雁に教えられること」という文章ですが、後に文化人類学者アンジェレス・アライエンがそれをいかに応用するかを語ったオーディオテープも聞くことができました。

雁に教えられること

1．1羽の羽ばたきは、後ろからくる鳥に空気力学的な吹き上げを発生させている。V字隊形を編成して飛ぶ雁の群れは、単独で飛ぶときの71％の力で同じ距離を飛ぶことができる。

教訓：同じ方向を目指し、連帯感とネットワークで繋がっている人びとは、互いの推進力を活かしてより速く、楽に短時間で目標に向かうことができる。

2. 編隊から脱落した鳥は、単独になるとすぐに空気抵抗を覚え、体力を消耗するので、前を行く鳥の揚力を利用するために急いで隊列に戻る。

教訓：私たちにも雁と同じ程度の分別があれば（それを考えると私はいつも顔がほころんでしまうのですが）、同じ方向を目指す人たちとの編隊にとどまり、周囲と力を貸し借りしながら進む方法を選ぶでしょう。

3. 先頭の雁は、疲れると後方に移り、別の鳥が交代する。

教訓：リーダーシップを取るというたいへんな仕事を交代で務めることは有益です。雁と同じで私たち人間も、持ちつ持たれつの関係にあるのです。

4. 後方の鳥は前を行く鳥がスピードを上げるように、声を上げて励まします。（これにも私は声を上げて笑ってしまいます——まさにその通りに違いありません！）

教訓：後方から上がる声は励ましであると考えるべし。（不平や非難、挑戦などと思わないことです。）

5．病気になったりケガをしたり撃たれたりする鳥があれば、別の2羽が隊列を離れてその鳥を守ります。そして再び飛べるようになるか、死ぬまで見守っています（飛べるようになるか死ぬまで傍を離れない――想像してください、心と魂でひとつになるということのすばらしい見本ではありませんか？）。この鳥たちはその後、自分たちで別に編隊を組むか本隊に戻るか、別の編隊に加わり飛行を続けます。

教訓：雁の分別があれば、私たちも難しい局面では、順調なときと同じように互いを見守るでしょう。

この雁に教えられることの話をするたびに、クラスに仲間意識が広がるのを感じさせられてきましたが、お手本としての普遍的な説得力があるからでしょう。心と魂で波動が調和し、引き寄せてくるものが共鳴するのです。ジェーン・ハワードは『*Families*』という本にこのように書いています。「一族、人脈、仲間、家族。呼び方はどうであれ、またどんな人であれ、それはだれにとっても必要なのです」と。

友人のジョイアス・レスペランスから次のような「ハートがとろけそうになる」話も聞かせてもらいました。舞台裏で顔が見えない人であっても、仲間がいることのすばらしさを教えてもらえる内容です。

パラシュートはだれがたたんで詰めるのか

米海軍兵学校出身のチャールズ・プラムは、ベトナム戦争でジェット戦闘機のパイロットをしていました。75回戦闘任務をこなした後、戦闘機が地対空ミサイルに撃墜され、パラシュートで脱出したプラムは敵陣に降りてしまいました。敵に捕まった彼はそれから6年間共産党の監獄に入れられましたが、不運な試練を乗り越え、現在は自分の体験を通して学んだことを講演で語っています。プラムはこんな話をしました。

妻と二人、レストランで食事をしていると、向こうのテーブルにいた男性が歩み寄ってきて声をかけました。「プラムさん！　あなたはベトナム戦争で空母キティホークのジェット戦闘機を操縦されていましたね。そして撃ち落とされてしまった」

「いったいなぜそんなことをご存知なんですか？」プラムが訊くと、

「私はあなたのパラシュートをたたんでいたんです」男性は言いました。

プラムは驚きと感謝で息をのみました。男性は握手の手を激しく振りながら、「ちゃんと開いたようですね」と言うので、「ええ、もちろんですとも。パラシュートが開いていなければ、私はここにいなかったでしょう」とプラムは感謝を伝えました。

その晩は先ほどの男性を思い出しながら、眠れない一夜になりました。プラムはこのように言っています。「水兵の帽子をかぶり、背中に角襟を垂らして、ベルボトムのセーラーパンツを履いている彼の制服姿を思い浮かべ、キティホークの艦内で何回も顔を合わせていたであろうことを思った。彼を目にしていながら、おはよう、ともやあ、どうだいと声をかけたことすら一度もなかったことを。向こうは一介の水兵で、自分は戦闘機のパイロットだったために」

プラムは艦内の長テーブルの前に立ち、パラシュートの紐を巻き取って、知らないだれかの運命をその手に握りながら丁寧に一枚ずつ襞をたたんでいる彼を、何時間も思い浮かべていたのでした。自分に必要なパラシュートはその他にもたくさんあったと、プラムは言っています。肉体のためのパラシュートの他にも、感情のためのパラシュート、精神のためのパラシュート、それにスピリチュアルなパラシュートも必要だった、ジェット機を飛び出して地面に降り立つまでの間に、そのすべてに助けられていたのだと彼は言います。

そして、聴衆にこう問いかけています。「あなたのパラシュートはだれがたたんで詰めているのか？　だれもが、パラシュートをたたんでくれている人に助けられている。一日が無事に過ごせているのは、何人もの人にそうしてもらっているおかげであることが少なくない。パラシュートをたたんでくれている人たちを忘れずに、感謝しよう」

クライオンのウェブサイトにあるゲーリーの「マシュマロ・ストーリーズ」より引用

だれがパラシュートをたたんでくれているのでしょう。気づいているかいないかにかかわらず、その人たちに感謝しましょう。私たちが互いに繋がっていることを思い出させてもらえる話です。

多忙な現代社会では本当に大切なことを忘れてしまいがちです。やあ、調子はどうだいという言葉に心をこめる、あなたに感謝していますと伝える、だれかの一日を明るくするにこやかな笑顔を送る、真心から温かい言葉を口にする、見ず知らずの人に親切にする、または「恩送り」をする——そのような姿勢は、世の中の波動をはるかに良いものにするでしょう。

同じ羽の鳥は群れをなす

「同じ羽の鳥は群れをなす」ということわざがありますが、これも引き寄せを表しています。心の願いを引きつけてくる引き寄せの法則がどれほど力強いものであるかが、そこに比喩的に示されているといえるでしょう。

地球の中心にも磁気が流れていますが、宇宙飛行士は地磁気の影響が及ぶ大気圏から離れると、無重力状態の「浮揚感」を体験します。私たちの波動も、「仲間」あるいは「類」を引き寄せます。それは気の合う人びとを引きつける個々のスピリチュアルな磁力です。**私たちは互いに引き合う神聖なマグネットなのです。**やすやすと優雅に成長する道を選択してください。心からやりたいことにこの瞬間を充てていれば、共に創造にあたるすてきな仲間が自動的に引き寄せられてくるでしょう。

あなたが追い求めている理想の姿は、自然には顕現しない。
自力で実現することもできない。
すでに理想の姿になっていると想定することで、初めて現実のものとなる。

ネヴィル

第 12 章

神聖なスパイラル——中心への回帰

私は渦巻き型にとても惹かれていますが、エジプト、ギリシャ、イングランド、フランス、インドやバリなど世界各地の聖地でも、岩に刻まれたそんな「スパイラル」を目にしてきました。スパイラルは時間を表しているのです。

著者で教師でもあるリン・アンドリュースの説明によれば、スパイラルはこの地上に生まれてきたときから始まり、当初の性質である中心からせん状に遠ざかっていくにつれ、スパイラルの境界にあたる外縁に到達します。ほとんどの人は、ある時点で「人生の目的は何なのだろう、人生の意味は何なのか」と考えるのです。それを問い始めたときが転換点になり、自分の本性に立ち戻るための探求が始まります。私たちが地球に生まれてくるのは「目を覚ます」ためなので、歩んできた道を調べ直し、制約や教義などの自分を縛ってきたものを引き剥がす作業にとりかかるこの行程を、アンドリュースは故郷へ帰る道程であると言います。ところが私たちは目を覚ますことを何よりも怖れているようだ、生きることへの不安、死ぬことへの不安、権力への不安を抱え、中には成功を不安に思う人もいると彼女は指摘し、そのような要因を「エネルギーの節」と呼んで、それら

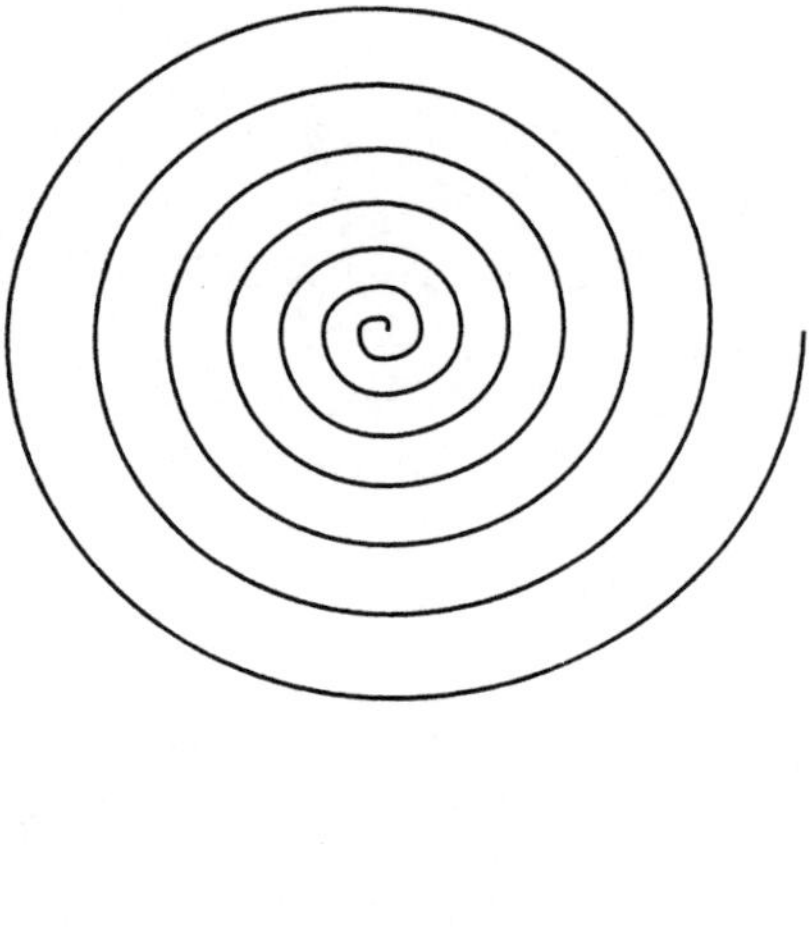

は「自分は十分でない」という気持ちに根ざす怖れであると言っています。魂の次元での本当の私たちは、愛、喜び、善、スピリット、神の波動で振動しているのです。

教会に親しんできた多くの人は、アダムとイブから受け継がれた原罪の物語をよく知っていますが、残念なことに純粋な愛である本来の性質には目を向けずに、その物語を信じ込んでいます。罪を意味する英語の sin は、もともとはアーチェリーの用語で「的を外すこと」、「ミス」のことだったのです。的を外したのなら、自分を責めて罰するのでなく、的に当たるまで何度も挑戦すればいいだけです。**知識があれば賢明に行動することができます。**罪の sin は、「自らに課したたわごと」(Self Imposed Nonsense)の頭字語なのだと言う人もありますが、そういうわけですから本性に立ち戻るためには、まず自分を愛することから始めなくてはいけません。本書で私がお伝えしようとしていることは、取り上げている主題にはかかわらず、だれもが自分の本性を思い出しつつ本来の姿に近づく行程にあるということなのです。

神を思い出す

いろいろな人が語っているすてきな逸話をご紹介しましょう。ジェラルド・ジャンポルスキー博士やダン・ミルマンなどもこれに似た話を紹介していたように記憶しています。一言で言えば、赤ちゃんが生まれたある家族の胸を打つ話です。赤ちゃんが家にお目見えすると、上の女の子が弟と二人きりになりたいと両親に頼みました。生まれたばかりの赤ちゃんに何かあったら危ないと思い、両親はしぶっていましたが、娘がどうしてもそうしたいと言い張るので、頼みを聞き入れました。寝室にはインターホンがついていたので、両親が別室でモニターを見守っていると、ベビーベッドに歩み寄った娘の声が聞こえてきました。「あのね、神さまのことを教えてくれない？　わたしはもう少しで忘れちゃいそうなの」。真実を伝えているこの話のなんてすてきなことでしょう。私たちは、スピリットを思い出し、「根源」と共にエネルギーを流すためにこそ、ここにいるのです。

本物の師

「本物の師は、弟子や門下生をいちばん多く抱えている人ではない。師を誕生させ、その彼を力づける人こそ本物である」と言われてきました。私も教壇に立っていた頃は、教室にいる人たちがある次元ですでに知っていることは教えていません、とよく口にしていました。私たちはだれかを崇拝しがちですが、自分の内に存在している優れた師を信頼することの方がはるかに大切であることを、忘れないでください。

神聖なスパイラルの中で目を覚ます準備が整えば、もともと自分に備わっているものを認識させてもらえる、自分の師を誕生させます。認識を表す recognize という言葉は、「再び知ること」を意味しています。つまり、本来の自分は創造者としての神聖な存在であることを思い出すだけのことなのです。「罪」や自分の出来の悪さに意識を向けるのでなく、良いところ、すばらしいところに焦点を合わせてください。リチャード・バックが著書の『イリュージョン』に次のように書いているとおりです。

自分の限界を正当化していれば、それがそのまま自分の限界になるだろう。

天に与えられた本来の純真さ、善良さを振動させてこそ、いちばんいい結果に結びつくということです。

本来の性質を思い出し、本物の人生を歩もう

さまざまな形で語られてきたすてきな物語があります。お腹に子どもがいる雌のクーガーが、腹ごしらえをしようと山を降りてきました。クーガーはヤギの群れを襲い、その際に自分も死んでしまいました。死んだクーガーが産み落とした赤ん坊は、ヤギたちに育てられて成長しました。自分をヤギだと思っているクーガーの子どもは、ヤギたちのように草を食べ、ヤギたちと同じようにメエメエ鳴いて暮らしていました。ある日、山を降りてきたお祖父さんのクーガーは、子どものクーガーを見て大いに驚きました。ヤギたちと同じ匂いをまとっていても、彼はまぎれもないクーガーの匂いを持っていたのです。

お祖父さんクーガーは子クーガーの首根っこをくわえて川へ連れて行き、水に映る自分の姿を見せ、吠え声を聞かせてやってから、諭しました。「水に映る自分をしっかり見ろ。おまえはわしと

同じクーガーだ。ヤギじゃないのだ！」。子クーガーはもちろん、自分がヤギではなかったことに気がつきました。長いあいだ間違った生き方をしてきたので、それは唐突な悟りになりました。本当の自分に忠実に生きていなかったのでした。子クーガーはお祖父さんクーガーに連れられて山に戻り、自分の本性を取り戻すのです。このクーガーは、抑圧されて忘れられている私たちの生得的な直観を象徴していると言えます。本当の生き方を探求せずに、ヤギやヒツジの群れに交じっているのではありませんか？

私たちは永遠に舞い続ける神聖なスパイラル

神聖なスパイラルには変容が開始する転換点があり、どこかで本来の自分を思い出すと、そこから学びが始まり、教えが身につくようになってきます。「ぐらつき」や「不安感」に見舞われても、本当の自分らしくない生き方をするよりその方がいいことがわかるでしょう。「そうだったのか」と気づきが積み重なり、認識が深まることで新しいものの見方が開ければ、そのたびに気持ちが「ライトアップ」されて明るくなってきます。それは永遠に舞い続ける神聖なスパイラルが一循環し、本来の本当の自分に立ち戻るときでもあります。人生を歩むあいだには、ぐるぐる円を描いているだけのように感じられるときがあるかもしれませんが、スパイラルの内側に向かうたびに、本当の自分に対する理解が深まっているのです。創造者としての神聖な本来の自分になると自らに宣言し、それを宇宙にお願いしたときには、宇宙がより本当の自分になれるよう、私たちの歩みを後押ししてくれます。

類は友を呼び、光は光を呼ぶ

光があるところにはもっと光が集まります。ですから、明るく愉快な気持ちでいましょう。気分をライトアップしてください！　つねにより明るく、より楽しい気分に向かってください。事実としての現実は脇に置き、先見の明をもって、たとえこの瞬間には選択肢などないように見えるとしても、自分にはいつでも選択をする自由が与えられていることを承知していましょう。創造者として神聖なスパイラルのもうひとつ上の領域に進むためには、自らそこに向かう日々を重ねることです。

ライトアップしてウキウキと

１９９８年の4月に自宅で女性ばかりの集まりをしたときに、ウキウキした気持ちになれる意図の表明をみんなに紹介したことがありました。私が上梓した本に引用した、日記に書いた文章でした。自分の願いを増幅させる目的で書いたものでしたが、この「繋がる」ための文が参加者たちに大いに喜ばれたので、後でタイプするからと一同に申し出ると、「今度の本にも大事な箇所として必ず紹介する」ことも約束させられたのです。イメージし、引き寄せたいと思うものについての基調を定めることを目的にしたその文章は、次の通りです。

「私はいますぐに、そして永遠に、本当の自分にしっかりと結びつけるよう、励まし、導いてもらえることを心から願っています。私はこの三次元の現実世界で地に足をつけ、自分であるものの波動を振動させます。いまこの場で、思考やインスピレーションやアイデアをライトアップする刺激に触れさせてください。私は自分のすばらしさ、心の願い、豊かさ、健康、そして〈快適なあり方〉を引き寄せて現実にすることに、イエス、イエス、イエス、イエスと言います！」

この決意表明の文には、辞書にはない「ライトアップ」という言葉が使われていることにお気づきでしたか？　この原稿を書いているとき、手紙やファックスを書くときに、気持ちを高揚させるという意味の uplifting という言葉を使うつもりでいながらついつい「ライトアップ」(uplighting)と間違えていると、友人知人がそれを喜び、「そのまま使った方がいい」と言うのです。変わった言い回しなので戸惑う人もいるだろうと、不安もあったのですが。そんなわけで、私の「快適なあり方」の流れが新しい言い回しあるいはエネルギーを生み出してくれたのでした。

光に向かう

このテーマを面白おかしく表す話を、友人のローリー・ホステトラーが電子メールで贈ってくれました。昔々、初めて父親になった男性の話です。

スコットランドの辺境の町にイアンという男が住んでいました。妻が真夜中に産気づいたので呼ばれてきた医者は、そわそわしている夫を落ち着かせるために、「私の手元を照らしていてくれたまえ」と言ってカンテラをもたせました。そして男の赤ちゃんが無事に生まれてきました。

「ちょっと待て、イアン」医者が言います。「まだカンテラを下に置くのは早いぞ。もうひとり赤ん坊がいるようだ」

医者が言うとおり、間もなく健康な女の赤ちゃんが生まれてきました。

「いやいや、まだカンテラを戻してはならん。赤ん坊はほかにもいるようだ」医者はまた声を上げます。

イアンはすっかり困惑して頭をかきかき、訊きました。「赤ん坊たちはこの光に引き寄せられているんですかね？」

あなたをライトアップするものは何？

あなたをライトアップし、刺激してくれるものは何でしょう？　ライトアップ（uplighting）の意味合いにいちばん近い言葉を探せば、「照らす」（illuminate）になるでしょう。光を当てる、明るくする、ということです。英語の illuminate には、イキイキさせる、明るくさせる、明らかにする、啓蒙するという意味もあります。あなたをいちばん力づけるのは、どんな考えですか？　それは気持ちを明るくしてくれますか？　鼓舞することを意味する inspire という語は、「心の中で」(in spirit)、あるいは息を吹き込む、発奮させられる、注入されることを表しています——天の働きに導かれ、意欲を引き出されるということです。「心の中」にいるときは、目標を注がれるというわけです。

♥ いちばん情熱を傾けているのは、どんなことですか？
♥ あなたにやる気を起こさせるものは何ですか？
♥ 何に対して最も意欲を持っていますか？
♥ 満ち足りた気持ちになれるのはどんなときですか？
♥ ぞくぞくする刺激を受け、新しいビジョンやインスピレーションを得るきっかけとなるものは何ですか？
♥ どんな望みを抱いていますか？
♥ その望みはワクワクする幸せを感じさせてくれるものですか？
♥ 心が舞い上がる望みですか？
♥ 自分の波動は心の願いに共鳴していますか？
♥ 発露して祝福されるときを待ちながら魂で輝いているものは何ですか？

トーマス・バイロンが訳した原始仏典のダンマパダ（発句経）には、こんな一節があります。「道を求める人は、たとえ歳は若くても、この世を明るく照らす。目覚めた人は、昼も夜も霊光が輝いている。瞑想しなさい。純粋に生きなさい。仏の道に（喜びをもって）勤みなさい。雲を離れた月のように、輝きなさい！」

心が明るくなる者同士、力を合わせてライトアップしよう！

シャロンの言葉

ライトアップという言葉は、心の奥底で命を輝かせているものを感じ取り、認識させてくれるみずみずしい波動を表しているに違いないと、私は考えています。それは新たに獲得するのではなく、もとから私たちの内にあり、解放されるときを待っている神聖なエネルギーです。目覚めた予見者たちはずっと昔から「あなた方は光である」と伝えたり書き記したりしています。ライトアップとは、プラグをコンセントに差し込んだ状態、流れに乗り、「根源」のエネルギーに接続された状態を指しているのです。その波打つエネルギーの流れは、ときめく喜びの新しい波動をもたらすでしょう。自分の最高の部分が他者の最も壮大な部分と出会うのです！　ライトアップされた状態は、ピュアで熱っぽくポジティブな、パワフルに脈動するエネルギーが電気回路網を流れている状態です。「ライトアップ」という言葉が私に「ダウンロード」されてきたのも、私たちの内に明るい光が生まれつつあることの証なのかもしれません。「ライトアップ」されたエネルギーを自分の波動に取り入れ、大いに楽しんでください。ライトアップされるように宇宙にお願いしましょう！　私たちのグループもこの言葉を大いに楽しみ、「心が明るくなる者同士、力を合わせてライトアップしよう！」という標語を作ったくらいです。

意図的創造者たちよ、もっと引き寄せよう！
光……光……光……光……光を
心を明るくする人たちよ、ライトアップしよう！

未来は、心に思い描くものでしか形作られない。自ら心に思い描くものが、自ずと引き寄せられてくるのだ。

フィリップ・ルビノブ・ジェーコブソン

第 13 章

儀式を楽しむ——さっそく始めよう

第1のドア――宝の地図を描く

以前教壇に立っていた頃は、毎年少なくともクラスのひとつで「宝の地図作り」をしていたものでした。受講生たちは大きな厚紙と、心の願いに関係する雑誌や写真を持ってくることになっていました。

メリー・キャサリン・マクドゥーガルの『*What Treasure Mapping Can Do for You*（宝の地図作りが役に立つ理由）』という本には、「道路地図は目的地へ到達する助けになります。宝の地図は、自分の願い――癒やし、必要なもの、仕事、財産や幸せなど――を手に入れる助けになります。物理的には、欲しいものの写真を貼りつけ、神さまが与えてくれようとしていることを信頼する言葉を書いた厚紙です。壁に掛けるほど大きな地図でも、本の間にはさめるような小さな地図でもかまいません」と説明されています。

本気で何かを思い続けていれば、おのずと成就する傾向がある。

ジョゼフ・チルトン・ピアス

私はよく受講生たちに、夢見ている旅行や船旅、買いたい車などがあれば、その写真を集めておくようにアドバイスしてきました。できれば車の販売代理店に直接足を運び、心から願っているその車のフルカラーのパンフレットを手に入れて、波動が一致するものを引き寄せてきなさい、とも言ってきました。それよりもっといいのは、実際にその車に試乗させてもらい、どんな気持ちがするか実際に「感覚」を味わい、車内の真新しい匂いを鼻で感じることです、と。五感をフルに使って創造に魅惑されてください。

ドリームワークの解釈では、車は自分の肉体を象徴することが多いとも言われています。モデルや車体の色、価格帯などを絞り込めば、いっそう生き生きとその気分を実感することができるでしょう。恋人が欲しいという人たちには、その相手が備えているであろう特徴を詳しく表現することを勧めています。「完璧なパートナーに出会いたい」という人には、思い描く特徴を備えた「理想のパートナー」に出会いたいと言い換えるように助言するのです。宇宙はあなたの言うことを言葉どおりに受け止めますから、具体性をもたせることが大切であることを忘れないでください。

クラスでは全員床に座りこんで、互いの雑誌を貸し合い、ハサミやカラーマーカーや糊を使って楽しく作業に励みました。最後に「フィーリングス」というアイク牧師のテープを流し、それをバックグラウンド・ミュージックにして、みんなで和気あいあいとそれぞれの「宝の地図」を紹介して締めくくります。テープの波動が各々の宝の地図に調和して、それは盛り上がったものでした。私たちはそうして、いちばん望んでいるものを受け取る準備ができていることを宇宙に伝えたのです。いちばんの望みを具体的に描き出せば、その夢を引き寄せるためのパワフルなツールになります。私たちも全員で最高の波動を振動させながら、ワクワク楽しんでビジョンを描き、創造に取り組んだのでした。そんなエネルギーは、イキイキとした意図の波動の新しいシグナルを運んでいます。

立ち上がって表明する

頼むから、自己を定め、それを守りなさい！

心理学者ウィリアム・ジェームズ

意図を表明するためには先ず、自分がどこに焦点を合わせているかを見極めることです。それがインスピレーションの源泉になります。それから一、二週間かけてそれに関連する写真や資料を集め、そのためのフォルダーに入れていきましょう。イメージを羽ばたかせ、色、サイズ、素材を選んでください。厚紙にはりつける材料がそろえば、まん中に自分の写真を貼ることをお勧めします。そして集めた素材を自由に貼りつけ、自分をライトアップするものとして描き上げてください。マーカーや色鉛筆で色鮮やかにし、大胆になりましょう！　言葉で所信を表明したり、祈りを書き入れたりするのもいいでしょう。感謝はいつでもいちばん大切な要素ですから、こんなふうに書くのもいいかもしれません。「私は＿＿＿＿＿＿が苦労せずにやすやすと（速やかに、支払える金額で、などとすることもできます）与えられることを感謝します」気持ちをうまく表す一節を引用することもできます。

ケセラセラ（なるようになるさ）は良い歌だが、精神的な態度は頼りない。

肩をすくめながら人生に向き合ってきた人に、
意義ある成果を残した人はいない。
それより、モットーはこうした方がいい。
なすようになる、そうするつもりだから、そうなるに決まっている！

エドウィン・C・ブリス

口にする言葉や書き出す言葉には力があります。いちばん望んでいるものを言葉にし、イメージを描くときには、意識して具体的にすることが大切です。これは現実になろうとしている夢の縮図なのです。あらゆる機能がついている新しいパソコン、美しい土地に立つおとぎ話のような家、豪華な家具や輝かしい車、銀行預金が増える豊かさ、有価証券、教育目標。願うものはなんでもかまいません。両親や子どもたちなど家族との絆を深める、職場の人間関係を円滑にする、心が通うすばらしい友人に恵まれるといったことを願うこともできます。

願いを指定し、かなうように要求しよう！

ワクワクする昇進や憧れの職業に就くこと、商売繁盛などを描き上げることもできますし、大切な人や心から願っている性質を引き寄せたいと考えるのもいいでしょう。いまのパートナーに大切にされる関係を願うこともできます。抜群の健康（それとも心配がある人は健康の回復を）、思いがけない収入（遺産、宝くじ、賞金や寄付など）、自由、富、成功したいと思っていることなどを思い描きましょう。そしてその願いを指定し、成就するようにお願いしてください。

精神的な成長を願う地図を作ることもできます。本やテープ、ＣＤやワークショップで啓示を受けたいと考えるのもいいでしょう。内なる存在にしっかり波長を合わせたいと考えるのであれば、神聖な絵や、天使のような天上の存在の写真をお勧めします。それとも、情熱、愛、喜び、平和や調和、インスピレーションを得ること、大切に思ってくれる人びととの充実した時間などを願うこともできます。体重を落としたい、理想の体形になりたいと思う場合には、楽しく身体を動かしたり運動したりしている写真を加えてもいいかもしれません。休暇旅行や船の旅、冒険の旅などを取り上げてもいいでしょう。

宝の地図は、テーマ別に何枚かに分けるか、大きな厚紙を数種類のセクションに分けるか、どちらでもかまいません。家庭、キャリア、人間関係、自己成長などが各セクションの対象になります。心の願いを指定し、成就をお願いしましょう。これは意図的な創造者として、望んでいる領域へのエネルギーの流し方を学ぶための作業です。ですから、たとえば繁栄を望むのであれば、豊かさのセクションの中央に１００ドル札を置くことが考えられます。豊かさを感じる貨幣の写真をその代わりにしてもいいでしょう。財布に１００ドルの新札を入れて使わずに持ち歩く方法も、それを目にするたびに「お金のエネルギー」に触れて経済的な自由を味わい、豊かさを引き寄せる波動を発してくれます。感謝の姿勢を大切にしなくてはいけないことは、前に述べた通りです。お金や豊かさとの関係に焦点を合わせるのであれば、「増大の法則」を呼びこむ波動で振動しなくてはいけません。このような工夫を楽しみながら、お金に象徴されるエネルギーを流し、心の望みをかなえてください。

アインシュタインはいかにして相対性理論にたどり着いたのか?
彼は、それを心に思い描けたことが決定的に命運を左右したと言っている。
光線のしっぽにまたがって宙を飛ぶのは、どんな気分だろう。

アンソニー・ロビンズ

自分の宝の地図に照応し、内容を豊かにしてインスピレーションを受ける本を読んでください。ナポレオン・ヒルの『思考は現実化する』は、いまでも読み継がれている古典的名著です。私の息子は夫婦で「富を引き寄せる科学的な法則」というセミナーに出席しましたが、物質世界と精神世界の両方について書かれた同じタイトルの本もあります。自分を成長させるためのすばらしい書籍や資料が今日では豊富にあります。エイブラハム・ヒックスが出しているものは、私にとってはインスピレーションを授けてもらえるみごとな内容です。エイブラハムのテープや本、ビデオ、イベントは楽しく実践的で、わかりやすい内容です。エイブラハムの教えはエスターとジェリー・ヒックスが紹介しています。二人は「意図的創造を引き寄せる科学的な法則」の仲介者であり、共同創造者でもあるのです。

他の人たちのための宝の地図

家族や友人の領域で心配事がある場合には、だれにも自由意志があることを忘れずにいてください。空欄にその人のためになることや、あなたとの関係に有益な言葉を入れて、「私は＿＿＿＿＿＿に感謝します」と祈ったり、表明したりすることもできます。宝の地図はそんな人たちを愛情で包み、受け入れる空間を創り出してくれるでしょう。目の前の現実にはとらわれずに、いちばんいいと思える道を選びましょう！　宝の地図は、あなたの周囲にいる人びとと全員の最善を願うための、「祈りの絵図」でもあるのです。

第2のドア——意図を定める。現実は自分で描いた設計図でできている

バーバラ・マーシニアックがワークショップを開いていることを知ったのは、1989年にアリゾナに移った後でした。ボールド・コネクションズから出ているテープには、彼女が伝えるこんなメッセージがありました。「自分を制約しているものを超え、楽しい時間を過ごし、パラダイムを転換しなさい。**望んでいることを意図しなさい**。望みを明確にして表明すれば、魔法のように現実になることがわかります。壮大な目標を定めて楽しみながら、胸を躍らせて奇跡を見つけ出していきなさい。自分に向けて欲しいものを呼びかければ、自分のものになります。宇宙最大の秘密は、現実は自分で創造しているということです！　信頼しなさい！　声に出して求めない限り、現実に

はなりません。一人ひとりがもっともっと意欲的に現実に向かっていかなくてはいけません。**現実として現れているものは、自分で描いた設計図の結果です。**やすやすと現実になるように意図しなさい。あなた方は各々の思考の産物なのです。やってみることと、行動することとは違います。はっきりとこう表明しなさい。〈私はそうするつもりで、そうしている、創造している、現実のものにしている〉と。努力していると言ってはいけません！　望みを明確にしなさい。あなた方が体験している現実は、意図するという手段によって創造されたものです。望んでいるもの、怖れているものが創造される速度は速まっていきます」

認識にかかわる道具箱の中でも、意図することはすばらしく力強い道具のひとつになります。願望を現実にする能力を後押しし、楽しんでそうすることを助けてくれるのです。アリゾナ州のリオベルデで大人数のワークショップを行ったときのことですが、参加者はそれぞれの体験を語り、そのあとで具体的な意図を定めるためにはどうすればいいかを考えました。私の友人でもある、ある女性は、その翌日に息を弾ませて電話をかけてくると、嬉しい報告を聞かせてくれたのでした。彼女は所有している土地の一部をしばらく前から売りに出し、それまでは買い手が見つからずにきていました。ところが意図を具体的で明快なものにするためのワークショップを受けたおかげで、二日のあいだに二人から連絡があったという話でした。意図を微調整して明確にすれば、大きな効果を上げてくれるのです。

私は完璧ではないが、最高に優れたところも持っている。

アシュレイ・ブリリアント

そのワークショップには、自分は「完璧な恋愛関係」を引き寄せることを意図したいと言う男性もいました。その人は意図が現実になるのが楽しみだと、ワークショップの後で興奮気味に話をしにきてくれました。ご自分は完璧だと思いますか、それより「理想の恋愛関係」を創造して引き寄せることにしてはどうでしょうとアドバイスすると、彼は笑いながらすぐにその意味を理解してくれました。そしてそれから24時間以内に、彼の意図した人生に新しい人が現れたのです。その男性はやすやすと何の努力もせずに、意図することで現実を引き寄せたのでした。準備が整えば、宇宙はすぐに動き出します！　スピリットは無限の可能性の中から予期しないかたちでそれを届けてくれます。ですからそれはすでに用意されていることに感謝し、スピリットに委ねて受け取ってください。宇宙に対して「どのように」を指図するのはやめましょう。あなたがすべきことは、望んでいるものを明確にし、その詳細や味わう感覚を具体的にすることだけです。それができたら、「信念」や「現実」と見えていることは素通りし、**すでにかなえられたと思っていましょう。**この世界には目に見えても見えなくても、願いをかなえてくれる天使たちがあふれているのです。ピザハットにピザを注文したとすれば、魚料理が届くかもしれないなどとは思わないのと同じです。ですから「立ち上がって願いを表明し」、創造性豊かにポジティブなエネルギーを流してください。はっきりとそれを思い浮かべましょう！　夢はかなえられていることを疑わずにゆったり構え、思いや感情を脈動させてください。

私たち夫婦は、それまで5年間住んでいた地域からここファウンテン・ヒルズに引っ越してきましたが、家を移ることを考え始めた段階では、日の出や日没が見える山並みが広がり、手頃な価格で恵まれたロケーションにある理想の家を手にすることに意図を定め、それが現実になることを感謝していました。また、思い描いている夢を上回るような天の采配が働き、もっと高次の引き寄せの法則が作動することも少なくないので、「あなたの意志が行われますように」ともつけ加えていました。その後何度かそれに近い家に出会いましたが、望みに100パーセント一致するものではありませんでした。

そうして土地を見に行き、見送ることにしたある日、私はスコッツデールを後にしながら天使たちに助言を求めて言いました。「ファウンテン・ヒルズに私たちの区画があることはわかっているんです、どうか車のハンドルをいますぐにそこへ向けてください。お願いを聞いてくださって感謝します！」それからファウンテン・ヒルズに到着すると、ゴルフコースに隣接しているために地価が高く、それまでは一度も入ったことのない道に向けてハンドルを切るよう直観が働きました。そして「競売」と書かれた看板があることに気づき、これこそ天の計らいだと直感して胸が躍ったのでした。

そこは、以前に見てきたどの場所よりもすばらしい展望が開けた場所でした。急な傾斜地だったので地面をならすコストがかかると思いながらも、頭のてっぺんから爪先まで鳥肌ならぬ「神肌」

が立つのを覚えました。山々の展望、数キロ下に見える青々としたゴルフコース、遠方に見える落差が１８０メートルほどもある一筋の滝。まるで天国にいるようでした。日没も日の出も、遮るもののない視界が開けているのです。「天国へ続く道はすべて天国のようにすばらしい」という言葉は理想を表していますが、私たちはその瞬間その瞬間で思いの波動を振動させながら、自分の現実を創りあげているのです！

エージェントに連絡すると、少し前に競売が行われたばかりだが売り主が留保としたために、まだ売れていないと聞かされました。傾斜の度合いが急だったので、私たちは地元の技術者に見積もりを頼み、傾斜地には建築上の難しさがあることや建築費用がかさむことなどを教えてもらいました。そこで、専門家の意見をふまえて買い取りのオファーを出したのです。不動産仲介業者は所有者と直接交渉するように勧め、手数料を大幅に引き下げてくれました。そんな魔法のような展開で、私たちはその土地を手にすることになったのでした。それから3年後に隣接していた空き地が売れたときは、私たちの購入価格の2倍半の金額になっていたのです。そのもうひとつ隣は、１１０万ドル。私たちはもちろん、大喜びでした。天の配剤と共同創造が最高のかたちで現実になったわけで、このような結果が得られたのはなんという幸せだったでしょう。それも、思っていたよりもっとすばらしい結果だったのでした。

第3のドア――創造の魔法の箱。望めば、受け取ることになっている！

エイブラハム・ヒックスのウェブサイト（www.abraham-hicks.com）にも紹介されていますが、1985年のフォーラムの録音テープには「創造の魔法の箱」とは何かが詳しく解説されています。やさしい、すばらしいプロセスです。創造の箱についてエイブラハムが語った内容の抜粋を、以下に字体を変えてご紹介しましょう。

自分がどんな波動で振動しているかを知りたければ、毎日の暮らしを見てみることです。それは完全に波動が一致したものになっています。いまのあり方が波動の反映であることに、例外はありません。望んでいないことがらがある場合には、自分の波動の何がそれをもたらしているのかを考えなくてはいけません。われわれがあなた方に伝えたい大切なことは、いつでも必ず、またはほぼ必ず、観察のパワーはイメージによるパワーより強いということです。われらが友人の皆さん、引き寄せの法則はパワフルです。宇宙はあなた方が振動させる波動に間違いなく応えるのです。

あなた方の中には、われわれの言葉にかなり前から耳を傾けてきた人びともいます。われわれが語っているのは、果てしなく続く一連の過程です。われわれはつねに、あなた方に適用される別の新たな概念を伝えています。こうした過程を語っているのは、望みに共鳴する波動で振動する方法を知ってもらう手助けをしたいと考えているからです。それ以外の理由はありません。

あなたはただ、望みに波動を調和させるだけでいいのです。そうすれば、望みはかなえられないわけにはいきません。宇宙はそれをもたらす方法を際限なく見つけてくるでしょう。

椅子に座っていると想像してください。その脇にかなり大きな箱が置いてあります。この箱は、創造性を発揮するための箱です。あなたの引き寄せの基準点です。さて、椅子にかけているあなたは、巨人のように宇宙のどこへでも手を伸ばし、気に入ったものがあれば手にとって箱に持ち帰ってくることができます。そうやって何かを持ってくるときは箱が波動を発するので、宇宙がそれに合致する物理的なものを届けてくるという仕組みです。

エスター（エイブラハムのチャネラー）は当初、心でそれをイメージしながらそうすることをゲームとして楽しんでいました。とても楽しいので、そのうちに本当に箱を用意し、その中に雑誌の切り抜きやいたずら書きを放り込むようになりました。エスターは絵を描くのは苦手ですが、いたずら書きはなかなかの腕前なのです。小さなメモ用紙に書きつけたものやスナップ写真などを箱に入れていると、第一日目からわかってきたのは、箱に入れたものに対して、宇宙が応え始めていることだったのです。

そこで、あなた方に新しいゲームを教えましょう。われわれが「創造の箱」と呼ぶプロセスです。これは2つの点において、たいへん役に立ちます。まず、イメージを描くことが上手になります。観察力を生産的に活かしてイメージする力がつくでしょう。もうひとつは、そのつもりはないにもかかわらず箱に投げ入れていることがらがどれほど多いかということに、気がつかせてもらえるのです。

数週間前、ジェリー（エスターの夫）と二人でニューヨークを出発する前の晩に（ちなみにこの話は1995年にテープに録音された内容です）、エスターは箱を思い浮かべながら荷造りをしていました。飛行機がラガーディア空港を飛び立つときは空がからりと晴れ渡っていて、エンパイアステートビルも自由の女神像も、ニューヨークの大好きな場所がくっきり見えるし、ファーストクラスのキャビンでは楽しいジェリーが上機嫌で隣に座っていて、美味しい食事が運ばれてくる——。気持ちのいい搭乗員たちに囲まれた快適な空の旅をイメージしながら、エスターはこんなことも考えました。「明日が最終日の国連会議の影響で、空港の警備が強化されていませんように。交通規制で出発時刻に間に合わなかったり、離陸が遅延したりするのは困るんだから」と。でもそれからすぐに、「しまった、こんなことは箱に入れるべきじゃなかった」と笑いながら気がついたのです。意識を合わせればその波動を振動することが、エスターにもわかってきたからでした。

さて、あなた方にこの箱についてお話ししましょう。引き寄せの基準点についての話です。箱と引き寄せの基準点は、同じものであると考えてください。創造の箱のプロセスが何を起こすかと言えば、波動を浄めてくれるのです。「お金がたくさん欲しい」と思っているとすれば、あなたはその願望の波動をもっているので、宇宙はそれに応えています。ところが「まったくお金がないから」と言えば、創造の箱にはそれも入ってしまいます。矛盾する波動が混ざると、箱の中の波動がピュアでなくなるのです。引き寄せの法則はすべてに反応しますから、宇宙はその両方の波動に応えることになります。「もっとお金が増える」と「お金がない」の両方に応えれば、いまの状況はたいして変わらない公算が高いでしょう。

波動を浄化して、着実にイメージを思い浮かべましょう

友人の皆さん、あなた方がすべきことは、たとえ簡単ではなく、気が進まないとしても、**現実に目を向けるのをやめる**ことです（エイブラハムがこれを口にするたびに、テープには続けて聴衆の笑い声が響いています）。別の言い方をすれば、あなた方は「どうであるかはどうでもいい、私は創造の箱に取り組んでいるのだから」と、これからは言えるようにならなくてはいけません。

目が覚めてから、また眠りに戻って続きを見たいと思うような、すばらしい夢を見たことはありませんか？　創造の箱についても、そんなふうに接してもらいたいのです。楽しむための場所、癒やされる場所、たびたび訪れる場所、波動を浄化する目的だけで訪れる場所として。そんな風にして創造の箱を楽しむことができるようになってくれれば、箱の中の浄められた波動に対してすぐに宇宙が応えてくれる、ワクワクする喜びを味わうようになるでしょう。

エスターが自分の箱にまっ先に入れたもののひとつは、雑誌で見つけたすばらしい色とデザインの美しい東洋の絨毯でした。エスターはその部分をちぎり、創造の箱に入れておきました。サンアントニオの家具店からハガキが届いたのは、その3日後でした。店内に絨毯のギャラリーを開設する旨の、東洋の絨毯の絵葉書だったのです。それはエスターが何日か前に雑誌から破り取った絨毯とまったく同じ絨毯でした。まるで家に帰るとその絨毯が床に敷いてあったかのように、エスターはすっかり興奮しました。宇宙が自分の波動に応えていることを示す、まぎれもない証だったのでした。

ある日、机に座って郵便物を開封していたエスターは、スパーズ財団から試合の案内状が来ていることに目をとめました。スパーズというのは、サンアントニオのプロバスケットチームです。ジェリーとエスターはスポーツ観戦をしませんし、スパーズの試合にもおそらく無縁なのですが、エスターはその案内状を見ながら、「ボーイフレンドと二人で試合に行けたら、トレーシー（エスターの娘の名前です）は喜ぶことでしょうね」と15秒ほどぼんやり考えていました。二人ともよくスパーズの試合を観戦していたからでした。「でもデービッド（ボーイフレンドの名前）の仕事の予定がわからないから、私にはチケットを買ってあげられないわね」それから二時間後、ジェリーとサンアントニオのスーパーに買い物に行ったエスターは、二人でレジに並んでいると、前にいた知らない女性に振り向いて声をかけられました。「じつは、スパーズの今夜のチケットが2枚余っているんですけど、だれか行きたい方があれば、差し上げます」

と。ものごとが現実になるスピードの速さに、エスターは倒れそうになるほど驚き、大喜びでチケットをもらって帰ってきたのです。

波動は強力である必要はありません。
ピュアであることが大切なのです。
望んでいることを繰り返し考える必要もありません。
ピュアな思いで考えればいいのです。
ただし自分で波動に矛盾を生むことだけは、してはなりません。

宇宙がこれほど速やかにスパーズのチケットを現実化したのは、エスターの波動がピュアだったからです。スパーズのチケットについてそれまで考えたことがなかったエスターは、「スパーズの試合を観るためには、どこでチケットを買えばいいのだろう」と思いながら目を覚ましたこともなければ、「満席で手に入らないだろう」と思いながらベッドに入ったこともありません。小さい頃にも母親が「スパーズのチケットは取れないものだから、しかたないわね。この先もスパーズのチケットには縁がない人生を受け入れるしかないのよ」と言うのを聞いたことがなかったのです。それについて考えたのは生まれて初めてのことだったので、ピュアな波動でそうすることができたのでした。エスターの波動がピュアだったのは、それ以前にすでに創造の箱に取り組んできたからでもありました。

それについての話はまだまだいくらでもあります。雑誌のページを破り取って創造の箱に入れていたある晩、エスターは壁にたくさんの絵が飾られた写真をそこに加えたことがありました。新しい家の壁を飾るものが欲しいと思っていたので、その願望を象徴する写真でした。雑誌に掲載されるのはたいてい窓の写真で、壁を写したものは少なかったのです。どんな絵が飾ってあるのか、判別できないような写真でした。そのほかに、宝石の雑誌のカバー写真も切り取りました。首もとを飾るアクセサリーも引き寄せたいと思っていたからでした。それらを創造の箱に入れた3日後、ジェリーとアルブルケルケに行くと、現地の人が二人、贈り物をくださいました。ひとりは自分で描いたというすてきなテンペラ画を渡してくれたので、エスターはそれを見るなり、「ギャラリーにあったとすれば、きっと買っていたに違いありません」と、喜びの声を上げました。もうひとりは、サンタフェからトルコ石がついたネックレスを持ってきてくださったのです。「創造の箱には気をつけなくては!」とエスターは思ったのでした(あっという間に現実化するという意味です)。それから数日後には、さらにもうひとつ、壁に飾るみごとな金属製の彫刻も届いたのでした。

心の願いに波動が共鳴していれば、宇宙はあらゆる手段を通じて共に創造するために悦ばしい協力的な人びとを提供してくれます。

現実であれ想像であれ、波動は何に意識を集中しているかで決まります。宇宙はその波動を、引き寄せの基準点とみなすのです。ですから「どうであるか」ばかりに注意を向け、それに反応する波動になっていると、それが引き寄せの基準点になり、宇宙はそれ以外のものを運んでくることができません。

あなたがなぜその波動を振動させているのか、宇宙は気にかけておらず、理由も問いません。単にその波動に応えているだけです。

望んでいることに波動を共鳴させるよう務めることです。波動が願望に調和していれば、宇宙は望んでいるものを届けてくれるのです。

われわれはあなた方に、自分が意図的な創造者であることをぜひ認識してもらいたいのです。意図的創造者であるあなた方の仕事は、観察することと目に見えるように思い描くこと、それに、コントラストを活かして前に押し出してもらい、しっかりしたピュアで明晰なビジョンが持てるようにすることです。ピュアなビジョンで思い描けば、宇宙はあざやかにそれを現実にしてくれます。言い訳をするのはもうやめなさい。自分の価値を証明しようとするのもやめなさい。シンプルに、ピュアな波動を振動させて、あらゆる願いを宇宙に応えてもらい、永遠に幸せに生きればいいのです。われわれは完全なのです（ウェブサイトの記事はここまで）。

刺激になるこの記事を読んでから、私たち夫婦は創造の箱に何を使おうかと相談しました。夫はこれを宝箱と呼ぼうと言うので、持ち手のついたポップなデザインの流行りの箱をいくつか買っていたことを思い出し、私は興奮して声を上げました。「そういえば、創造の箱にするのにぴったりの、天使の模様がついた箱があるわ！」。高さ15センチ、幅30センチほどのうってつけの箱です。それより少々小さい、18センチ四方のお揃いの箱もありました。そこには創造に必要な道具類をしまうことにしました（それについては後で詳しく説明します）。

次の文は、エイブラハムのレシピに少し手を入れて私たちが使っている表明文です。独自に考えた文章を箱のふたや内側に貼りつけ、願いを引き寄せるための自分専用の箱にするのもいいでしょう。私たちはそこに写真やひらめき、お気に入りの石、押し花、意図を書いたカラフルなかわいい紙片などを入れています。

私たちはこの文章に日付を入れて署名し、意図的創造者であることを表明しました。ときどき箱の中身を整理し、そのあとで新しいスタートを切るためにまた日付を記して署名をし、神聖な意図的創造を引き寄せています。

> **創造の箱は、引き寄せの基準点！**
> **この箱に入れるものは、宇宙の隅々に共鳴する波動で振動している。**
> **宇宙はいまもこれからもずっと、その波動と同等の物理的なかたちを提供して応えてくれる。**

ありがとう、ありがとう、ありがとう！

創造の箱の方程式は、家族や友人たちにも教えてあげました。仲間と一緒に創造するのは、とても楽しいことです。ミシガン州のカラマズーに住んでいる父のドン・カーティスは85歳になりますが、身体を悪くし、1998年から入院しています。長年健康を保ってきた父は、すっかり気落ちするような怖ろしい病名を告げられてしまったのです。私はそんな父にソニーのウォークマンをプレゼントし、意図的に創造するためのツールや私の本で紹介していることがらを伝えることにしました。その結果、父の状態は劇的な変化を見せ、何をしているにしてもそれを続けるように、と医師にも言ってもらえるまでになりました。こういうことに取り組むのは、父にとっては初めての経験でした。肉体、感情、そして精神面でそれほどの改善を遂げることができたのは、驚くばかりの恵みとしか言えません。「老いた犬に新しい芸を教えることはできない」ということわざもありますが、必ずしもそうとは限りません。父は「老犬」ではありませんが、意図的な創造者になるための「新しい芸」を覚えたのです。私たちは「同じ羽の鳥は群れをなす」関係になったというわけです。

パワフルに脈動し、願望を送り出す携帯式の日用的なツール

エイブラハムはこう言います。「自分のいまの状態を変えたいのであれば、思考のバランスを変えるだけでいい」と。私はエイブラハムの日めくりカレンダーを持っていますが、一面にはために

なる「引用」が書かれ、反対側は半分が予定を記入する欄、もう半分が宇宙に委ねてお願いしたいことがらを書き入れる欄になっています。創造的な着想は「快適なあり方」の流れを思い出し、認識するための橋渡しをしてくれる心の滋養です。オプラ・ウィンフリー・ショーの Remembering Your Spirit（スピリットを思い出す）というコーナーは、その波動をよく表しています。

やりたいことがらを書き出してみると、すべてをこなすには時間が足りないように思えて圧倒されてしまうこともよくあるものです。すると、一方ではピュアでポジティブな創造的波動を発信していながら、もう一方の思考体系（現状認識）ではお金がないし時間も足りない、だから無理だという波動を発することになってしまいます。宇宙に実現を委任すれば、願望と思考体系の波動のバランスが整ってきます。そうなれば、前向きに思考のバランスを取ることが習慣として定着するでしょう。

「願っていることの一部を宇宙に委任すれば、すぐにうち消そうとする習慣を改めることができます。どうかこのような状態を、これこれこういう幸せな結果にしてください、お願いします、というように宇宙に仕事を任せてしまえば、どうやってそうするのかがわからないという気持ちにとらわれることもありません。そのおかげで願望に調和したよりピュアな波動で振動することができるのです」とエイブラムは説明しています。願望のロケットを打ち上げる光の杖になるような方法を工夫するのは、ワクワクすることです。父は周りの人たちに「私の娘はずっとそれをやってきた。今もそうしているし、これからもそうするだろう」と言って微笑ましい自慢をしていますが、私も心から、波長を合わせて波に乗り、ウキウキして輝かしい進化の道を歩んでいることを自覚しています。至福を追求することで苦労せずに楽々と、瞬時にあっさりと状況が好転する爽快な気分を味わってください。

宇宙は象徴的な意思表示を大いに歓迎する。

ルイーズ・ヘイ

宝の地図を描く、意図を書き出す、創造の箱を活用するなど、方法はいろいろありますが、何かを創造しようと意図する場合には、これらの方法が宇宙との繋がりをうながすエネルギーを生むことを知っておいてください。心の願いの種を蒔き、それを引き寄せてくるのです。豊かな発想で具体的に、熱っぽく創造に取り組みましょう。思い描いていることを盛り上げていこうと決心すると、明確なビジョンが育まれます。お願いすれば届けられることを、忘れないでください！　抵抗をなくせば、受け取ることができるのです。意図することは、**それは気分がいいことだから**を基本にしましょう。

創造ノート——新たな地平への扉を開く

これまでに紹介してきた方法を活かし、私は「創造ノート」と呼ぶことにしたアプローチを自分で工夫してみました。簡単に創造を表現して楽しめる方法です！　雑貨店などで売っている手頃な値段の大きなノートかスクラップブックを用意してください。* 無地の表紙であれば、刺激を受けるようなイラストで飾るのもいいでしょう。好きなイメージをカバーに貼りつけてもいいですし、自分の写真を引き延ばして表紙に飾り、創造の波動を自分用の特別仕様にすることもできます。

＊2003年の追記：本書を執筆した2009年からスクラップブックの業界は数十億ドル規模の産業に飛躍的な発展を遂げ、いまでは願いごとのビジュアルなイメージを作るために、何千種類ものアイテムが市場に出ています。

創造のおもちゃ箱

クリエイティブなデザインのすてきな小箱を用意し、すぐに使えるように必要な道具類を入れておけば便利です。道具は次のものが必要になります。

♥ハサミ（ピンキングハサミがあっても楽しいでしょう。いろいろなパターンの刃を選ぶことができます）
♥さまざまなサイズとカラーのペン、蛍光ペンやマーカー。
♥のり
♥ペーパークリップ（マグネットにつけておくといいでしょう）
♥セロテープ
♥修正液または修正ペン

♥可愛い紙類
♥飾り用のシールやステッカー。ハート、花模様や天使、お金、音符、流れ星などのほかに、自分の名前を作るためのキラキラの文字まで、いろいろあります。
♥喜びに輝き、幸せをきらめかせている自分の写真
♥車、赤ちゃん、卒業式やコンピューターなど、嬉しいもののミニチュアや画像など
♥きれいな石（手芸用品店などで手に入り、装飾用に活躍します）

私は創造のための表明文を書き出す紙をあれこれ使い分けて、言葉にエネルギーを加えています。文具店などには無理なく買える１００枚綴りのメモ用紙がありますし、工芸品店などに行けば洗練されたバラ売りの紙も手に入ります。好きな形に切り抜いて使いましょう。

ビジュアルな創造は、よい波動を引き寄せる

私はグリーティング・カードも集めています。クリスマスカード、気に入りの写真や雑誌の切り抜き、キラキラ光るシールなどをポケットフォルダーに入れておき、思いついたときにすぐに取り出し、手軽に使えるようにしています。このような素材は、感興をそそられたときに願望のコラージュを作るために、役に立ってくれます。心に響く意義深いものを創造しましょう。私は強い印象を受ける夢を見たときには、そのエッセンスをコラージュにし、その晩の映画とみなすようにしてタイトルをつけています。これは印象に残る形でエネルギーを強くする効果的な方法です。

たとえばイルカと泳ぐのがあなたの願いであれば、そのような写真を探し、いつどこで、どんな人たちと、イルカと泳ぐことでどんな気持ちを味わっているかを書き、コラージュを作ってください。夢はかなったものと思い、実際にそうしているつもりになってください。そうすればコラージュがあなたの意図を表し、願望の波動に調和するのです。気に入っている土地や住みたい家がある場合には、写真を撮り、嬉しい結果を思い描いてそれを押し広げましょう。その土地、その家の前に立って写真を撮ってもらい、あらゆる面で文字通りにかかわりを築いてください。事務用品店ではスーパーインポーズされた雲や花、イルカなどの海の生き物、羊皮紙の巻物などのさまざまなポスターボードが手に入ります。そうしたイメージにも強い磁力があります。

私の孫たちは、そのようなカラフルなポスターに絵を描くのが大好きです。8歳になるチェルシーの夢はイルカと一緒に泳ぐことなので、イルカが描かれた文房具を使い、自分の願いを書き出して、創造ノートのそのページに海で拾った貝がらも貼りつけました。カレンダーのイルカの写真も切り取って貼っていました。11歳のスカイは、樹の上に自分の小屋を持つことを夢見ています。彼はポスターに夢の小屋を描きました。また、その作品でコンテストにも応募し、なぜ小屋が欲しいのかを説明するタイトルを、「三銃士」をもじった「三樹士」にしていました（願いを指定し、宇宙に要請したのです）。そして願望を表すそのカラーコピーを自分の創造ノートに貼り、もう一枚を創造の箱に入れています。私は1996年の誕生日にロビン・マリンからポスターボードを使って直感的なコラージュを作る方法を教えてもらいましたが、それもとても役に立っています。

私の創造ノートは、一日単位、週単位の自分の夢を情熱的に記録した図録です。月単位にしてもかまいません。楽しんで無理せずに取り組めばいいのです。私の場合は、創造ノートは家族や友人たちとの生活を大局的に俯瞰する内容です。時の歯車に乗り、引き寄せの法則によって至福を追求する永遠の歩みの写し鏡です。私は意図的に創造するものについて、肉体の健康、自分自身との関係（夢も含めて）、家族や友人、家庭、仕事や余暇、豊かさ、精神的な成長と進化などに焦点を合わせています。大胆な夢を思い描き、それを引き寄せてください。

創造ノートには明るいカラフルな自己を描こう

雑誌に前衛的な女性の写真があったので、それを切り抜き、女性のスーパーヒーロー、ワンダーウーマンになるための性質をコラージュにしたこともありました。ノートに書きながら自分にそれが備わるようにお願いしたのです。創造したいものを思い描き、引き寄せることを楽しんでください。

宝の地図で扱うことがらは、そのまますべて創造ノートに当てはめることができます。違いは、創造ノートではそうしたいと思うたびに1ページごとに分けて書ける点です。好きなときにページをめくれば、内容が視覚的に整理されているこのスタイルが私はとても気に入っています。自分の人生そのものといえます！　色とりどりの時間枠に収まっている、創造し、引き寄せてくるものを見渡すことができるのです。ページに日付を入れ、願いがかなったり、証拠がたくさん目につくようになれば、前に戻って付箋紙に感謝の言葉を書いて貼ってください。あふれんばかりの感謝を込めていまの気持ちをつづりましょう。意図的な創造者であることを自覚している自分を幸せに思い、力いっぱい進んでください。あなたが作る創造ノートは、あとで夢がかなって振り返るときに、心を温かくするかけがえのない記念になることでしょう。

色合いは自分で決める！

瞑想を指導しているラウナ・ハフィンズは『*Connecting*』という本に、長年癒やしを教えてきたが、大多数がほんのささやかなものしか求めないことが、自分にとっては最大の驚きであると書いています。私もその通りだと思わされてきました。ほとんどの人は、お願いして受け取るとために時間を割こうとしていないからです。

内反足で足が悪いある男性の、とてもためになるこんな話があります。その人は歩くのが困難であるにもかかわらず、大きな成功を収めていました。とある新聞記事でインタビューを受けたときに、身体が不自由ではご苦労もあったことでしょう、人生の色合いが変わったのではありませんかとインタビュアーが質問すると、その人は「ええ、でも私は自分で色を選びますから」と答えたのです。つまり、私たちも選択すること、そして態度で示すことによって、人生における状況やその性質を自分で決めることができるのです。

私たちはイメージを広げる「イマジニア」

繰り返しになりますが、創造ノートを作るためには発想を豊かにしてはっきり具体的に表現してください。私は何かを思い描いたり祈ったりするときには、「これか、それよりいいものを」と言うようにしています。それは、想像の及ばないさらに「いいもの」を宇宙が届けてくれるのを受け入れるための、もうひとつのやり方です。具体性をもたせることも、非常に大切です。単に「お金持ちになりたい」「パートナーを見つけたい」「幸せになりたい」と言うだけでは、漠然としすぎです。

お金持ちになるとは、あなたにとって厳密に何を指しているのかを、マグネットを手にして想像してください。どれくらいお金持ちになりたいのでしょう。そこには何が含まれるのでしょう。新しい家が欲しいのか（その場合はどこに住みたいのか、どれくらいの価格か、どんな外観か、内装はどうなっているか、そこにはだれとだれがいるのか、家具は、景色は、色は、といったことをイメージしましょう）、それとも新しい車が欲しいのか（どんなモデルでいくら位の何年製の、何色の車か）を考えてください。恋人が欲しいのであれば、相手はどんな人でどのような性質を備えているのか、あなたにとって大事なことをはっきりと書き出しましょう。今日では子どもを引き取って離婚している人も大勢いますが、そのような場合には、子どもたちも一緒に連れ子のいる相手と家庭を築きたいのかどうか、具体的にしましょう。子どもが欲しいと思うのであれば、子どもを望んでいる、子ども好きの相手を思い描くといいでしょう。
「もっとお金を増やしたい」と願っている人もたくさんいます。そもそも、お金を増やすことができるのは造幣局の職員だけです。次に、現実的にいまこの時点でどれくらいお金を増やしたいのかをはっきりさせなくてはいけません（前の章で取り上げた橋の橋脚の話を思い出してください）。そのお金で何がしたいかが明確であれば、お金や富はもっと楽に引き寄せられてくるでしょう。どんなことにそのお金を使いますか？　だれと一緒にそうしますか？　どんな気分を味わうでしょう？　いまここでいちばん大切な要素をひとつだけ選ぶとすれば、それはどんなことでしょう。焦点を微調整して具体的にしてください！

大好きなことは、それに取り組みなさいというハイアーセルフからのサインです。

サナヤ・ローマン

創造ノートや創造の箱に、思い描くことやそのイメージを記してください。具体性があればあるほど、引き寄せが容易になります。あいまいな形では、結果も実体の薄い漠然としたものになるでしょう。最初からあれこれと数多い望みを抱えていれば、エネルギーが散弾銃のように分散してしまいます。それよりは、幸せな気持ちでイキイキとイメージをかき立てられ、創造に向かわせてくれるようなことがらをひとつか2つに絞る方がいいでしょう。あなたの波動はあなただけのもので、引き寄せ、繋がるシグナルを振動させています。先の章でご紹介したキャロリンとコークの話を覚えていますか？　二人は裕福なのだろうと同僚同士で噂し合っていたカップルです。友人や仲間たちは、あなたが自分自身をイメージしているのと同じように、あなたのイメージを抱いています。あなたは自分を豊かであると感じていますか？　それとも買えない、足りない、たいへんだという欠乏感にもとづくイメージをもっていますか？　愛情深く裏表のない、一緒にいて楽しい人は周囲の人びとを引きつけることに、気がついていますか？　そうした魅力的な性質には、蜜に群がるハチのように人が集まります。引き寄せたいと思う波動そのものになり、そのように振る舞ってください。そうすれば自分の心にしたがうだけで、楽々と意図的に生きることができます。デイビッド・ビスコット博士が何年も前に紹介した話ですが、成功の秘訣を訊かれたとある著名なプロデューサーは、こう答えたそうです。「負け犬たちから離れていることです」と。

心を輝かせ、楽しみながら「快適なあり方」の流れを押し広げてください。至福を追求し、胸の奥で生気にあふれて脈打っている情熱にしたがいましょう。

儀式は引き寄せの法則を作動させ、すでにかなえられている夢を創造し、現実にする。いますぐに！

ここに紹介した儀式は、引き寄せの法則を作動させ、あなたの願いを形にして引きつけてくるでしょう。あなたは神聖なすばらしい夢を運ぶ翼なのです！　新たなビジョンを得て新たに決めることがらを通じ、空高く飛翔して、怒涛のように押し寄せてくるすばらしい時間を楽しんでください！

儀式を行うと、自分を超えるもっと大きなものに繋がります。儀式を行うのは、スピリットにファックスを送信するようなものと考えてください。

キャロリン・ケーシー

いますぐ実行しましょう!

第 14 章

マインド・マッピングと焦点を合わせる環

あなたの宝のあるところには、あなたの心もあるからである。

マタイによる福音書第6章21節

何年も前に読んだ『スーパーラーニング』というシーラ・オストランダーとリン・シュローダーの本は、とても興味をひかれる内容でした。大事なことがら、数字やスキルをふつうに可能と考えられている2倍から10倍のスピードで覚えられるという、画期的な新方式を紹介しているのです。著者によれば、「皆さんは繭（まゆ）を破りました——羽を広げ、与えられて当然の権利を主張するときです。私たちはいまよりもはるかにすばらしい存在になることができるのです」ということです。

どんな人にも、元気づけられた先生の思い出があることでしょう。けれども残念なことに、そういう恩師は数少なく、出会えるまでに長い間隔が開いているかもしれません。ミルウッド高校時代のアンドリュース先生は、気持ちを奮い立たせてくれるとても楽しい先生だったので、私たち生徒はときどき自宅を訪ねるほどでした。いつでも「ちゃんと向き合ってくださる」先生で、奥さんも教育に携わり、みんなを温かく迎えてくださいました。ウォレス先生とスタインバーグ先生も、親身に全力を尽くす大好きな先生方でした。教育の仕事を愛し、生徒たちを心から大切にする、輝くような本物のプロフェッショナルでした。

「教えることは、だれかの人生に永遠に影響を与えることだ」と書かれた額をもらったことがありますが、これは長年にわたり、私にとって大切な言葉になりました。心の健康を教えたクラスの生徒たちから贈られた、スワロフスキー製の美しい蝶のクリスタルも、私たちの潜在的な力を象徴する特別な品でした。私たちがここにいるのは、成長して本来の自分であるものに向かうためであると私は信じています。次の文は、私の好きなアポリネールの詩です。


「崖のふちまで来なさい」と師は言った。

「怖いよ」と彼らは言った。

「崖のふちに来なさい」と師はもう一度言った。

「落っこちちゃうよ！」

「来なさい」

彼らはやっと崖のふちに来た。

師は彼らを、後ろから押した。

すると……彼らは飛んだ！


私たちには、探求されるのを待っているすばらしい能力が眠っていることがよくあります。いまは力が及ばないように見えていても、それに気づき、勇気を出して「飛ぶ」だけでいいのです。思考の地図、宝の地図、焦点を合わせる環、創造の箱や創造ノートは、心の願いを引きつけることを手助けしてくれるすばらしいツールです。あなたの翼を支える風のようなものといえます。新鮮な能力を開拓すれば、同類の仲間や師も引き寄せられてくるので、新たな高みへと飛翔することを支援してもらえるでしょう。

1985年に、シカゴで行われたNew Dimensions in Learningという（スーパーラーニングと呼ばれる学習法の）会議に参加したとき、一緒にいたチャールズ・シュミットはこんなことを言っていました。「われわれは、人に何かを教えているわけじゃない。すでにそこにあるものを明らかにして、その人に備わる大きな潜在能力に気づいてもらい、脳全体のバランスを回復して子どものような想像力を取り戻してもらうことに携わっているんだ」

「マインド・マッピングと呼ばれている」思考を図示するスキルや、心身一体的な観点から生得的に備わる芸術的才能を発揮する方法を教わったのも、そのときのことでした。左脳は言語、論理、合理性、計算、科学的分析などの領域をつかさどり、右脳はその反対に「非論理的」「非合理的」であり、直観や創造性に結びついていることは、たいていの人が知っているでしょう。右脳は言語を仲介しない感覚的、霊的な印象に関係しており、芸術や音楽の能力、夢に現れるようなメタファーやシンボルにかかわる領域をつかさどっています。想像力を生み、愛や感情を発露させるのも、私たちの右脳です。

その場で現実がどう見えようと、直観を信頼し、心の声にしたがうときは、右脳を働かせている状態です。教育やビジネスの従来のアプローチはそうした機能を衰えさせ、右脳の働きはこれまで無視されがちでしたが、いまでは瞑想や運動、骨休め、短時間の仮眠、マインド・マッピングのようなブレインストーミング・セッションなどの価値を認識し始めた企業も増えてきました。脳全体が機能するように努めると、先のオストランダーとシュレーダーが指摘するように、単なる学習と超学習の違いが生じるのです。二人は、そのようにして外国語を学習すると、従来の二分の一の時間ですむとも言っています。

芸術がかかわることに対してはいつも冷や汗をかいていた私も、シカゴのその週末で、芸術的な能力が飛躍的に進歩しました。絵を描くのは大の苦手だったのです（そう考えるだけの根拠もありました）。ところが、それが嬉しい展開になりました。オーケストラのようなものだと考えてみなさい、と説明されたのでした。金管楽器と打楽器と弦楽器で構成されるオーケストラで、たとえばホルンが活躍するパートでは、バイオリンや太鼓は覆いかぶさるような演奏はせずに、調和する音を奏でるでしょう。私たちは学習の過程において、細かい部分に断片化しているのがふつうです。スーパーラーニング法は、［壁から落ちて割れてしまった卵の］ハンプティ・ダンプティを元通りに修復する力を発揮します。マインド・マッピングに興味のある人は、詳しく解説する書籍やオーディオ資料がたくさん出ていますので、それらを参照してください。

バックグラウンド・ミュージックを流すことも、スーパーラーニングを行う際の大切な要素のひとつとされています。中でもバロック音楽が最も効果があることがわかっています。私たちは、音と言語と音楽の効果を長年研究している音楽家で心理療法家でもある、トム・ケニオンの *Acoustic Brain Reasearch* というテープを流しています。ケニオンは精神の仕組みを解説し、脳と精神の相違を説明する内容の『*Brain States*』という評判を呼んだ本も出しています。１９９７年に一緒に行ったバリツアーは、私たちの人生観を変えるような旅になったのでした。

焦点を合わせる環――基調を打ち出し、波動を高める

エイブラハムは、マインド・マッピングによく似た概念で行う「焦点を合わせる環」（フォーカス・ホイール）についても説明してくれています。たとえば、願望とはかけ離れた健康上の問題を抱えているとしましょう。仮に膝を痛めたとすれば、膝のケガという形で象徴されている抑圧的な思考体系やコントラストの問題があると考えられるため、波動を向上させたいと願うことになるでしょう。エイブラハムが信念をどう定義づけているかを思い出してください。信念は「繰り返し考えている思考」でしかありません。では、この場合は膝のケガから回復するということになりますが、望んでいる結果に調和した波動が保てるように思考を集中するためには、どうすればいいのでしょう？　ほとんどの人は習慣的に型にはまった思考をし、健康や「快適なあり方」に焦点を合わせるべきところを、苦しみの裏づけを得て望ましくない認識を達成してしまいます。

エイブラハムは1997年に録音されたテープで、焦点を合わせる環を活用するためには、紙の中央に円を描くことから始めるように説明しています。私は円の代わりに、心の願いのエネルギーを象徴する大きなハートを書いています。焦点を合わせる環を使うのは、引き寄せの法則を作動させるためです。そこで、円の中に短く一般的なことがらを書き、意図のピュアな波動を振動させて基調を定めるところから始めます。

「この膝は治ることを信じている」と書いた場合には、エネルギーにずれがある、とエイブラハムは言います。そしてこう説明しています。なぜかと言えば、いまここでは膝を痛めているというコントラストを生んでいるからです。それより、「自分の肉体は、必ず思いに応えてくれる」というような表現にしましょう。次に、ふんわりした柔らかい発想でそれに関連することを考えます。たとえば「私の身体は大部分においては良好な状態だ」などと思うのもいいでしょう。次に、中心の円から放射状にそのような思考を書き出していきましょう。「宇宙は私の波動に共鳴すると信じている」などと書くことができます。さらに、「私の身体は私を支え続けてきた」と書いてもいいでしょう。本当にそうだと思っていることがらを書き出せば、心地よい安堵感が広がり、波動が整うでしょう。

波動がシフトすれば、安らぎが広がる

「波動の共鳴が起きたときには、**安らぎが広がる**ので、すぐにわかります」とエイブラハムは言っています。つまり、焦点を合わせる環の中には、気持ちを和らげて良い気分になる文章を書けばいいということです。抽象的な心をなごませる文を考えてください。

「意図的に創造するという考え方が気に入っている」
「願望を抱き、宇宙に応えてもらうのはすばらしい」
「自分の身体に感謝している」

「これまで自分に仕えてくれ、これからもそうしてくれる身体をありがたいと思う」
「意図的に焦点を合わせ、身体がそれに応えてくれることを思うとワクワクする」
「どんなことも、焦点を合わせさえすれば変えることができるのがわかってきた」
「元気で健康でいたいと明快に思えることが嬉しい」
「膝のケガという体験をしたおかげで、〈快適なあり方〉を望んでいることが明確にわかったことがありがたい」
「膝のケガは不都合な問題であるとしても、認識を明晰にする役に立っている」
「肉体に対してしっかりした意識をもつためのいい経験だ」
「コントラストを見せてもらった体験をありがたく思う」

エイブラハムも指摘していますが、こういう文句は最初のうちは考えられないほどバカバカしく感じられることでしょう。

自分の姿勢を表明すれば、波動のトーンが刷新される

焦点を合わせる環に取り組み、気持ちが明るくなってくるにつれ、それまでとは異なる立ち位置で波動を振動させるようになります。対象にしているテーマに対する波動がピュアになれば、「ケガが治った」、「膝は回復した」などと書くことができるでしょう。この段階までくれば、引き寄せの基準点が当初とは大きく変わっています。宇宙に向かって自分の姿勢を表明したときから、波動

の基調が定まってきたのです。**自分はこうである**という主張を明らかにしたあとには、波動が変化したことが感じられるでしょう。自分の身体、特に膝とのあいだに、以前とは異なる場所で新たな関係を結び直したのです。

体もうとせずにいれば、宇宙が休むように言ってくる……一時停止計画を告げられるのだ。

アラン・コーエン

私たち夫婦が引っ越したりせず中西部にとどまっていた方がいいかどうかを悩んでいたのは、どちらも両親がカラマズーに住み、子どもや孫たちもフォート・ウェインに家を構えていたからでした。ちょうどそんな1998年にフォート・ウェインで吹雪のあとで私が横断歩道を渡っていると、大学教授がハンドルを握る車にはねられてしまいました。救急病院でエックス線検査を受けてから包帯を巻かれ、松葉杖と薬を渡されて、6週間は杖を使うことになるでしょうと言われ、大きく腫れた足で杖を使いながらクリスマスシーズンを過ごすことになりました。もちろん、私のことですから、自分はなぜこういう状況を招いたのだろうと興味を持ちました。馬糞の中でポニーを探すことができるはずだからです。一見すると「不運」なコントラストを生んでいる状況についてじっくり考えてみる時間は、おかげでじゅうぶんにありました。それは確かに、もっと温暖な穏やかな気候の土地に暮らすことを真剣に考えてみるためのいいきっかけになったのでした。年間快晴日数が165日しかなく、そのあいだには雨雪や氷のどんよりした日々が続き、夏はたいへんな湿度になるような町にこのまま住んでいる意味があるだろうか、そうしようと思えばどこへでも移ることはできるのだから、新しい可能性を考えるべき時機なのではないかと思わされました。

アラン・コーエンは『人生の答えはいつも私の中にある』の中で、このように言っています。「休もうとせずにいれば、宇宙が休むように言ってくる。強制的に休暇を取らされるのは嬉しくもありがたくもないことなので、こんな目に遭うのだったらもっと早いうちに自分のことを考えておくのだったと思うはめになるかもしれない。働き過ぎていたり、スケジュールに追われたりしている人は、病気や事故などで立ち止まらざるを得なくなり、自分を見つめ直す必要に迫られるかもしれない。それは苦しい道ではあっても、長い目で見ればその結果はかけがえのないものになる。一時停止計画を言い渡された人たちは、自分をはじめとして大切な人びとや精神の根源を再開発する時間を与えられる。困った不幸としか見えなかったものが、ありがたい贈り物であったことがわかるのだ」これは私にとってもまさにその通りの指摘でした。ペースを落とし、選択肢を見直して、心の声に耳を傾ける機会を与えてもらったのでした。

1989年の1月には、私が主催する4日間の集中講座のために、カリフォルニアから人生の師でもあるキャロリン・コンガー博士が来てくれました。そこで私の問題について話をしたところ、宇宙が私の「背中をどつき」、太陽が降り注ぐからりとした土地を考えるように、「警鐘を鳴らして」注意をうながしてくれたのだろうということで、博士も私と同じような意見でした。明るい昼日中にしっかり横断歩道を渡り、安全であるはずの状況だったにもかかわらず、6週間にわたり松葉杖をつくような劇的な展開になり、選択の問題を考えさせられることになったのです。アリゾナに移ることを決めてからは、宝の地図や意図の表明を通してとんとん拍子にリオベルデの家が引き寄せられてくることになりました。交差点で起きたあのときの「事故」はアリゾナに移るための人生の十字路だったと、私はいまでも思っています。

子どもたちやティーンエージャーのための儀式

本章では心地いい気分でいるために行える儀式をいくつも紹介してきました。最近読んだ『パレードマガジン』という雑誌には、「リン・ミントンが報告するみんなの声」という記事があり、とても感銘を受けました。家族の儀式を紹介したある男の子は、次のように書いていました。「うちではいつも日曜日に、家族の一人ひとりに〈大好き〉と言い、何か褒めるようにお母さんに言われています。ぼくは、毎日そうすればいいのにと思います」。気分が明るくなる儀式について訊かれたティーンエージャーたちの中では、ミカという子がこう言っていました。「私はキャンプで指導員の見習いをしていました。［お互いの親睦を深める］キャビンタイムには、グループの参加者全員でひとりずつ相手のいいところを言ってまわることになっていました。私の担当は11歳の不安定な年頃の子どもたちで、その中にはたいてい周りになじめない子がいるんですが、そんな子たちにとっては特に、自分が受け入れられていると感じてもらえる時間になりました。活発に楽しんでいる参加者たちからふだんは無視されていたり、仲間に入れなかったりする子どもたちなのです。その儀式のおかげで、全員がお互いを大切にする空気が生まれました」

このミカという人に対してコメントしたエリカは、このように言います。「私もそんな体験がしてみたいです。そこには私ともうひとりの、二人しかいないとして、私はその人が好きじゃないとしたら？　そんなときに、この人にはどんないいところがあるだろうと考えるのは、いいことだと思います。その人に、あなたに伝えたいと思ったんだけど、あなたは話をよく聞いてくれる人だと思うわ、と言えますし」。アンテニクという人も、こうコメントしていました。「そんなふうに伝えれば、いいきっかけができますよね。相手に、自分に好意をもってくれているんじゃないかと思ってもらえるから。じゃあおしゃべりしてみよう、という感じで心を開いてくれる雰囲気になると思います」

ティーンエージャーたちの温かい細やかなやり取りは胸に響きました。彼らには周囲を明るくする意識があり、みんなが気持ちよくいられる波動の調和を得るためにはどんな儀式をすればいいか、強い思いをもっています。この子たちのような感受性があれば、コロンバイン高校銃乱射事件のような悲しいことは、二度と起こらないことでしょう。

エイブラハム

何かに対して「ありがたい、好きだ、認めている、価値を尊重する」という態度で接していると、そのつどエネルギーを注いでいることになります。このエネルギーは言ってみれば真空状態を作り出します。それはさらに多くを引き寄せてくる力でもあるのです。

第 15 章

エネルギーを整える

波長を合わせ、流れに乗ってウキウキと！

エイブラハム

騒ぎ立てて反応せずに「快適なあり方」の流れに乗っていれば、受け入れることを意味する意図的創造者であることの力が感じられるでしょう。気分が良ければ良いほど波動が調和しているしるしですから、自分が流れに乗っているかどうかがわかります。エイブラハムはそれを「波長を合わせ、流れに乗ってうきうきしている」状態と表現しています。やる気、喜び、愛情を感じていれば、コア・エネルギーに同調して繋がっていることの証です。不快な気持ちや排他的な思考をもっているときは、コア・エネルギーに同調していない状態です。癒やしの奇跡を行ったイエスが病には目を向けていなかったのは、病気の波動とは無縁のところにいたからです。何かを排除する姿勢は、「分離」の波動に共鳴していることを表します。イエスはすべての人びとを健康で完全な存在とみなしていたので、問題は解決しているとする視点に立つことで、病気が癒やされた波動に共鳴していたのです。イエスは「起き上がりなさい。床を担いで歩きなさい」と言われたのであって、「できると思うか?」や、「うまくいくかどうかやってみよう」のような頼りない言葉は口にしていません。彼らの幸せで健康な状態を明確なビジョンとして掲げて病人を癒やし、「このことはだれにも言ってはならない」と注意します。信心がない人や疑い深い人はそのようなことを信用せず、自分まで疑いを抱くことになってしまうからです。イエスは自分のエネルギーが「根源」に繋がっていることをよく承知しておられたのでした。

ストレスは、デザートの反対

ストレスに苦しむという意味の英語の stressed は、デザート（dessert）のつづりを逆にした言葉だということを、私は面白がっています。ストレスを受けたり難局に見舞われたりしたときは、眠っている可能性が引き出されようとしている「チャンス」であることがわかるというのは、なんと嬉しいことでしょう。私たちをドングリに例えれば、しばらくは殻に守られてぬくぬくとしていたのが、ある日殻が割れ、雨水が入ってきます。「たいへんだ、びしょ濡れになってしまった！　世界が割れて腐っていく！　なぜこんなことが起きるんだ、宇宙はどうしてこんなひどい目に遭わせるんだ！」とあわてふためくことでしょう。殻が割れて新しい世界が開けようとしているのですが、そうして自分を哀れんで嘆いているあいだは、何の因果でこんなことになってしまったのかとしか思えずにいるのです。湿った土、柔らかい苔、明るい日差しなどが豊かに満ちている新たな段階へと「卒業」した私たちは、枝を伸ばし、花を咲かせてプレッシャーが消えていくのを感じつつ、力強く前進していくことができます。「殻の外に出れば地獄の苦しみが待っているだろう」とか、「こんなストレスはたまらない」などと欠乏の意識に固執している代わりに、自由になったエネルギーの流れに幸せを味わうことに焦点を合わせてください。ドングリはどこかで、自分が青々と葉を茂らせる堂々とした樫の木になる日が来ることを、ちゃんと知っているのです！　私たちが大きな成長を遂げられるようにコントラストがあることに気づき、すがすがしい解放感を味わってください。

樫の木のてっぺんに登る2つの方法

「樫の木のてっぺんに登るためには方法が二通りあります」と、私はよくクラスで説明していました。そのひとつは、ドングリの上に座って大きくなるのを待つ方法。もうひとつは、樫の木に上り、地平線を眺め渡す方法です。そして、こう続けていました。「ところが、ドングリに座って待っている人がとても多いんです！」。みんなはそこでどっと笑います。多くの人は、ドングリに座り込んで自分の見方を投影しながら文句を言っているばかりで、人生の荒波にもまれて強くなっていることには気づかずに、本来の自分を本格的に活かそうとしていません。私たちは休みなく変化して成長を続けているのですから、理想を言えばどんどんより良く豊かになり、自分を偽らないようになっていくはずです。心の願いに向けてエネルギーを流すことにワクワクしながら、もっと高次元のエネルギーの波を取り込んでいくのです。古くなったいらない殻（仕事や人間関係そのほか）を脱ぎ捨て、多様性とコントラストを通して成長し、卒業していきます。豊かに想像力を発揮して新しいビジョンを描き、判断を下して、より本来の自分に向かう上昇スパイラルに乗っていきましょう。私の知る本当に幸せな人たちは、自分を成長させることに楽しんで力を注ぎ、ほかの人たちを啓発して、意図的創造者として結果を現実のものにしています！

願望を原動力にしよう

現実には注意を向けずに、「根源」のエネルギーを自分のいるところに満たしなさいというエイブラハムの言葉ほど、私にとって嬉しい言葉はありませんでした。人や状況に対していらいらせずに、現在そう見えている姿をその通りに受け止めないことです。望むらくは、期待している姿に向上してくれるかもしれません。より良い結果を前提にした波動を保っていましょう。波動が共鳴しない人や状況は、あなたの人生から離れていくこともときにはあるでしょう。しっかりしたイメージを描き、心の願いに調和する波動を楽しみながら、意図的創造者であることを味わっている仲間を同志にしましょう。

あなた方が体験していることは、自分が振動させている波動の総体的な結果です！

創造の法則とは、エイブラハムが言うように、

意図してそれを受け入れれば、それがそうなのです。

エイブラハムはまた、願望にかかわるポジティブな考えを表明すれば、そうすることでポジティブな気持ちを味わいますとも言っています。そうしているときには、思いや感情を向けて意図的に創造しているものを受け取るための、理想的な場所にいます。感情の度合いが高ければ高いほど、創造がスピーディに進行しています。望まないものについて考えていたり、怖れ、疑い、ネガティブな感情などを抱いていれば、そのネガティブな思考や感情が望んでいないはずのものそのものを

創造してしまう場所にいるのです。それが法則だからです。手っ取り早く言えば、**望んでいるかどうかにかかわらず、それについて考えればそれを受け取ることになる**のです。

エイブラハムは、望みや意図にしたがって創造したいのであれば、意図を明確にして意識的に表明し、そうなることを「受け入れる」ようにしなさい、と説明します。望んでいたのに届けられなかった、望んでいたがあきらめたというような理由で願望を抑え込んでいるのであれば、うまくいかないことと、望んでいることとの等式が創造を妨げているわけではないのがふつうです。非常に大切なものを受け入れようとせず、自分の枠組みの中で考えていることしか受け入れていないからです。ですから多くの場合は、意図することに自分の思考体系を調和させなくてはいけません。また、自分の思考体系は以前の経験にもとづいて創り出したものであることがわかれば、信念は変えられることにも気づきます。信念には形を変える柔軟性があるのです。新しい考え方や別の考え方を導入し、自分の望んでいる形に作り変えてください。望んでいるものに意識を集中させ、望んでいないものには注意を向けない姿勢でいることで、大きなメリットが得られます。どんな気持ちでいるかが敏感にわかるようになってくると、願望に向かう創造をしているのか、遠ざかっているのかが区別できます。自分の波動が振動させているシグナルを知るために、次の表を参考にしてください。

宇宙は引き寄せの法則にしたがって私たちが振動させている波動に応えています。私たちはつねに波動のシグナルを発信し続けているため、感情は心の願いを引き寄せる上で重要な役を担っているのです。何を「感じているか」に注意していれば、意図的創造者として心の願いを引き寄せているか、騒ぎ立てる人になって願いに抵抗し、反発しているかがわかります。波動判別表にはこのほかにも無数の段階がありますが、ここでは生命の力を理解する助けになるように4つの項目を挙げています。

コントラストは願望を生み出します。コントラストのまっただ中にいるときは、新しい判断を下す選択肢が与えられます。コントラストを前にし、新たな選択をしてより良い結果に焦点を合わせる新しい願望が生まれれば、それを受け入れましょう。お願いすれば、与えられるのです！　意図的創造者である私たちは変調器のようにエネルギーを変換し、焦点を合わせる新たな願望を介して生命の力をかき立てています。望まないものを押し

波動判別表

情熱	安らぎ	いら立ち	怒り
高速で振動する高次のピュアな波動 願望に向かう意欲が高い 大きなエネルギーをかき立てている 抵抗がない 意図的に創造している	満足している リラックスしている 願望はそれほど強くないが、抵抗も示していない。 (情熱の特徴との相違に注意してください)	ややネガティブな感情 いくらかの抵抗、いくらかの願望	強い不満といら立ち 低速で低い波動 強い願望 強い抵抗 強い反応 コントラストが多い

エイブラハム・ヒックスによる材料を図示化し、マグネットを使用したワークショップにおいて波動を説明するために著者が作成した資料を合わせた内容です。

戻してはいけません。自分の波動に取り込んでしまうことになります。大切なのは、高速で振動する高次のピュアな、無抵抗の波動でいること、つまりいい気持ちでいることです。創造したいものに意識を合わせ、波動が「共鳴」するものを速やかに、そしてパワフルに引き寄せてきましょう。

心配は望ましくない創造を生む

先のケースとは反対に、私から二週間のあいだ手紙が来なかったことを気にして、「あなたのことが心配でしかたがなかったから」と電話をくれた人もありました。その人は、何か問題があるのかもしれないという自分の考えにとらわれ、ますます不安になってしまったのです。くよくよ思い悩んでいたためにいっそう心配が高じてしまったのでした。もう一度言いますが、引き寄せの法則は中立ですから、焦点を合わせていること次第でどちらの側にも働きます。「心配は祈りの裏返しだ」という賢明な金言もあるのです。

言葉の創造力

イアンラ・ヴァンザントは『ある日、わたしの魂が開いた』という本で作家のマヤ・アンジェロウを引用し、言葉の力について次のように書いています。

詩人のマヤ・アンジェロウが言葉の力を語ったことがあった。言葉は生活の見えない領域に向かって放たれる、小さな弾丸のようなものだと彼女は言う。目には見えなくても、言葉はその部屋、その家、周囲の環境、そして私たちの心を満たすエネルギーであり、壁、家具やカーテン、着ている服に付着するのだと言い、その様子を説明している。周囲の環境に満ちている言葉は、私たちの存在に染みこんできて、私たちの一部になることを彼女は疑っていない。私は自分に向けられたイヤな言葉や、その言葉と格闘してきた月日を思い返し、彼女の言うことに心から納得させられる。私たちの人生において、言葉は重要な位置を占めている。何をどうするのかは、書いたり口にしたりした言葉によって決定づけられているのだから、真実を語る言葉、愛を語る言葉、経験したいと思っているあらゆるいいことを表す言葉を話さなくてはいけない。自分を肯定する言葉や行動は、自分に向けられた不愉快な言葉を打ち消してくれる。

引き寄せると決めたことにだけ、焦点を合わせよう

思考にともなう感情に実感がこもっていない場合には、願いを現実にするには力が不足しがちになります。ですから、引き寄せたいと思うことにだけ、焦点を合わせるようにしてください。自分の思考や感情を注意深く観察していれば、願いを引き寄せているか押し戻しているかがわかります。

ぞくぞくする夢に向かうことは、エネルギーを集中させることを意味します。ポジティブであれネガティブであれ、自分の思考がどこに向いているかに気づけるようになってくれれば、何を作動さ

せているかを認識することができます。たとえば、私は創造ノートのキャデラックSLSモデルを見るたびに、ワクワクしています。インテリアと車体の色ももう決めてあり、それを自分のものにして運転しているところまで目に浮かんできます。実際に試乗してみて、とても気に入ったのです。パンフレットの運転席に自分の写真をつけ、それを創造ノートに貼り付けておきました。夢を宇宙に表明し、もうかなえられたと思っていることにしたのでした。

それはこの春の話ですが、その少し後でキャデラックのディーラーに電話をし、アクセサリーや色などの具体的な希望を伝えました。するとつい先日、私が注文した通りのシャンパンカラーの車が入ったのでお持ちしますとそのディーラーから連絡がありました。私はその車に乗ってみて、私たちが見積もっていた通りの下取り価格を提示してもらい、彼はその場で販売店に電話を入れて、それから1時間もせずに手続きが整い、とんとん拍子に契約が成立したのです！ そのキャデラックの写真を創造ノートに貼りつけてから2ヶ月後に、私はオンスター（自動衝突通報や高速無線通信などを搭載する）というテレマティクスサービスも装備する写真を、日付を入れて貼っておきました。ディーラーが届けてくれた車には、そのオンスターシステムも搭載されていました。引き寄せの証拠がふんだんに示されていたのでした！ 宇宙は私の願いをすべてにわたって聞き入れ、それを文字通り家の玄関先まで届けてくれたのです。驚くような恩寵のもとで、願望がするすると実現したのでした。その車は、「プリンセス」と呼ぶことにしています。

宇宙に向けて波動を表明する

私たちの身体、着ている服、日々を共にしている引き寄せてきた友人たち、住んでいる家、乗っている車、目標や達成された成果――そのすべてが宇宙に向けられ、宇宙から受け取っている「表明」です。そのどれもが、エネルギーを象徴しています。心の底でいちばん望んでいるものを見極め、感じ、鮮明に思い描いてください。そして自分でお願いしたものを受け入れ、拒絶せずに受け取る心構えでいましょう。そうしたいと思う通りに、創造してください（目の前の現実は、あらゆる面で完璧といえるのでない限り、無視することです！）。

ぼくはぼく自身をたたえる。

ウォルト・ホイットマン

自分を全うすることは、勇気のいることです。トーマス・カーライルは何十年もかけて書き上げた原稿を誤って燃やされてしまい、絶望のどん底に叩き落とされました。それでもエネルギーを奮い起こして再びそれを書き上げました。作家のジャック・ロンドンは６００回断られた末に処女作の刊行にこぎつけました。６００回とは尋常でない数字ですが、彼は自分を信じて原稿を送り続けたのです。人生は楽なものだと言った人はいませんが、意図的創造の公式はごく簡明なのです。

詩人のウォルト・ホイットマンが「ぼく自身をたたえる」と表現した気持ちの、なんとすがすがしいことでしょう。自分をたたえることの喜びを想像してみてください。成果や経験、ここに存在していることをたたえる喜びを。「神はお創りになったすべてのものを見られた。見よ。それは非常に良かった」と聖書にあるのと同じように、鏡を見て「非常にいい」と言うとしたら？

歌手のケニー・ロジャーズは、こんなタイトルの曲を作ったと耳にしました。

『良いことを捨てるのを怖れるな、偉大なことを求めるために』

自分をたたえよう！
自分を評価しよう！
いま、この場でそうしよう！

第 16 章

まとめ

イアンラ・ヴァンザントは『ある日、わたしの魂が開いた』でこう言っています。

軌道に乗っていれば、波乱に富んだドラマは起きない。

「波乱や対立、混乱がないところでは、永続する変化が導入される余地が開ける。自分に対して辛抱強くなることをお勧めする。すべてが良いように運んでいるのを知っていればいい。スピリットの光に向かって一歩踏み出せば、スピリットは自分に代わって五歩進んでくれるのだ」

ドラマを演じていると時間も体力も消耗し、もっと常軌を逸したエネルギーを引き寄せてしまいます。創造性を発揮しながら自覚的に意図的創造者として生きることこそ、私たちの生まれながらの神聖なさだめであろうと私は思います。引き寄せの法則は万有引力の法則と変わらないものであること、つまりただそこにある法則であることがわかれば、自分がどんな波動を発しているかをもっと細やかに認識するようになります。苦しみや対立の波動を振動させながら、もう一方で喜びの波動を引き寄せることはできません。釘などの金属製のものが磁気を帯びるのと同じように、私たちの波動のトーンも磁力を帯びて結果を引き寄せてきます。波動のトーンを整え、心の願いを引き寄せて、すばらしい結果を創造してください。

意図的な創造者として自覚的に振る舞うとは、エネルギーをかき立て、意図的な創造の過程を経て心の願いを引きつける方向に流すことを意味します。「快適なあり方」の流れに乗るエネルギーを、私たちは文字通りに「手にして」いるのです。

実地体験！

左手（脳の右側）は、受け取ること、愛、ハート、シンボルや夢、直観、神聖な繋がりなどを象徴しています。手にはホリスティックな性質があるのです。次ページのイラストの通り、人生の目的は大きく5つの領域に分けられ、5本の指にそれぞれが該当しています。

♥肉体と精神
♥人間関係
♥職業や仕事
♥家庭
♥右記の領域にかかわるイマジネーション、夢、インスピレーションや願望

右手は実務、言語、日々の実践的な創造など、行動を中心とした明晰な意識、波動、情熱によって世界に繋がっている行動を中心とした領域を象徴します。

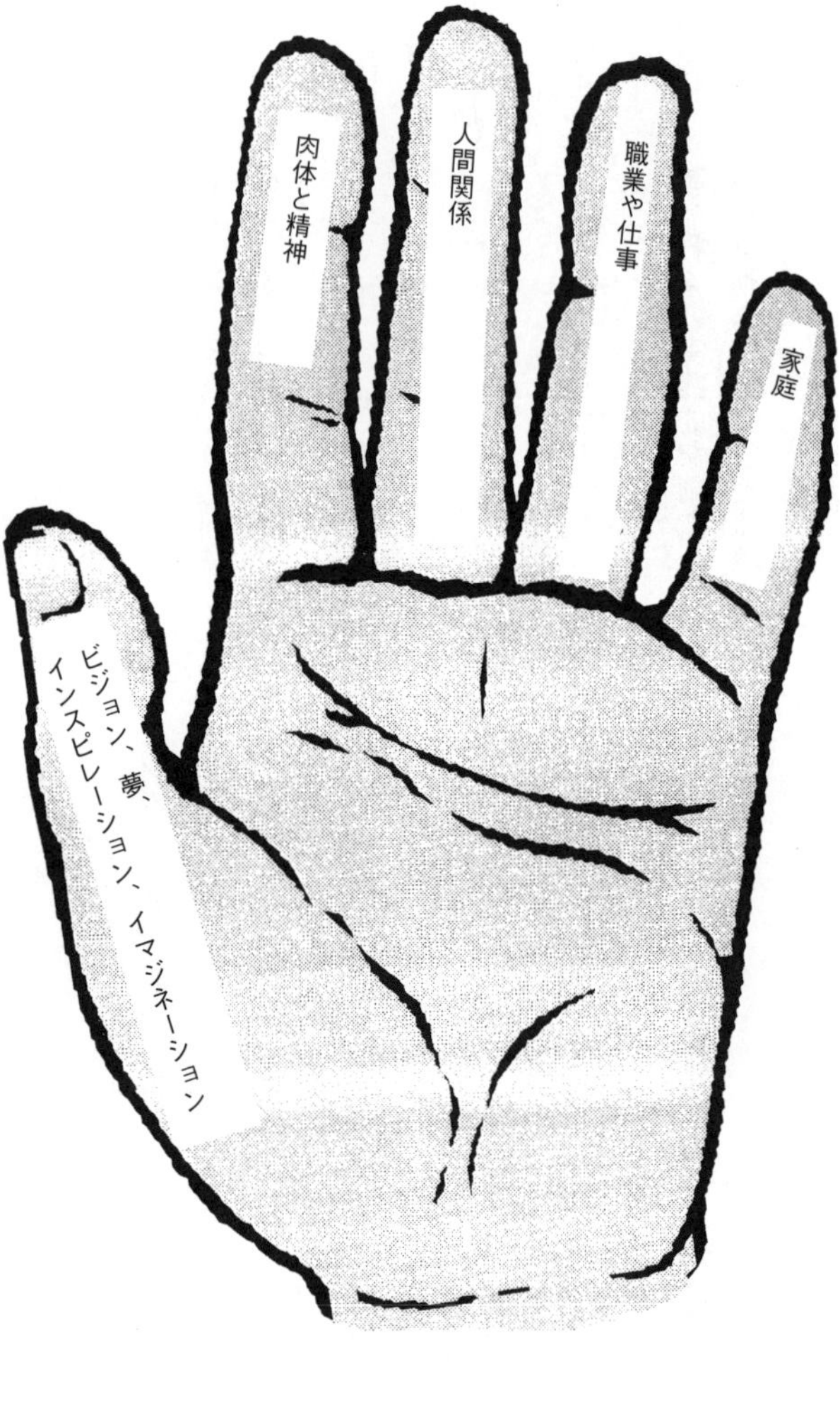
肉体と精神
人間関係
職業や仕事
家庭
ビジョン、夢、
インスピレーション、イマジネーション

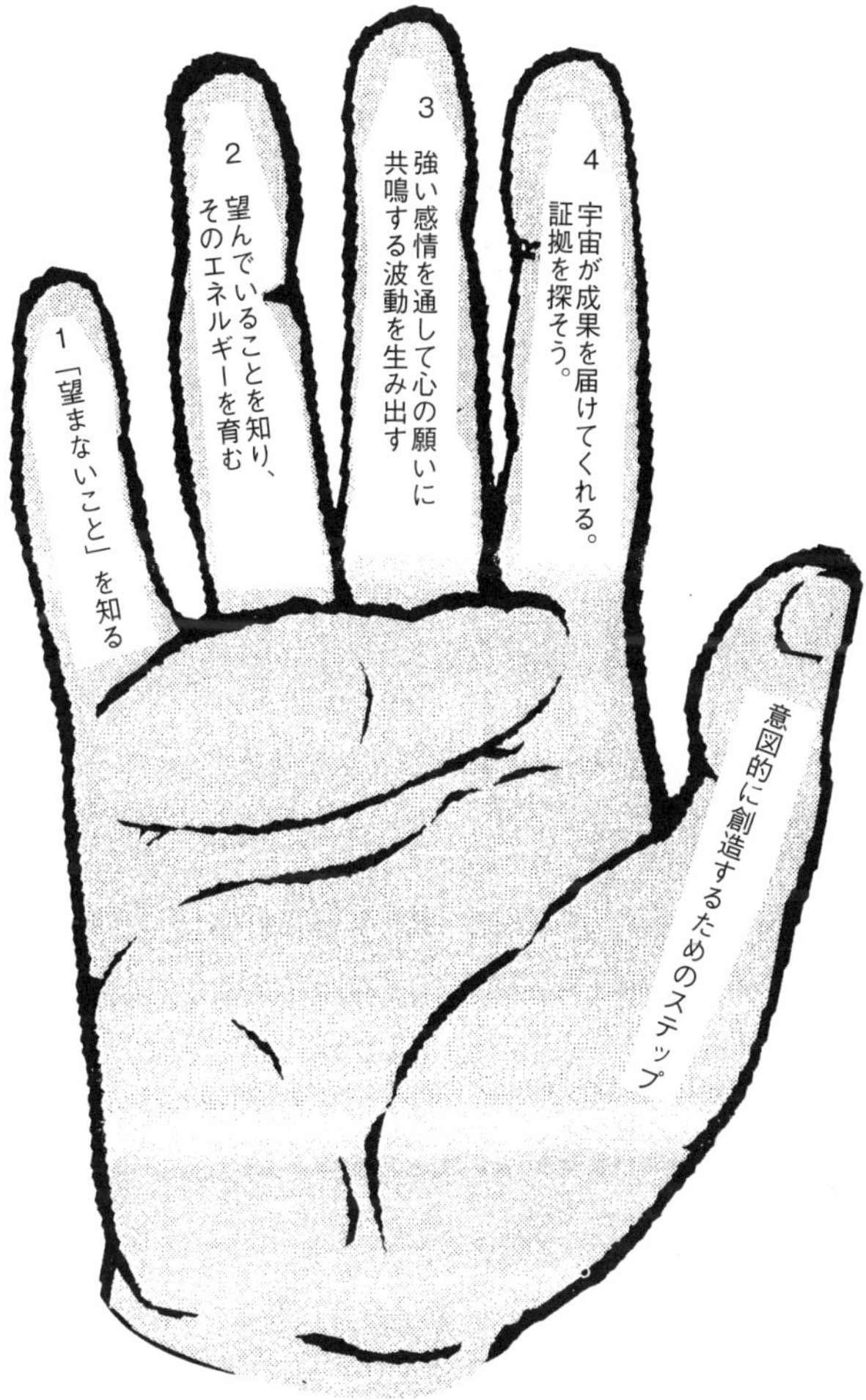
1
「望まないこと」を知る
2
望んでいることを知り、
そのエネルギーを育む
3
強い感情を通して心の願いに
共鳴する波動を生み出す
4
宇宙が成果を届けてくれる。
証拠を探そう。
意図的に創造するためのステップ

意図的に創造するためのステップ

♥「望まないこと」を知りましょう。

♥自分が望んでいることを知り、そのエネルギーを育みましょう。

♥強い感情を通して心の願いに共鳴する波動を生み出しましょう。

♥宇宙がそれを届けてきます。周りにあふれている証拠を探しましょう。

心の願いを引き寄せる——創造的な意図は、手に表されている！

♥期待とエネルギーを流す意欲によって、私たちは意図的な創造者になります。

♥心の願いにしたがう波動を自覚的に振動させることで、いちばんいい結果が現実になります。

♥言葉は創造的に、一貫性を持たせて使いましょう。

♥思考の波動と引き寄せているものに注意を払いましょう。

♥引き寄せの法則はポジティブにもネガティブにも、つねに作動していることを忘れずにいましょう。

♥鍵はイマジネーションです。

心の願いを引き寄せる――意図的創造のステップは、手に表されている！

- ♥心の願いを乗せて意欲的にロケットを打ち上げましょう。
- ♥ピュアでポジティブなエネルギーを発し、自覚的に流れに繋がれば繋がるほど、波動が共鳴する結果が引き寄せられてきます。
- ♥そうしようと思うことに対するビジョンを積極的に維持しましょう。
- ♥いますぐ願望を表明し、かなうように要求して、そうし続けましょう。
- ♥流れに乗っているときは、わくわく幸せな気分になります。

人生は自分の手の中にある

ヒマラヤに住む導師と、その導師を出しぬいてやろうとした村の子どもたちのすてきなインドの話があります。子どもたちは、ひとりが手に小鳥を持って導師の後ろに立ち、「この鳥は生きているか、死んでいるか、答えを言ってください」ともちかける作戦を立てました。「生きておる」と答えれば小鳥をひねり殺して違いますと言い、「死んでおる」と答えても、小鳥を見せて違いますと言うことにしたのです。それならどっちに転んでも、自分たちは導師の裏をかくことができると、子どもたちはほくそ笑みました。

そこで、老賢者である導師のもとへ足を運び、「先生、ぼくたちの手の中には何がありますか？」と訊きます。

「小鳥じゃ」

「生きていますか死んでいますか？」と重ねて訊くと、導師は言いました。

「答えは、お前たちの手の中じゃ」

私たちの人生も自分の手の中にあります。これまでも、そしてこれからもそうです。自分のあり方について真剣にかかわる立場にあるのは、自分だけです。その自分のあり方とは、思いや感情や意図的創造の波動によって創り出されている結果です。自分を何とかすることができるのは、自分しかいないのです。自分自身を愛し、自分に投資して、自らの光を輝かせてください！

以前にフォート・ウェインのアルダスゲート・メソジスト教会で夫とLOVEという講座を指導したときに、参加者たちから贈られたお礼のカードには、こんな文句が書かれていました。

キャンドルは単純にできている
最初は糸の切れ端
辛抱強い手が繰り返し蝋をくぐらせるうちに
蝋が糸に定着してゆき
ついには象牙色をしたキャンドルが出来上がり、

温かい光を投げかける。
人生も糸の切れ端によく似ている
単純な行いをしているだけでも
辛抱強い心と手で紐に日々を重ねるうちに、
糸には喜びが定着してゆき、ついには毎日を明るくして
温かい光を投げかける

スーザン・スクェアラティ・フローレンス

いますぐ、輝かしい自分とスピリットにキャンドルの火を灯してください。内なる光を映し出しましょう。真の自分を思い出すたびに、ミレニアムのエネルギーに自分の光が加わります。キャンドルを灯すことは、自分の光と波動をイキイキと甦らせるすてきな儀式です。スピリチュアリティ（spirituality）の中心には、儀式（ritual）があります。神聖さは私たちの自然な状態なのです。

21世紀を照らすために、私たちの一人ひとりが意図的創造者になり、心の夢と最高の結果を目指すエネルギーを流すことができます。自分の光を灯すとしっかり心を決めれば、スピリットや魂を豊かにするもののイメージが広がってきます。決心してそれに取り組むことによって、つねに存在している「快適なあり方」の流れとの繋がりをさらに強くし、引き寄せの法則が心の願いを引きつけてくるでしょう。

きらきらまぶしいスピリットの
きらめく光を輝かせよう！
愛を放射し、幸せを広げて、
いつでも
輝かせよう
輝かせよう
輝かせよう
輝かせよう
愛と光と笑いを
引き寄せの法則で
心の願いを引きつけてこよう
あなた方は神聖な創造の波動、
世界の光を集めてきらめいているのです！

すべての探検の終わりに、われわれは出発したところにたどり着き、
その場所を初めて理解する。

T・S・エリオット

われわれは奇跡の境界線で生きている。

ヘンリー・ミラー

補遺　見えない存在とは？

ものごとは心でしか観ることができない。大切なことは目には見えない。

サン＝テグジュペリ『星の王子さま』

1994年の11月2日、私は瞑想をしながら、深い恩寵を味わう体験をしました。金色の光をきらめかせ、ひとりの天使が現れたのです。そのときの言葉にならない感動は、いまに至るまで色あせていません。天使は「スーリーア」と自分を名乗りました。当時はそう聞いても、私には発音しかわからず、つづり（Souleiah）は見当もつきませんでした。美しい顔立ちをして女性性の本質を輝かせる天使は、私は師としてやってきましたと私に告げたのでした。シャロンという名前は、ローズ・オブ・シャロン（ムクゲ）にちなんでつけた名前だと母から聞かされていたのですが、私は自分が花開き、心が天使と融合してひとつになった気がしました――天使はさながら薔薇の花のようでした。後でそのときのことを思い返しながら、金色のペンで日記に大きな絵を描きました。千金に値するその日は、生涯忘れられない日になったのでした。輝かしい光の存在は確かにここにいることを心から知ることができた、私のターニング・ポイントでした。

それから間もなく、その瞑想をした30分後くらいに、アーティストの友人リンダ・アッシュバーンと電話で話をしました。そしてわかったのは、ちょうどスーリーアが瞑想に現れていた頃に、彼女はカードに天使を描いていて、それを「天使の来訪」と名づけたことでした。私たちは同じタイミングで天使にかかわり、互いに電話をしようと思ったシンクロを喜んだのです。

天使集会

その後1ヶ月もせず、12月の初めに夜中の12時半ごろ、耳慣れない不思議な音がするので目を覚ましました。羽ばたきのような、羽がこすれ合うような音のようにも聞こえ、その時点ではわかりませんでしが、振動音に似た音もしていました。キッチンへ行っていくつかキャンドルを灯すと、弾けるような音があちこちで聞こえ、キャンドルの芯までが奇妙な動きをしているのです。テーブルに座って書き物をし始めたときも音はし続けていました。天使の会議で口述筆記をしているような按配で、私は数時間にわたり、私自身と家族にかかわる指導を受けたのでした。

> われわれに必要なのは新しい宗教ではない。永遠のエネルギーを振動させている自分自身、その波動を新たに体験するだけでいい。
>
> アラン・ワッツ

そうして指導を受けている間には、自分でもそうしていることが信じられずにときどき「冗談でしょう！」と思い、「グローバル化する」と言われたことについては、意味がわからずにいました。後で息子のトロイにその話をすると、1994年当時は「情報のスーパーハイウェイ」が発展しつつあることを知っていたのは一握りしかおらず、私たちの周りにもインターネットを利用する人はだれもいない時代でしたが、彼はすぐにそれがワールド・ワイド・ウェブを指していることを察し、何を指すかを「知っていた」のでした。息子はそれから4ヶ月も経たないうちにふんだんに天使を使った私たちのウェブサイトを立ち上げてくれ、このウェブサイトはその後、上位5パーセントのベスト・サイトのひとつに選ばれて、表彰までされました。トロイは私たちのクリスマスプレゼントだったジェームズ・レッドフィールドの『聖なる予言』を読み、大晦日の週末にホテルの部屋で天使を見ました。彼はすぐに電話でそれを報告してくると、「とても本当のこととは思えない――ぼくは本当に天使を見たんだろうか？」と言っていました。私が「チャネリング」を受けた12月の時点では、息子にとってはそんな話は良識の範囲を超えていることだったのが、天使の指導は息子の人生にも「ぴったり」のタイミングで影響を与えたのでした。天使の指導は行き届いていたのです。それを活かすかどうかは、各々が考えることでした。

天使がいるときは、コミュニケーションが行われている。行く手に天使が現れたときは、神さまがこう語りかけていたのだ。「私はここにいる。私はあなたの人生に存在している」と。

トビアス・パーマー *An Angel in My House*

天使の指導が続く間、私は「夫にはとうてい信じてもらえないだろう――だって、こんなことが信じられるはずがないもの！」と思ったり、いつまでも続いているその長さに目をみはったりしていました。夫のデュエインは午前4時半頃に起きだしてくると、リビングに入ってきたので、私は泣き出してしまい、「この数時間に何があったか、きっと信じてもらえないと思うわ」と言いながら天使たちから聞いたことを伝えると、デュエインは優しく私の手をとり、「おまえが言っていることを信じるし、ぼくも夢を見たから嘘じゃないとわかっている」と言うのです。私が天使の言葉を聞いている間、デュエインは聖書にかかわりが深い夢の中でさまざまな精神的な領域を訪れていました。最後には巨大なセコイアの下で、聖母マリアの言葉を聞くというクライマックスがあったのだそうで、どちらも人生のかけがえのない場面を体験する恩恵にあずかっていたのです。二人とも深い安らぎと魂が強烈に拡大する感覚を覚え、それまでにはなかった深い知識と認識を得たように感じていました。それぞれに、輝く天使と聖母マリアの異なる経験をしたものの、どちらも疑いが払拭され、澄み切った心境で感謝に満たされました。私たちはその後間もなく、ふたりの事業を「エンジェル・エクスプレス」と名づけることにし、以来人生も大きく変わることになったのでした。

天使の存在を信じている人は、天使が現れて何があったかをこれ以上説明しなくてもわかっていただけるでしょう。天使や「見えない存在」を疑っている人に対しては、それを説明するのは不可能と言えます。非物理的な世界の見えざる存在は、この21世紀にいっそう多くの人びとが見たり、聞いたり、感じたりするようになるだろうと私は考えています。輝く光の存在たちは本当に、すばらしい喜びをもたらしてくれ、私たちが非物理的な世界の大いなるすべてに繋がっていることを明らかにしてくれるのです。

エイブラハムとはいったい何者？

1998年に父が入院したときに、私はこの本の草稿と一緒にエイブラハムの言葉を紹介する資料やテープを父に贈りました。エイブラハムの教えはチャネリング（超越的な存在と交流すること）によるものだと説明を添えていたため、その後父との電話でチャネリングとは何だと訊かれ、数分にわたってわかりやすく話していると、「ああ、見えない者たちのことか」と父が言うので、驚いて電話を落としそうになってしまいました。父に話が通じたことが嬉しくて「そのとおりよ、なんてすてきな言い方！」と声を上げたのでした。この物質世界のことはだれもがよく認識していますが、見えない非物質的な存在も、四六時中私たちのそばにいます。ただそこに波長を合わせるだけでいいのです。父はそれから驚くほど健康を回復しました。それはエイブラハムの教えと、ホリスティックな治療にあたってくださったフォート・ウェインのカイロプラクター、チャールズ・ルッケル先生のおかげだったと感謝しています。父の心臓専門医は父の回復ぶりに目を見はり、「何をしているにしても、それを続けるようにしてください」と言ったのでした。

エイブラハムは、自分たちは高度に進化した教師のグループであると説明し、非物質的な広い視点に立つ考え方を、エスターという人の物理的な意識を通して私たちに伝えています。エスター、ジェリー・ヒックス夫妻が親しい仲間にエイブラハムとの接触を初めて明らかにしたのは、1986年のことでした。エスターは始めのうちは半信半疑で「気乗り薄」の姿勢でした。そんな性質の話は眉唾だと思っていたのです。ご主人のジェリーが［肉体を持たない高級霊］セスの教えを読んでいたときは、家の中にそのような資料が置かれていることさえイヤがっていました。ものごとを適切に配置し、波長を合わせて波に乗るタイミングを待っている宇宙の配剤は、心憎いばかりです。当時のエスターは、エイブラハムがこれほどまでに広く知られるようになる日が来るとは、夢にも思っていなかったことでしょう。いまでは全世界の人びとがエイブラハムの言葉に耳を傾け、多数の主要都市にエイブラハムから学ぶためのグループが結成され、その数が増え続けています。

エイブラハムは自分たちのいるところから私たちのいまという時間に向けて、愛情深くわかりやすいかたちで、書籍やオーディオテープ、ワークショップなどを通じて簡潔明快に私たちの理解が及ぶレベルで語りかけてくれています。自己の総体的な観点から内なる存在に繋がり、向上していけるよう、導いてくれているのです。

エイブラハムについて教えてくれたミミ・グリークに、私はとても感謝しています。エイブラハムのユーモアに富んだ明快で実際的な言葉は、まっすぐに心に響いてきます。ピュアでポジティブな、高次のエネルギーが、喜びの波動を運んでくれるのです。本書にもエイブラハムの言葉を数多く引用しましたが、エイブラハムは私たちの人生を何倍も豊かにしてくれました。気持ちが明るくなるエイブラハムの指導に感謝するばかりです。

ゲイル・シーヒー

自分を知る喜びは、いつでも手の届くところにあります。

引き寄せの法則を発動させ、魔法を生み出す期待にワクワクしている人、意図的な創造者になって望みをかなえる心の準備ができている人に、本書を捧げます。

この本を読んで、すばらしい結果が引き寄せられてきたという報告を聞かせていただければ、それほど嬉しいことはありません。本書によって生活のあらゆる面でインスピレーションを得て心の願いを引きつけていただけるよう、願っています。

シャロン・A・ウォーレン

1999年

アリゾナ州ファウンテン・ヒルズにて

Note's

Note's

シャロン・A・ウォーレン

著者シャロン・ウォーレンは、生き方を変えるための指導と啓発に携わっている。トランスパーソナル心理学を専攻して修士号を取得。インディアナ州のパデュー大学で17年間講師を務め、教鞭をとるほか、バーニー・シーゲル博士、ブラー・ジョイ博士、スチュアート・ワイルド、キャロリン・コンガー博士、ダン・ミルマン、デイビッド・ビスコット博士、ベティ・ベサーズ、インドラ・デヴィ、ジョーダンとマーガレット・ポールなどの講演会等でもファシリテーター、コーディネーターとして活躍した。１９８９年に夫デュエインとアリゾナ州に移り、南西部の暮らしを楽しんでいる。アリゾナでは、ニール・ドナルド・ウォルシュ、グレッグ・ブレイデン、トム・ケニオン等とのイベントに携わった。夫婦で世界各地を訪れ、聖地へのグループツアー等のまとめ役も担っている。人びとが影響力のある生き方ができるように手助けすることに、熱意を傾けている。

２００３年にはMpowerテレビに出演し、本書『心の願いを引き寄せる』についてパーソナリティのミシェル・ブラッドのインタビューに答えている。

白川 貴子

翻訳者、獨協大学外国語学部。訳書には、ジェロルド・クライスマン『境界性人格障害のすべて』、エリザベス・ワイター『アニマル・ヒーリング』、リン・ロビンソン『これ一冊で手に入れる！お金と本当の豊かさ』、ジョー・ヴィターレ『お金持ちの法則「豊かさは、与えたものに比例する」』、『スピリチュアル・マーケティング』（以上VOICE刊）などがある。

引き寄せの古典的名著 マグネタイジング

2016年 6月24日 初版 発行

著 者 シャロン・A・ウォーレン
訳 者 白川貴子
装 幀 藤井由美子
発行者 大森浩司
発行所 株式会社 ヴォイス 出版事業部
〒106-0031 東京都港区西麻布3-24-17 広瀬ビル
☎03-5474-5777（代表）
☎03-3408-7473（編集）
📠03-5411-1939
http://www.voice-inc.co.jp/
印刷・製本 株式会社光邦

ISBN978-4-89976-453-3
Printed in japan